Kasseler Edition Soziale Arbeit
Band 3

Herausgegeben von
Werner Thole, Universität Kassel, Deutschland

Die Soziale Arbeit gewinnt zunehmend an Bedeutung und öffentlicher Anerkennung. Hierzu trägt unter anderem der Ausbau der empirischen Forschung in Bezug auf sozialpädagogische Fragestellungen bei. Motiviert durch vermehrt vorliegende Forschungsbefunde entwickeln sich auch die theoretischen Reflexionen zur Sozialen Arbeit weiter und in der sozialpädagogischen Praxis ist ein neues Interesse an wissenschaftlichen Erkenntnissen wahrzunehmen.

In der „Kasseler Edition Soziale Arbeit" erscheinen Beiträge, die alte und neue Fragen und Herausforderungen der Sozialen Arbeit empirisch und theoretisch fundiert aufgreifen. Mit der Reihe soll das Projekt einer disziplinären und professionellen Profilierung der Sozialen Arbeit weiter angeregt und fachlich qualifiziert werden. Aus unterschiedlichen Perspektiven werden die einzelnen Bände der Edition insbesondere Veränderungen und Transformationen der Sozialen Arbeit in den modernen, kapitalistischen Gesellschaften kritisch reflektieren. Bedeutung erhält so die Beobachtung, dass die Soziale Arbeit weiterhin ein gesellschaftlich vorgehaltenes Angebot der Hilfe, Unterstützung, Begleitung und Betreuung für diejenigen ist, denen die Ressourcen für ein „gelungenes" und „zufriedenstellendes" Leben nicht hinreichend zur Verfügung stehen oder denen diese Ressourcen vorenthalten werden. Beachtung wird aber auch der Entwicklung geschenkt, dass die Soziale Arbeit inzwischen ein bedeutender Akteur im Feld des non-formalen Bildungssektors ist: Soziale Arbeit hat sich zu einem gesellschaftlichen Allgemeinangebot entwickelt und ist zugleich damit beauftragt, die Verschärfung von materiellen, kulturellen und sozialen Problemlagen in den gesellschaftlichen Teilgruppen, die unter den kapitalistischen Reproduktionsbedingungen aufgrund ihrer strukturellen oder temporären Marginalisierung zu leiden haben, durch Hilfs-, Unterstützungs- und Bildungsangebote abzufedern Damit zusammenhängende Problemstellungen werden aus adressat_innen-, struktur- und professionsbezogenen Perspektiven aufgegriffen und profund erörtert

Herausgegeben von
Prof. Dr. Werner Thole
Universität Kassel

Cora Herrmann

Thematisierungsweisen guter Arbeit

Eine empirische Untersuchung im Feld der Kinder- und Jugendwohngruppenarbeit

Mit einem Vorwort von Werner Thole

 Springer VS

Cora Herrmann
Hamburg, Deutschland

Kasseler Dissertation
Universität Kassel
Fachbereich: Humanwissenschaften
Verfasser: Cora Herrmann
Datum der Disputation: 03.04.2013

Kasseler Edition Soziale Arbeit
ISBN 978-3-658-12042-9   ISBN 978-3-658-12043-6 (eBook)
DOI 10.1007/978-3-658-12043-6

Die Deutsche Nationalbibliothek verzeichnet diese Publikation in der Deutschen Nationalbi-
bliografie; detaillierte bibliografische Daten sind im Internet über http://dnb.d-nb.de abrufbar.

Für Beate und Linnea

Danksagung

Ganz herzlich bedanken möchte ich mich für die sehr engagierte Unterstützung und Begleitung durch meinen Doktorvater Prof. Dr. Werner Thole und meine Doktormutter Prof. Dr. Marianne Pieper. Viele weitere Menschen haben die Freude und manchmal auch das Leid und die Herausforderungen der Promotionsphase mit mir geteilt. Ihnen allen gilt mein allerherzlichster Dank. Zu nennen ist dabei zunächst Manfred Bülow, ohne dessen insbesondere stetige Bereitschaft zum familialen Engagement diese Arbeit nicht hätte fertig werden können. Malvin, Meret und Linnea möchte ich dafür danken, dass sie sind, wie sie sind. Ulla und Rainer Herrmann danke ich ganz besonders, aber nicht nur für ihr aktives und engagiertes Großelterndasein. Bei Ulrike Treusch, Daniela Kleiner, Andrea Bukowski, Christine Säker, Carla Deiters und Sibylle Kern möchte ich mich für ihre Beständigkeit und Geduld bedanken.

Mein herzlichster Dank gilt auch meinen ehemaligen Kolleg_innen der Universität Kassel und der Hochschule für Angewandte Wissenschaften Hamburg sowie all meinen Büroetagen-Kolleg_innen – ihr habt mir auf unterschiedliche Weise und in je unterschiedlichen Phasen der Arbeit sehr hilfreich zur Seite gestanden. Nennen möchte ich dabei insbesondere: Dr. Knud Andresen, Teslihan Ayalp, Dr. Jannik Bock, Andreas Böhle, Dr. Dagmar Brunow, Dr. Siglinde Hessler, Sandra Küchler, Tilman Lautzas, Iris Nowak, Judith Scheunemann, Holger Schoneville und nicht zuletzt Prof. Dr. Sabine Stövesand.

Bedanken möchte ich mich zudem bei der Hans-Böckler-Stiftung, deren finanzielle Unterstützung die materielle Grundlage gebildet hat, auf der diese Arbeit entstehen konnte.

Vielen Dank auch an Theo Bruhns und Dr. Anja Tigges für ihr sehr engagiertes Lektorat.

Und last but not least gilt mein Dank meinen Interviewpartner_innen, ohne die die vorliegende Arbeit nicht hätte entstehen können.

Inhalt

Vorwort

In den zurückliegenden Jahren wurden in den sozial- und erziehungswissenschaftlichen Diskursen vermehrt Überlegungen vorgetragen, die Gesellschaft, Subjektivität und Sozietät über soziale Praxen hergestellt sehen. Die gesellschaftlich agierenden Akteur_innen unterliegen dieser Theorieperspektive zufolge zwar den Prädikatoren des Vorhandenen und Möglichen, aber sie bringen die Bedingungen ihrer Praxen zugleich kontinuierlich selbst mit hervor. Theoretisch schließt Cora Herrmann mit ihrer jetzt als Buch vorgelegten Dissertation „Thematisierungsweisen ‚Guter Arbeit'" empirisch fundiert an diese Analysen an. Cora Hermann argumentiert aus einer sozialpädagogischen Perspektive anhand von Analysen im Feld von Wohngruppen gegen Annahmen, die davon ausgehen, dass die vielfach diagnostizierten neoliberal gefärbten, ökonomischen Zweckrationalitäten gehorchenden Veränderungen in der Sozialen Arbeit die Professionellen wie die Adressat_innen in eine immer schon präsente Welt einpassen.

In der Studie werden in hervorragender Weise und plausibel die von den sozialpädagogischen MitarbeiterInnen in der Kinder- und Jugendwohngruppenarbeit artikulierten und als bedeutsam dargestellten Thematisierungsweisen von „guter" Arbeit referiert und diskutiert. Wird den Analysen gefolgt, dann präsentieren sich die diskursiven Praktiken als politische, über Macht gesteuerte, als ökonomische und als fachlich orientierte Thematisierungsweisen. Unter der Überschrift „Praktiken der Unterwerfung und Gestaltungen", dem ersten rekonstruierten Muster, präsentiert Cora Herrmann Perspektiven von sozialpädagogischen Praktiker_innen, die einerseits die politisch initiierten Veränderungen als Druck, Verpflichtung und Kontrolle vorstellen, jedoch zugleich auch die innovativen Möglichkeiten beschreiben, die sich aufgrund der Veränderungen ergeben können. In einem zweiten Muster werden Thematisierungsweisen beschrieben, die im Kern die Ökonomisierung der Sozialen Arbeit am Beispiel von sozialpädagogischen Wohngruppen skizzieren. Die bei den Praktiken des ersten Musters noch zu erkennenden Ambivalenzen, einerseits „Opfer" und doch zugleich „Akteur_in" der Modifizierungen von Praxis sein zu können, schimmern in diesem zweiten Muster weniger deutlich durch. Mit „Gute Arbeit – Standardisierte Praktiken und deren Begrenzung" ist das dritte Muster überschrieben. Praktiker_innen thematisieren hier Formen der Standardisierung ihrer Arbeitsbedingungen als Begrenzung ihrer pädagogischen Interventionsmöglichkeiten, betonen zugleich jedoch auch, dass über die neuen Formen der Dokumentation von sozialpädagogischer Arbeit Praktiken der kommunikativen Verständigung sich neu herausbilden konnten. Die Implementierung von Dokumentations- und Kontrollformen führten für die Praktiker_innen auch zu neuen und anderen Formen der Reflexion. Ebenfalls als fachlich orientiert kann die vierte, von Cora Herrmann herausgearbeitete Thematisierungsweise angesehen werden. Unter der Formulierung „Gute Arbeit – Praktiken der Orientierungen am ‚Individuum‘" werden fachliche Blicke auf und Reflexionen der sozialpädagogischen Praxis in Kinder- und Jugendwohngruppen präsentiert. Hervorgehoben wird, dass sich aus der Perspektive der beruflichen Akteur_innen über die Einführung neuer Regime der Modulation von Arbeitsabläufen und organisationalen Settings keineswegs eine Abkehr von adressat_innenbezogenen pädagogischen Arbeitspraktiken vollzog. Kinder und Jugendliche werden zwar auch – vielleicht sogar erneut – als „schwierige" Personen adressiert, zugleich aber auch in ihrer und mit ihrer Eigenart wahrgenommen.

Angesichts dieser Befunde ist sicherlich zu fragen, wie stark die herausgearbeiteten Thematisierungsweisen Ausdruck von Erfahrungen in der selbst erlebten beruflichen Praxis sind oder ob nicht doch die erlebte Praxis über die Rezeption publizierter Beiträge kodiert und bewertet wird. Einen entsprechenden Verdacht zu artikulieren, dazu lädt die Arbeit von Cora Herrmann direkt ein. Die in der Studie von Cora Herrmann vorgestellten Thematisierungsweisen greifen die kritischen Argumente gegen die Einführung neuer Steuerungsformen auf, um jedoch zugleich über die Beschreibung der darüber evozierten neuen Gestaltungsmöglichkeiten die hervorgebrachten Argumente gegen den „Neoliberalismus" zu entkräften. Einerseits scheinen die Akteur_innen der Sozialen Arbeit auf den Einzug ökonomischer Strategien zur Qualitätsverbesserung und Organisationsmodernisierung weitgehend zwar kritisch, jedoch zugleich auch defensiv zu reagieren. Originär sozialpädagogische Sprach- und Denkmuster scheinen beiseitegelegt und verdrängt zu werden. Andererseits und trotz der artikulierten Kritik scheinen die Akteur_innen jedoch gerade die Resultate der kritisierten Veränderungen produktiv aufzugreifen, um neue fachliche Orientierungen zu implementieren.

Angesichts der gegenwärtig zu beobachtenden Zunahme und Verfeinerung punitiver, normierender und sanktionierender sozialpädagogischer Angebote und Maßnahmen regt die Studie von Cora Herrmann somit auch dazu an, zu fragen, ob und wenn ja in welcher Schärfe die immer als doch sehr kritisch angesehenen sozialpädagogischen Professionellen nicht Tendenzen der Intensivierung sozialstaatlicher Eingriffspraktiken „praxisverträglich" unterstützen. Studien, die sich dieser Frage zuwenden, stehen noch aus.

Kassel, September 2015
Werner Thole

1 Erkenntnisinteresse und Aufbau der Studie

1.1 Erkenntnisinteresse und Eingrenzung der Problemstellung

Konzeptionen und Steuerungsweisen „guter Arbeit" sind in Deutschland zurzeit einem grundlegenden Wandel unterworfen. Im Zentrum der Aufmerksamkeit stehen nunmehr insbesondere die Entwicklung und Festschreibung von Gütestandards, die Gewährleistung von Güte sowie die Inblicknahme ihrer Wirkung und Effekte. Der Wandel betrifft auch das Feld der Kinder- und Jugendhilfe, welches den Fokus der vorliegenden Studie bildet.[1]

Die Veränderungen der Gütekonzepte werden in der Fachliteratur in der Regel in einen Zusammenhang mit dem sich wandelnden „wohlfahrtsstaatlichen Arrangement" (Kaufmann 2004: 27) gestellt. Dessen Wandel lässt sich wie folgt verdichten: „Statt einer kollektiven Risikovorsorge und Risikoabsicherung zielen post-wohlfahrtsstaatliche Maßnahmen auf die Aktivierung von Eigenverantwortung und die Risikokalkulation der einzelnen Akteure" ab (Kessl/Otto 2009b: 13). Damit findet insbesondere ein Prozess der „Verantwortungsübertragung" (Oelkers 2009: 73) statt, der nicht nur, aber auch im Feld Sozialer Arbeit diagnostiziert wird (Bock/Thole 2004; Bütow/Chassé/Hirt 2008; Kessl/Otto 2009a; Thole/Fiedler 2013). Vor dem Hintergrund eines sich solcherart wandelnden wohlfahrtsstaatlichen Arrangements bestimmen Heinz-Jürgen Dahme und andere (2008: 9) das „sogenannte ‚moderne' System organisierten Helfens" als „gegenwärtig weltweit in einer Umbruchphase" befindlich. Mit Blick auf die „Dienstleistungsinstanz Soziale Arbeit" spricht Fabian Kessl (2013: 9f.) sogar von einem „grundlegenden Veränderungsprozess", der dazu führe, dass diese Instanz zu „Beginn des zweiten Jahrzehnts des 21. Jahrhunderts ein immens verändertes Gesicht im Vergleich zu ihrer Gestalt in der kurzen wohlfahrtsstaatlichen Hochphase der 1960er und

---

[1] Der Begriff ‚gute Arbeit' stellt einen In-vivo-Code dar, der aus dem der vorliegenden Studie zugrunde liegenden empirischen Material gewonnen wurde. In der vorliegenden Publikation dient er der begrifflichen Markierung eines Konstrukts von Leistungsgüte, welches ansonsten zumeist unter dem Label ‚Qualität' und ‚Wirkung' verhandelt wird (vgl. Kapitel 2.1.2). Darüber hinaus ist die Formulierung gute Arbeit als arbeitspolitisches Leitbild insbesondere aus gewerkschaftlichen Zusammenhängen bekannt. Unter diesem Label wird dort für gute Arbeitsbedingungen aus Sicht der Beschäftigten gefochten (vgl. www.index-gute-arbeit.dgb.de, www.verdi-gute-arbeit.de, www.gute-arbeit-praxis.de, www.gutearbeit-online.de).

beginnenden 1970er Jahre" habe. Der Wandel des wohlfahrtsstaatlichen Arrangements materialisiert sich auch in dem sogenannten Neuen Steuerungsmodell, einer deutschen Variante des weltweit propagierten New Public Managements (Brinkmann 2010; Grohs/Bogumil 2011; Grunow 2011), und in den gesetzlichen Modifikationen der Paragraphen 78a-g des achten Sozialgesetzbuches (SGB VIII) (Münder 2013b; Münder/Wabnitz 2007). Die Vorstellungen und Steuerungsweisen von guter Arbeit blieben davon nicht unberührt.

Parallel und wahrscheinlich nicht gänzlich unabhängig von den skizzierten Transformationsprozessen wird aus der Fachdisziplin und -profession Soziale Arbeit heraus argumentiert, dass eine „konsequente Evaluation der Angebote und Strukturen" aus fachlichen Gründen erstrebenswert sei, um mehr Informationen über „die Auswirkungen" der „eigenen Praxis" zu erhalten und auf der Basis der gewonnenen Erkenntnisse gezielter tätig werden zu können (BMFSFJ 2002b: 255). Konstatiert wird, dass „,fachlich vertretbare()' Formen" der Evaluation ein „unverzichtbares Element der fachlichen Selbstvergewisserung" seien (BMFSFJ 2013: 259).

Mit dem Skizzierten geht eine professionsinterne Debatte um gute Arbeit einher. Begrifflich wird diese sich u.a. im Feld der Kinder- und Jugendhilfe herausbildende Debatte unter Stichworten wie „Qualitätsdebatte" und „Wirksamkeitsdebatte" gefasst. Die breit geführte Debatte ist, nicht nur m.E., für die Disziplin und Profession nachhaltig. Denn im Zuge eines veränderten Verständnisses von Güte zeigen sich bis dato gültige Konzeptionen des Wissens sowie die Organisation und Steuerung des Handelns als kritisch hinterfragt und im Wandel begriffen (Albus/Micheel/Polutta 2010; Albus et al. 2010; Beckmann 2009; Galiläer 2005; Merchel 2010; Otto/Polutta/Ziegler 2010b; Polutta 2014; Schaarschuch/Schnurr 2004). Zu vermuten ist, dass der Wandel auch Veränderungen des Beziehungsgefüges zwischen den öffentlichen und freien Hilfeträgern, welche sich materiell und immateriell abbilden dürften, sowie des Verhältnisses zwischen (Sozial-)Pädagog_innen und ihren Adressat_innen umfasst (Struzyna et al. 2006).[2]

Im Bereich der Hilfen zur Erziehung, jenem Arbeitsbereich der Kinder- und Jugendhilfe welcher im Zentrum der vorliegenden Untersuchung steht, präsentiert sich die im Zusammenhang mit der Debatte u.a. relevant gewordene sogenannte Qualitätsentwicklung als bedeutsames Thema in den Einrichtungen: So gaben

---

2   Der im vorliegenden Text durchgehend genutzte Gender Gap ist dem Bestreben geschuldet, eine binär strukturierte Geschlechterordnung nicht mit fortzuschreiben (Herrmann 2003: 22ff.). Mit dem genutzten (Sozial-)Pädagog_innen-Begriff wird die Selbstbezeichnung der im Rahmen der vorliegenden Studie Interviewten aufgegriffen.
     Über die Verwendung des Adressat_innen-Begriffs positioniert sich die Studie innerhalb einer in der Disziplin geführten Debatte zur Benennung einer im Bereich der Sozialen Arbeit verorteten Subjektgruppe (Bitzan/Bolay 2011: 18ff.).

bereits im Jahr 2004 94 Prozent der von Nicola Gragert und anderen befragten Einrichtungen aus dem Arbeitsfeld an, sie würden sich mit dem Thema befassen, und 80 Prozent von ihnen benannten konkrete, in der jeweiligen Einrichtung durchgeführte Maßnahmen zur Qualitätsentwicklung (vgl. Gragert et al. 2005: 93f.). Die nach der Gesetzesnovellierung verpflichtend abzuschließenden Qualitätsentwicklungsvereinbarungen gelten in der (teil-)stationären Kinder- und Jugendhilfe als flächendeckend eingeführt (vgl. Münder 2013b: 720). Das Streben nach einer stärker wirkungsorientierten Ausrichtung der unterschiedlichen nach dem Gesetz abzuschließenden Vereinbarungen bildete einen zentralen Ausgangspunkt des Bundesmodellprojektes „Wirkungsorientierte Qualifizierung der Hilfen zur Erziehung" (BMFSFJ 2012). Die Effekte und Möglichkeiten dieser Veränderungen werden jedoch unterschiedlich eingeschätzt (Oechler 2009; Polutta 2014).

Anzumerken bleibt, dass sich mit den angesprochenen Veränderungen kein starres, sondern ein historisch und kulturell gebundenes, stetig in Veränderung begriffenes Gütekonzept weiter entwickelt. Denn die Konzepte guter Arbeit stellen sich im Rückblick als sich in einem kontinuierlichen Wandel befindend dar (Flösser 2001). Eine dezidierte Betrachtung von Güte ist – wenn auch auf unterschiedliche Weise und mit differenten Foki – also für die Kinder- und Jugendhilfe nicht per se neu (Polutta 2014; Steiner 2009).

Die vorliegende Studie nimmt den Umgang mit den veränderten Gütekonzepten aus einer disziplinären Perspektive der Sozialen Arbeit in den Blick. Sie untersucht, wie Mitarbeiter_innen in der stationären Kinder- und Jugendhilfe ihr Handeln im Kontext der Debatte um gute Arbeit thematisieren. Im Fokus steht dabei die Frage, über welche Verhaltensweisen aus dem Feld der Kinder- und Jugendwohngruppenarbeit berichtet wird. Beleuchtet wird auch, wie diese Verhaltensweisen thematisiert werden. Erforscht wird also das thematisierte Verhalten im Zusammenhang mit neuen Weisen der Steuerung der Kinder- und Jugendhilfe im Kontext veränderter Gütekonzepte in Deutschland. Untersuchungsgegenstand der vorliegenden Studie ist damit, wie sich auf der Mikroebene Wandlungsprozesse abbilden und zeigen, die u.a. auf der Makroebene zu verorten sind. Damit wird im Rahmen der vorliegenden Studie eine Rationierung der Mikro- und Makroebene vorgenommen.

Zwar sind im Feld der Kinder- und Jugendhilfeforschung in den letzten Jahren einige Studien entstanden, die sich mit den veränderten Konzepten und Steuerungsweisen und deren Auswirkungen auf die Kinder- und Jugendhilfe befassen (Fischer 2005; Krone et al. 2009; Lutz 2010; Messmer 2007; Polutta 2014). Bedeutsam ist in diesem Zusammenhang z.B. die Studie von Christof Beckmann (2009: 75), die sich umfassend mit den Effekten der Veränderungen auf Konzepte professionellen Handelns auseinandersetzt. Exemplarisch zu nennen ist auch die Arbeit von Melanie Oechler (2009), welche die aus den Wandlungsprozessen resultierende Debatte in der Sozialen Arbeit als „Dienstleistungsdebatte" begreift und deren Effekte untersucht. Jedoch ist allen mir bekannten Studien eines gemeinsam: Wenn die Untersuchungen ihren Blick unmittelbar auf die Ebene des Handelns von (Sozial-)Pädagog_innen richten, zeigt sich dieses letztlich nicht als die Veränderungen mitgestaltend, sondern als durch sie gestaltet (z.B. Lutz 2010). An diesem, u.a. von Bernd Dollinger (2009), Fabian Kessl (2013) und Philipp Sandermann (2010) problematisierten, Punkt setzt die vorliegende Studie an: Sie fokussiert die von (Sozial-)Pädagog_innen thematisierten Verhaltensweisen der evtl. Fest-, Fort- und/oder sich möglicherweise auch zeigenden Umschreibung sich verändernder Vorstellungen und Steuerungsweisen von guter Arbeit. Untersucht wird das von (Sozial-)Pädagog_innen im Kontext der Debatte der letzten zweieinhalb Jahrzehnte um gute Arbeit Thematisierte. Im Zentrum der Aufmerksamkeit stehen dabei die sich zeigenden Umgangs- und Gestaltungsweisen von Mitarbeiter_innen im Feld der Kinder- und Jugendwohngruppenarbeit. Der forschungsleitende Blick gilt auch der Art und Weise, wie Mitarbeiter_innen in diesem Feld ihr Handeln im Kontext der Debatte um gute Arbeit darstellen. Die sich in den Thematisierungen abbildenden Verhaltensweisen werden analysiert, um zu erfahren, wie Gütekonzepte in Kinder- und Jugendwohngruppen hergestellt, fest-, fort- und umgeschrieben werden.

Mit dem exemplarisch gewählten Forschungsgegenstand – den Wohngruppen für Kinder und Jugendliche – wird ein Bereich des gesetzlich fixierten Angebots der sogenannten stationären Hilfe zur Erziehung in den Blick genommen. Für das Forschungsanliegen ist dieses spezifische Forschungsfeld geeignet, weil Wohngruppen für Kinder und Jugendliche über die modifizierten § 78a-g SGB VIII eine Neuregelung im Kontext des eingangs Skizzierten erfahren. Untersucht werden somit die thematisierten Verhaltensweisen von Beschäftigten im Kontext der Debatte um gute Arbeit anhand eines Arbeitsfeldes, dessen Vorläuferinstitution in der Fachliteratur als „totale Institution" (Goffman 1973: 11) vorgestellt wird und dessen Transformation erst im Zuge der Student_innenbewegung vorangetrieben werden konnte (Kiehn 1982; Post 2002; Tegethoff 1987). Die als Alternative zur Heimerziehung in diesem Zusammenhang entstandenen Wohngruppen für Kinder und Jugendliche sehen sich inzwischen einer deutlichen Befragung ihrer Effizienz und Wirksamkeit ausgesetzt (z.B. Moch 2011: 627f.; BMFSFJ 2013: 259/361).

Methodisch handelt es sich bei der vorliegenden Untersuchung um eine qualitativ angelegte Studie. Denn die in dem Feld der Wohngruppen Tätigen sind von mir mittels Expert_inneninterviews (Gläser/Laudel 2009a) befragt worden.

Im Zentrum der Studie stehen die sich im Zusammenhang mit den gewandelten Gütekonzepten zeigenden Thematisierungsfelder und -weisen des Verhaltens. Zur begrifflichen Markierung der rekonstruierbaren thematisierten Verhaltensweisen der Interviewten wird auf die Bezeichnungen ,Thematisierungsweisen' und ,Thematisierungsfelder' zurückgegriffen. Mittels des Begriffs des Thematisierungsfeldes wird das in den Expert_inneninterviewtexten Thematisierte inhaltlich strukturiert. Vorgestellt wird entsprechend, was gesagt wird. Mittels des Begriffs der Thematisierungsweise wird dagegen die Art und Weise der Präsentation betrachtet, es geht in diesem Zusammenhang also um Formen der Darlegung. Das sich in der Fachliteratur Zeigende wird im Kontext der Fokussierung von Strängen der Thematisierung erfasst. Die verwendeten Begriffe können spätestens seit der im Jahr 2005 erschienenen Monographie Kessls auch im Bereich der Sozialen Arbeit als durchgesetzt erachtet werden.[3] In ihrer bis dato verwendeten Variante verweisen die Begriffe auf eine diskursanalytische Perspektive in einer foucaultschen Tradition (Foucault 1981). Die vorliegende Studie bewegt sich jedoch nicht auf der Ebene von Diskursen in einem an Foucault orientierten Verständnis, was der Untersuchungsgegenstand verdeutlicht: Da Expert_inneninterviewtexte untersucht werden, werden keine institutionalisierten Formen des Sprechens fokussiert – und somit auch keine Diskurse im foucaultschen Sinne (Foucault 2003: 18). Diskurse im Rückgriff auf Foucault (2003: 18) bezeichnen Dinge, die „über ihr Ausgesprochenwerden hinaus gesagt sind, gesagt bleiben und noch zu sagen sind". Gemeint sind damit einer Allgemeinheit öffentlich zugängliche Texte wie z.B. Regierungsprogramme etc. Jedoch weisen die der vorliegenden Studie zugrunde liegenden methodologischen Konzepte ebenso wie das mit ihr verknüpfte Analyseinteresse in eine ähnliche Richtung wie eine an Foucault orientierte Diskursanalyse: Die sich in den Expert_inneninterviewtexten abbildenden thematisierten Verhaltensweisen werden als kontextuell und zeitlich gebunden und damit als modifizier- und veränderbar betrachtet. Angenommen wird dabei ein dezentriertes Subjekt (Foucault 2005), welches erst im „Vollzug sozialer Praktiken" entsteht (Reckwitz 2003: 296). Das anhand des Rekonstruierten Zeigbare interessiert also, um Möglichkeiten der Einflussnahme aufzeigen zu können. Die Perspektive und das Ziel der Studie weisen damit in eine ähnliche Richtung wie jene mit einer diskursanalytischen Perspektive verknüpften: Über die Rekonstruktion der thematisierten Verhaltensweisen sollen Räume für mögliche Veränderungen und Verschiebungen des sich Zeigenden eröffnet werden. Nicht zuletzt durch den Verweis auf die foucaultsche Markierung seiner Bücher

---

3   Über Kessls Studie hinaus liegen unterschiedliche Arbeiten im Feld der Erziehungswissenschaften und Sozialen Arbeit vor, die nach rekonstruierbaren Regelmäßigkeiten der als diskursiv verstandenen Praktiken fragen (z.B. Coelen 2006: 253ff.; Hanses/Richter 2011: 137ff.; Thieme/Faller/Heinrich 2012; Wrana et al. 2014).

als „Werkzeugkisten" (Foucault 1976) ist die Verwendung der Begriffe ‚Thematisierungsweisen' und ‚-felder' im Rahmen der vorliegenden Untersuchung dementsprechend trotz der unterschiedlichen Gegenstandsebenen und der damit verknüpften Implikationen vor dem Hintergrund der dargelegten Überschneidungen als legitim und schlüssig zu bezeichnen.[4]

Zusammengefasst ist das Ziel der vorliegenden Untersuchung, eine Momentaufnahme davon zu zeichnen, wie sich die aktuelle Debatte um gute Arbeit in den thematisierten Verhaltensweisen von (Sozial-)Pädagog_innen, die in einem sowohl disziplinierende als auch emanzipative Traditionslinien inkorporierenden Arbeitsbereich der Kinder- und Jugendhilfe beschäftigt sind, abbildet, um mögliche Momente der Fest-, Fort- und Umschreibung von Vorstellungen und „Anrufungen"[5] (Althusser 1977: 140ff.) erfassen zu können. Mit der Markierung als historisch und kulturell gebundene Momentaufnahme soll keine Relativierung der empirischen Ergebnisse erfolgen, sondern die konzeptionell angenommene Wirkmächtigkeit und gleichzeitig bestehende Gestaltbarkeit und Veränderbarkeit des Rekonstruierten unterstrichen werden (Foucault 1996: 117). Nicht zuletzt dieser Aspekt macht die Auseinandersetzung mit den rekonstruierten Daten interessant – eröffnen sich darüber doch Räume für mögliche Veränderungen. Anders formuliert: „Ziel der Untersuchung ist es (…), der Geschichte gewissermaßen eine Stichprobe zu entnehmen" (Pieper 2007: 95), um auf dieser Basis „Veränderungen denkbar werden zu lassen" (Herrmann 2007: 306).

---

4   Das Bild der „Werkzeugkiste" entfaltete Foucault in einem Gespräch mit Roger-Pol Droit anlässlich des Erscheinens seines Werkes „Überwachen und Strafen. Die Geburt des Gefängnisses" (Foucault 1994) im Kontext der Frage, welchen Kämpfen seine Arbeiten dienen, wie folgt: „[E]in Buch ist dazu da, um Zwecken zu dienen, die von dem, der es geschrieben hat, nicht festgesetzt sind. Je mehr neue, unvorhergesehene Verwendungen möglich und wirklich sein werden, umso zufriedener werde ich sein. Alle meine Bücher (…) sind, wenn Sie so wollen, kleine Werkzeugkisten. Wenn die Leute sie aufmachen wollen und diesen oder jenen Satz, diese oder jene Idee oder Analyse als Schraubenzieher verwenden, um die Machtsysteme kurzzuschließen, zu demontieren oder zu sprengen, einschließlich vielleicht derjenigen Machtsysteme, aus denen diese meine Bücher hervorgegangen sind – nun gut, um so besser" (Foucault 1976: 53).

5   Verkürzt dargestellt, bezeichnet das von Althusser entworfene Konzept der Anrufung den Moment der „Subjektivierung" (Foucault 2005: 871) von Individuen mittels eines Sprechaktes. Althusser verdeutlicht seine Idee am Bild des Polizisten auf der Straße, der „He, Sie da!" ruft. Im Umdrehen wird das Individuum zum Subjekt. Es erkennt an, dass es angerufen ist, dass es ansprechbar ist und existiert. Es unterwirft sich und wird zugleich zur Person. Genaueres zur Subjektivierung siehe im Kapitel 3.2.2.1. Der Inhalt dieser Fußnote wurde in ähnlicher Form bereits veröffentlicht (vgl. Herrmann 2007: 296).

1.2 Aufbau der Studie

Die vorliegende Studie gliedert sich in drei Teile respektive Kapitel. *Kapitel zwei* ist als Annäherung an den Forschungsgegenstand zu verstehen. Entsprechend wird zunächst die Debatte um gute Arbeit in ihrer Ausformung seit den 1990er Jahren unter Berücksichtigung historischer Entwicklungen beleuchtet, um die Repräsentationen des Themas auf der Programmebene erfassen zu können. In den nachfolgenden Unterkapiteln werden die in der Debatte als Reformkontext vorgestellten Phänomene des gewandelten wohlfahrtsstaatlichen Arrangements, des sogenannten Neuen Steuerungsmodells, sowie die sich abbildenden gesetzlichen Modifikationen skizziert. Es folgt eine Darlegung der Thematisierungsstränge des Arbeitsfeldes der Kinder- und Jugendwohngruppenarbeit in der deutschsprachigen Fachliteratur aus dem Feld der Sozialen Arbeit. Im *dritten Kapitel* wird das Forschungsdesign in seinen Details entfaltet, um das Forschungsdesiderat, die methodologischen Überlegungen und Annahmen, die der Studie zugrunde liegen, sowie die methodische Vorgehensweise der Untersuchung transparent werden zu lassen. Das *vierte Kapitel* widmet sich der Darlegung der empirischen Ergebnisse entlang der vier rekonstruierten Thematisierungsfelder: „Gute Arbeit – Praktiken der Unterwerfung und Gestaltungen", „Gute Arbeit – Marktpraktiken und deren kritische Kommentierung", „Gute Arbeit – Standardisierende Praktiken und deren Begrenzung" sowie „Gute Arbeit – Praktiken der Orientierung am ‚Individuum'".[6] Vorgestellt werden die Thematisierungsfelder inklusive der sich zeigenden Argumentationsweisen in ihren unterschiedlichen Bestandteilen, Facetten und Implikationen. Abgeschlossen wird die Studie mit einer *Interpretation und Zusammenführung* des Dargelegten.

---

6   Der Begriff des Individuums wird als aus dem empirischen Material stammender In-vivo-Code angeführt und im Folgenden im Kontext der Entfaltung des Thematisierungsfeldes ebenso wie bei den erfolgenden Verweisen auf das Thematisierungsfeld verwendet.

2 Annäherungen an den Forschungsgegenstand – Stränge der Thematisierungen in der disziplinären Fachliteratur im deutschsprachigen Raum

Im folgenden Kapitel wird der aktuelle Forschungsstand hinsichtlich der zentralen Thematisierungsstränge des in der Einleitung benannten Untersuchungsgegenstandes vorgestellt. Es wird dargelegt, was zurzeit in der deutschsprachigen Fachliteratur bezogen auf gute Arbeit, auf damit in Verbindung gebrachte sich verändernde Steuerungskonzepte und -weisen sowie auf das gewandelte wohlfahrtsstaatliche Arrangement diskutiert wird. Mit Bezug auf das konkrete Forschungsfeld der Studie – der beruflichen Verortung der Interviewten im sozialpädagogischen Arbeitsfeld der Wohngruppen für Kinder und Jugendliche – wird darüber hinaus aufgeführt, entlang welcher Thematisierungsstränge sich dieses Arbeitsfeld in der Fachliteratur präsentiert.

2.1 Stränge der Thematisierungen guter Arbeit

In der für das Feld der Sozialen Arbeit relevanten Fachliteratur lassen sich Veränderungen der Rede über gute Arbeit feststellen. Sichtbar werden sie beispielsweise daran, dass die Figur der Arbeitsgüte seit den 1990er Jahren insbesondere unter dem Label ‚Qualität' und seit dem Jahrtausendwechsel verstärkt in Verbindung mit dem Begriff der Wirkung diskutiert wird. Der Wandel wird auch anhand neuer Konzeptionierungen guter Arbeit und der mit Sozialer Arbeit verbundenen Aufgaben und Ziele deutlich (Dewe/Otto 2011: 1135; Otto/Polutta/Ziegler 2010b: 7). Darüber hinaus wird er in einen Zusammenhang gebracht mit sich verändernden Formen der Steuerung Sozialer Arbeit im Kontext der Transformation des wohlfahrtsstaatlichen Arrangements (Beckmann 2009; Krone et al. 2009; Oechler 2009; Polutta 2014: 14ff.). Die sich in zahlreichen Publikationen abbildende Debatte um gute Arbeit präsentiert sich dabei unter Namen wie: „Qualitätsdebatte" (Beckmann 2009; Beckmann/Richter 2008: 206; Merchel 2010: 17), „Qualitätsdiskurs" (Dahme/Wohlfahrt 2011a: 1176), „Wirkungsdebatte" (Polutta 2014: 17), „Debatte um Wirkungsorientierung" (Otto/Ziegler/Polutta 2010b: 9) oder unter dem Label einer „wirkungsorientierten Wende" (Albus/Micheel/Polutta 2011: 1727).[7] Die Debatte prägende Stichworte sind darüber hinaus „fachliches Handeln" (Schrödter 2015: 248), „Professionalität" (Albus/Micheel/Polutta 2011: 1712), „Professionalisierung" (Polutta 2014: 13), „Dienstleistungsorientierung" (Oechler 2011: 258ff.) und „Managerialisierung" (Otto/Ziegler 2011: 901).

Im Rahmen der Debatte werden Auseinandersetzungen mit und um die Güte von Arbeit als „nicht neu" und konstitutiv für die Soziale Arbeit bestimmt (Polutta 2014: 61; Speck 1999: 22; Steiner 2015: 333). In diesem Sinne konstatieren Heinz-Jürgen Dahme und Norbert Wohlfahrt (2011a: 1176): „Kontroversen über ‚gute' oder fachlich angemessene Sozialarbeit und Sozialpädagogik wie über Auswirkungen der Arbeit auf Klienten und Gesellschaft gehören zur Fachlichkeit". Fachlich gute Soziale Arbeit – so die Diagnose – impliziere den Dialog über fachliche Angemessenheit und Wirkungen auf beiden Ebenen, wobei dieser Dialog als durch unterschiedliche Perspektiven geprägt präsentiert wird. Ähnlich fassen Hans-Uwe Otto, Andreas Polutta und Holger Ziegler (2010b: 10) fachlich gute Soziale Arbeit als immer auch Fragen der Bedeutung der Arbeit für die Adressat_innen implizierend auf. Sie konstatieren, „dass Maßnahmen, die keinen Nutzwert im Sinne positiver Effekte auf die Zustände und Lebensführung ihrer KlientInnen zeigen, [fachlich, C.H.] nicht zu rechtfertigen" (ebd.) seien.[8] Auch Stefanie Albus, Heinz-Günter Micheel und Andreas Polutta (2011: 1727) verweisen auf eine „tiefe Verwurzelung" der Fokussierung von „Wirksamkeit" – „im Sinne einer konstitutiven pädagogischen Zielorientierung" – in der Sozialen Arbeit. In den Worten von Dahme und Wohlfahrt (2011a: 1176) ausgedrückt bedeutet dies: „Der Sache nach sind Qualitätsdiskurse immer schon Bestandteile" Sozialer Arbeit gewesen.[9] Damit ist die Beschäftigung mit guter Arbeit im Kontext der Sozialen Arbeit als tradiert und fundamental zu bezeichnen.

---

7   Angemerkt werden soll, dass der zitierte Diskursbegriff nicht mit dem Diskursverständnis von Foucault (2003) als wirklichkeitserzeugend und -strukturierend konform geht. Näher kommt er einem habermasschen Begriffsverständnis einer durch „Argumentation gekennzeichnete[n] Form der Kommunikation", die im Ideal herrschaftsfrei sein soll (Habermas 1972: 131). Im Feld Sozialer Arbeit erfreut sich die Verwendung des Diskursbegriffs aber zunehmender Beliebtheit (Ahmed/Höblich/Thole 2015: 8f.; Bitzan/Bolay 2011; Böhnisch 2011; Karl 2011; Oechler 2011; Polutta 2014: 12; Schoneville 2015: 20). Vermehrt bedienen sich auch Forschungsprojekte der jüngeren Zeit einer diskursanalytischen Vorgehensweise im Rekurs auf Foucault (Bröckling 2012; Dollinger et al. 2012; Schreier 2015; Thieme/Faller/Heinrich 2012).

8   Die Bedeutung ergebe sich nicht zuletzt vor dem Hintergrund der im Rahmen Sozialer Arbeit erfolgenden Eingriffe in das Leben von Adressat_innen (vgl. Otto/Polutta/Ziegler 2010b: 9).

9   In ihrer Diplomarbeit zeigt Uta Steiner (2009), dass in Deutschland bereits seit dem Jahr 1867 Untersuchungen zu Erfolgen der Kinder- und Jugendhilfe durchgeführt wurden (Steiner 2015: 333). Und für das Feld „einer erziehungswissenschaftlich orientierten Pädagogik" konstatiert Polutta (2014: 61), dass bereits in deren „ersten Bemühungen (...) die Fokussierung auf Wirkung eine zentrale Rolle" gespielt habe.

2.1.1 Gute Arbeit – eine historisch gebundene Figur

Doch auch wenn, wie aufgezeigt, der Fokussierung von Güte bezüglich Sozialer Arbeit in der Bundesrepublik Deutschland eine tradierte Relevanz zugesprochen werden kann, zeigen sich Veränderungen in den Ausrichtungen der jeweiligen Thematisierungen. So schreibt etwa Gaby Flösser (2001: 1462) über die unmittelbare Zeit nach dem Zweiten Weltkrieg, dass damals der Nachweis des Vorhandenseins „einer gewissen Infrastruktur wohlfahrtsstaatlicher Organisationen über die Anzahl der Einrichtungen, Mitglieder, freiwillige Helferinnen und Helfer etc." als Beleg für Güte gegolten habe. So sei es möglich gewesen, „Aussagen über das [vorhandene, C.H.] Versorgungsniveau" zu treffen.[10] Flösser (ebd.: 1462) weist jedoch auch darauf hin, dass im Kontext damaliger „Demokratiebestrebungen" die Ausrichtung auf „Bürgernähe und bürgerschaftliches Engagement" zum Konzept von guter Arbeit gehörte. Damit materialisierte sich Güte seinerzeit in der Ausgestaltungsdichte der zur Verfügung stehenden und gestellten Versorgungsstrukturen. In der „politischen Debatte" spielte der Beleg von Güte in den 1950er Jahren laut Flösser (ebd.) demnach „keine Rolle". Während in den 1950er und 1960er Jahren in unterschiedlichen Arbeitsfeldern der Kinder- und Jugendhilfe Studien zu „Wirkungsweisen und institutionellen Rahmenbedingungen" durchgeführt wurden, ist die Zahl der Evaluationen vor dem Hintergrund ihrer geringen Präsenz in politischen Entscheidungsprozessen ab den 1970er Jahren wieder zurückgegangen (Groenemeyer/Schmidt 2011: 368).

Laut Flösser (2001: 1462f.) ist es in den 1960er und 1970er Jahren im Kontext der Thematisierung von Güte insbesondere als wichtig erachtet worden, bei der Umsetzung festgelegter Richtlinien den „formal-rechtlichen Kriterien" zu genügen. Konkret sei gute Arbeit im Feld der Kinder- und Jugendhilfe seinerzeit an die Erfüllung festgelegter „Minimalstandards der organisatorischen Ausstattung", „institutioneller Verfahrensregeln" sowie einer organisationsübergreifenden „Berichterstattungspflicht in Form der Bundesjugendberichte" geknüpft gewesen. Die Notwendigkeit der Legitimation ist also auch für soziale Träger nicht ganz neu.

Mitte der 1970er Jahre wurde Fachlichkeit – verstanden als personelle Ausstattung – erstmals für die Jugendhilfestatistik erhoben und in dieser festgehalten (vgl. Schilling 2002: 46).[11] Die Verknüpfung von Güte mit zu gewährleistenden fachlichen Standards erlangte nicht zuletzt im Zuge der „Akademisierung" der

---

10 Eine bundesweite Erfassung der institutionellen Infrastruktur der Kinder- und Jugendhilfe ist seit dem Jahr 1950 gesetzlich fixiert (Schilling 2002: 36f.).

11 In diesem Zusammenhang wurde u.a. deutlich, dass in dieser Zeit über die Hälfte der Mitarbeiter_innen in der Kinder- und Jugendhilfe über keine pädagogische Ausbildung verfügte (ebd.).

Sozialen Arbeit Ende der 1960er Jahre Bedeutsamkeit (Hering/Münchmeier 2012: 117; Rauschenbach/Züchner 2011: 135). In diesem Kontext bildete sich auch „die Figur der Expertin/des Experten [heraus, C.H.], die eine rationale, fachlich begründete Problembearbeitung gewährleisten sollte" (Flösser 2001: 1463). Vor dem Hintergrund der in den 1970er Jahren erstarkenden sozialen Bewegungen wurde diese Figur jedoch einer deutlichen Kritik unterzogen. Im Rückgriff auf Flösser lässt sich diese wie folgt pointieren: Kritisiert wurden „expertokratische Problemlösungen, ein entmündigender Zugriff auf die Autonomie der Lebenspraxis der Subjekte und die Parzellierung der Problemlagen" (ebd.). Durch Ungleichheit geprägte Machtverhältnisse zwischen (Sozial-)Pädagog_innen und Adressat_innen wurden also thematisiert.[12]

In der sich etablierenden „Projekte-Bewegung", wie Roland Roth sie nennt, wurden „neue Formen Sozialer Arbeit" ausprobiert und entwickelt (Roth 2001: 1674). Als relevante Themen erwiesen sich in diesem Zusammenhang das Ziel, „den Bedürfnissen der Adressaten als Subjekte der Hilfe stärker gerecht zu werden" (Speck 1999: 24), sowie die Ideen einer „anwaltliche[n] Interessenvertretung und gemeinsame[n] Mobilisierung" (Roth 2001: 1674). Flösser (2001: 1463) diagnostiziert als Folge eine „kompetenztheoretische Fundierung" Sozialer Arbeit: Das Verhältnis von Handlungsweisen und zu erreichender Ziele, Möglichkeiten der Adressat_innenbeteiligung und Fragen nach den zur Verfügung stehenden Ressourcen wurden zentral gesetzt. Dabei rückten nicht zuletzt die Interaktionen zwischen (Sozial-)Pädagog_innen und Adressat_innen ins Zentrum der Aufmerksamkeit (vgl. Flösser/Oechler 2006: 157).

Über das Skizzierte hinaus ist eine nicht nur fragmentarische Berücksichtigung historischer Erhebungen, ihrer Ergebnisse und methodischen Hinweise jedoch in den verschiedenen wissenschaftlichen Auseinandersetzungen mit guter Arbeit kaum zu finden (Steiner 2009: 113). Bereits diese kurze Skizze verdeutlicht aber, dass die Art und Weise der Betrachtung von guter Arbeit ebenso wie die Relevanz ihres Nachweises deutlichen Veränderungen unterliegt. So zeigt sich die Thematisierung von guter Arbeit in der sozialpädagogischen Fachliteratur über die Jahrzehnte hinweg als von Diskontinuitäten geprägt.

---

12   Zum Machtverständnis der Autorin siehe das Zwischenresümee im Kapitel 4.1.1.1.

2.1.2 Thematisierungsstränge guter Arbeit ab den 1990er Jahren

Die Debatte um gute Arbeit wurde insbesondere in dem Zeitraum zwischen dem letzten Jahrzehnt des 20. und dem ersten Jahrzehnt des 21. Jahrhunderts als Debatte um Qualität geführt.[13]

Diese Debatte verbindet zwei Stränge: Einen Strang[14] bilden die Auseinandersetzungen mit den Spezifika des Qualitätsbegriffs: Lee Harvey und Diana Green (2000: 18) markieren Qualität als einen „Begriff mit Wertimplikation" – also als einen Begriff, der mit etwas als wertvoll und gut Erachtetem verbunden ist. Dies kann m.E. gut mit Christof Beckmanns (2009) Qualitätsverständnis in Zusammenhang gebracht werden. Er bestimmt Qualität als „rein subjektive Kategorie", bei der es „von der beurteilenden Person, von den situativen und pragmatischen Umständen abhängig [ist, C.H.], zu welchem Qualitätsurteil eine Person kommt" (ebd.: 10). Insgesamt besteht in der Fachdiskussion Einigkeit darüber, dass Qualität keine „essentiell fixierbare" (Schaarschuch/Schnurr 2004: 312) oder „absolute Größe" (Flösser 2001: 1463) darstellt. Entsprechend konstatiert Beckmann (2009: 10), dass sich im Bereich der Erziehungswissenschaften „eine konstruktivistische Auffassung von Qualität" durchgesetzt habe. Konsequenterweise müsse von Qualität im Plural – von „Qualitäten" also – gesprochen werden. Damit wird Qualität als inhaltlich offenes „Konstrukt" betrachtet (Köpp/Neumann 2003: 124f.; Merchel 2000a: 168ff.; Merchel 2010: 37), welches einer Füllung, sprich: Konkretisierung bedürfe (Herrmann 2008: 97ff.). Dabei impliziere der Begriff stets den Prozess der Zuweisung eines Werturteils (Heid 2000: 42ff.).

Entsprechend weisen Beckmann und andere (2004b: 10) zurecht darauf hin, dass Qualitätsbewertung als Bewertung eines zugewiesenen Werts verstanden werden muss. Dabei zeigt sich die semantische Auslegung des Qualitätsbegriffs als von „zeit- und zeitgeistspezifischen Interpretationen" sowie den jeweiligen Beteiligten abhängig (Flösser 2001: 1464). Kurz: Die Auslegung des jeweiligen Qualitätsverständnisses wird als sozialer (Beckmann 2009: 10), historisch zu kontextualisierender Prozess gefasst. Argumentiert wird, dass die Aushandlungsprozesse um die jeweiligen Begriffsdefinitionen nicht frei von Machtverhältnissen sind (Schaarschuch/Schnurr 2004: 311ff.). Qualität erweist sich dementsprechend als relationaler Begriff. Und auch Christof Beckmann und andere (2004b: 11) betonen, dass der Relationismus „bereits die Konstitution der Qualitätsbegriffe, nicht erst ihre inhaltliche Füllung" berühre. Schrödter (2015) argumentiert, dies

---

13   Die auf diesen Zeitraum verweisende Debatte um gute Arbeit wird im Folgenden unter dem Chiffre „aktuelle" Debatte/Diskussion bzw. Rede über gute Arbeit verhandelt.

14   Die Bestimmung dieses Strangs geht mit einer von Beckmann (2009: 10ff.) vorgenommenen Systematisierung der Debatte konform, die er inhaltlich jedoch mit einer anderen Schwerpunktsetzung verknüpft.

ergänzend, dass dieser relationale Begriff notwendigerweise aber immer eine Differenzierung in die Fokussierung der Dienstleistungsorganisation einerseits und die Fokussierung vom gelingenden oder scheiternden Handlungsvollzug der Fachkräfte andererseits erfodere. Es müsse genau zwischen erfolgreichen oder auch nicht erfolgreichen Handlungsergebnissen unterschieden werden (ebd.: 248).

Es verwundert dementsprechend nicht, dass die Diskussion um mögliche Qualitätsdefinitionen in der Sozialen Arbeit allgemein und in ihren einzelnen Arbeitsfeldern im Besonderen in der Fachliteratur viel Raum einnimmt, schon allein was die theoretischen Abhandlungen über sozialpädagogische Qualitätsverständnisse betrifft (vgl. dazu insbesondere Köpp/Neumann 2003, aber auch Galiläer 2005 und Merchel 2010). Auch in den zahlreichen eher praxisorientierten Publikationen – zu verweisen ist in diesem Zusammenhang beispielsweise auf die sogenannten Qs-Hefte (BMFSFJ 2002a) – wird das Thema immer wieder aufgegriffen.[15]

Die breite Rezeption hat ihren Grund: Andreas Helmke, Walter Hornstein und Ewald Terhart (2000b: 10) zufolge spricht gerade die skizzierte Offenheit des Begriffs für seine zeitweise Karriere in der Kinder- und Jugendhilfe. Mit Ernesto Laclau und Chantal Mouffe (Laclau 2002: 65ff.) lässt sich diese Annahme stützen. Laut ihnen eignen sich besonders „leere Signifikanten" dazu, eine herausragende Stellung in – wie sie sich ausdrücken würden – diskursiven Formationen einzunehmen. Dass es sich bei Qualität um einen sogenannten leeren Signifikanten handelt, legen die vorangegangenen Ausführungen nahe. Qualität ist also zu verstehen als ein Signifikant ohne Signifikat, als etwas Bezeichnendes ohne spezifisches Bezeichnetes oder, anders ausgedrückt, als ein Begriff mit zahlreichen möglichen Inhalten. Der Versuch der vorübergehenden Bedeutungszuschreibung eines leeren Signifikanten erfolgt dabei in einem Prozess der Abgrenzung von anderen Signifikanten, d.h., der Prozess einer vorübergehenden Begriffsbestimmung findet über den Versuch der Grenzziehung zu anderen möglichen Inhalten statt.[16]

Das Konzept des Verständnisses von „Qualität als Verhandlung" (Beckmann/Richter 2008: 207) präsentiert sich als eine Strategie des Umgangs mit den Herausforderungen der Begriffsspezifika: Der – in der Fachdisziplin Soziale Arbeit prominent vertretene – Ansatz verweist auf den prozessualen Charakter der situativ zu erfolgenden Definition. Die Definition erfolge in einem Prozess der systematischen Berücksichtigung der unterschiedlichen Gütevorstellungen der

---

15 Unter dem Titel „Qs. Materialien zur Qualitätssicherung in der Kinder- und Jugendhilfe" – kurz: Qs-Hefte – wurden zwischen 1995 und 2001 vom Bundesministerium für Familie, Senioren, Frauen und Jugend 36 Hefte zum Thema „Qualität in der Kinder- und Jugendhilfe" herausgegeben (BMFSFJ 2002a).

16 Teile des soeben Skizzierten wurden von der Verfasserin bereits veröffentlicht (vgl. Herrmann 2007: 296, 2008: 99f.).

Beteiligten, wobei in diesem Zusammenhang betont wird, dass dabei auch die Adressat_innen von entscheidender Bedeutung seien (Beckmann et al. 2004b: 12ff.; Gissel-Palkovich 2002: 318ff.; Merchel 2010: 36ff.).[17] Aufgrund dessen müssten bei der Auseinandersetzung mit differenten Definitionen auch die bereits angesprochenen Machtverhältnisse zwischen den Adressat_innen und den Sozial-arbeiter_innen beleuchtet werden (Beckmann 2009: 11; Merchel 2010: 41).

Als weiterer wichtiger Diskussionsstrang präsentiert sich in den inhaltlich relevanten Fachveröffentlichungen die Auseinandersetzung um Methoden der Weiterentwicklung, Gewährleistung und Bewertung von Qualitäten. Diskutiert wurden und werden unterschiedliche Ansätze, die es ermöglichen sollen, als gut erachtete Leistungen zu garantieren, transparent zu machen und weiterzuent-wickeln. Thematisiert werden dieses Ziel ermöglichende Verfahren wie das einer Zertifizierung nach DIN EN ISO 9000ff.[18], genauso wie an EFQM[19] orientierte

---

17 Die Zusammenschau unterschiedlicher Untersuchungen zur Adressat_innenbeteiligung in Hilfeplanverfahren von Melanie Oechler (2009: 158ff.) legt allerdings nahe, dass in diesem Bereich, ungeachtet ihrer proklamierten zentralen Bedeutung in der Qualitätsdebatte, noch ein erheblicher Entwicklungsbedarf besteht.

18 DIN EN ISO 9000ff. werden als die in der Sozialen Arbeit bekanntesten und umstrittensten Verfahren der Steuerung von guter Arbeit bezeichnet (Langnickel 2000: 7). Es stellt ein inter-national gültiges Gerüst zur Einführung, Durchführung und Zertifizierung eines sogenannten Qualitätsmanagementsystems dar (vgl. Wehaus 1999: 1382). Das Konzept basiert auf einer Festschreibung verbindlicher Standards für Leistungen. Otto Kienzle, Mitbegründer des DIN, bezeichnet eine „Normung (...) [als, C.H.] einmalige, bestimmte Lösung einer sich wiederho-lenden Aufgabe unter den jeweils gegebenen wissenschaftlichen, technischen und wirtschaftli-chen Möglichkeiten" (Kienzle, zit. nach Conrad 1999: 24). Die ISO-Normen wurden ursprüng-lich für die Industrie, insbesondere für Bereiche wie die Rüstungs- und Elektroindustrie, ent-wickelt (vgl. Wehaus 1999: 1382). Im Zuge der Qualitätsdebatte wurden sie auf die Soziale Arbeit übertragen. Der Nutzen des Verfahrens in der Sozialen Arbeit wird damit begründet, dass die Normen grundlegende Anforderungen an ein Qualitätsmanagementsystem beinhalten würden, welche für alle Unternehmen – auch ‚soziale Unternehmen' – gelten und gleichzeitig die Möglichkeit der Anpassung an die jeweiligen Besonderheiten bieten würden (vgl. Graichen 2000: 43ff.; Pawelleck 2000: 62ff.). Jedoch blieb die Anwendung des Verfahrens im Kontext der Sozialen Arbeit nicht unkritisch. Stellvertretend für die Kritiker_innen lässt sich auf Hans-Ullrich Krause (2000: 69ff.) verweisen. Er problematisiert die Fokussierung gleichbleibender Wege bei der Herstellung sozialer Leistungen ohne Berücksichtigung ihres Gebrauchswertes und ihrer Wirksamkeit, also derjenigen Aspekte, die nicht nur er als besonders relevant für Soziale Arbeit bestimmt.

19 Das EFQM-Modell ist ein Verfahren, welches auf einer Form der Selbstbewertung basiert. Über die Möglichkeit der Bewerbung auf den zum Modell gehörenden Qualitätspreis kann dieses Verfahren um die Dimension einer Fremdbewertung erweitert werden. Entwickelt wurde das Modell von der European Foundation for Quality Management (EFQM) (EFQM 1999; Liebald 996: 14; Rehn 1999: 22f.). Das Verfahren beinhaltet festgelegte Prinzipien und Qualitätskrite-rien, genauso wie Arbeitsschritte und Hilfsmittel zur Umsetzung wie beispielsweise Bewer-tungsfragebögen (EFQM 1999: 7ff.; Wehaus 1999: 1388). Gemäß dem dem Modell zugrunde

Vorgehensweisen, Formen der (Selbst-)Evaluation[20] sowie modifizierte und neu entwickelte Vorgehensweisen (BMFSFJ 2002a; Dudek/Burmeister 2012; Gerull 2001; Gissel-Palkovich 2002; Grunwald 2015: 249; Heiner 1996b; Kießling/Meese 2006; König 2007; Meinhold 1998; Merchel 2000c). Ein bedeutsamer Ort der Debatte ist auch hier die Heftreihe „Qs. Materialien zur Qualitätssicherung in der Kinder- und Jugendhilfe" (BMFSFJ 2002a). Im Interesse der Etablierung unterschiedlicher Verfahrensweisen, insbesondere der (Selbst-)Evaluation, werden dort Projekte und Konzepte aus verschiedenen Arbeitsfeldern der Kinder- und Jugendhilfe vorgestellt.[21]

---

liegenden Qualitätskonzept erfordert gute Arbeit demnach das systematische Managen von Prozessen, das Fällen von Entscheidungen auf der Basis zuverlässiger Informationen, die Nutzung von allen verfügbaren und relevanten Ressourcen von Mitarbeiter_innen sowie Möglichkeiten einer Mitarbeiter_innenkompetenzerweiterung. Daneben erfordere ein langfristiger Erfolg ethisch korrektes Verhalten sowie das Übertreffen der öffentlichen Anforderungen und Erwartungen. Qualitätsverbesserungen basieren dem Modell zufolge also auf einem guten Management, dem Austausch von Wissen sowie einer Kultur des kontinuierlichen Lernens und der ständigen Innovation (vgl. Birner/Fexer 1999: 60; EFQM 1999: 7f.).

Ursprünglich konzipiert für den Wirtschaftsbereich, wurde das Modell im Zuge der Qualitätsdebatte von der Sozialen Arbeit entdeckt. Die Protagonist_innen des EFQM-Modells betrachten es aufgrund seiner Universalität als für die Soziale Arbeit geeignet (Pursche 1998: 318ff.; Rehn 1999: 21ff.; Walburg 2000: 14ff.; Wehaus 1999: 1388). Wegen seiner Umsetzungsungenauigkeit wird es jedoch zugleich problematisiert (vgl. Struck 2000: 188ff.). Auch kritisiert z.B. Gaby Flösser (2000: 167), dass nicht „die Binnenstrukturen des Aushandlungsprozesses zwischen ‚Anbietern und Nachfragenden', sondern die strikte Einhaltung standardisierter Produktionswege" als Beleg für Güte betrachtet werde. Dies werde den Handlungsbedingungen Sozialer Arbeit nicht gerecht.

20 Anders als DIN-ISO-Norm-Verfahren oder an EFQM orientierte Verfahren zielt eine Evaluation „sowohl auf die Voraussetzungen und Prozesse als auch auf die Wirkungen und die Effizienz von Maßnahmen" ab (Bissinger/Böllert 2003: 211; vgl. Groenemeyer/Schmidt 2011: 366f.; Merchel 2010: 102). Selbstevaluationen, also Verfahren der Erhebung und Bewertung durch die Mitarbeiter_innen einer Einrichtung, werden dabei als qualifizierend angenommen. Sie böten gegenüber Fremdevaluationen zudem den weiteren Vorteil, Arbeitsbedingungen genauer erfassen zu können. Problematisiert wird allerdings eine mögliche ‚Betriebsblindheit' langjährig beschäftigter Mitarbeiter_innen (vgl. Bissinger/Böllert 2003: 211ff.; von Spiegel 1993). Mit Verfahren der Selbstevaluation in der Sozialen Arbeit haben sich insbesondere Maja Heiner (1996b, 1998) und Hiltrud von Spiegel (1993, 1998) befasst. Axel Groenemeyer und Holger Schmidt (2011: 374) problematisieren die Verwendung des Evaluationsbegriffs, da dieser kein „professionelles Selbstverständnis" beinhalte. Vor dem Hintergrund der zunehmend als wichtig erachteten Frage nach Voraussetzungen, Prozessen und Wirkungen sowie einer parallel zu verzeichnenden fehlenden Berücksichtigung von Evaluationsergebnissen durch politische Institutionen wird von Evaluation auch als schlichtem „modernem Ritual" gesprochen (Schwarz 2004).

21 Im Zentrum dieser Initiative steht die Suche danach, „wie die verfügbaren Mittel effizienter und effektiver eingesetzt werden können", um „Anregungen für einen intensiven wirkungsorientierten Einsatz der Gelder, für den Abbau von hemmenden Strukturen und Verwaltungsverfahren sowie für die Selbstevaluation der eigenen Arbeit" zu erhalten (BMFSFJ 1996: 2).

Mit der Diskussion von Instrumenten wie einer Zertifizierung nach DIN EN ISO 9000ff., EFQM oder auch Benchmarking[22] erlangen in der Sozialen Arbeit Verfahren Einfluss, die ursprünglich in der und für die Privatwirtschaft entwickelt wurden – ein Prozess, der kontrovers kommentiert wird (BMFSFJ 2002a; Dahme/Wohlfahrt 2011a; Gerull 2001; Gissel-Palkovich 2002; Graichen 2000; Krause 2000; Pawelleck 2000): So werden mit den genannten Verfahren nicht nur „im Kontext finanzieller Einsparungen" Professionalisierungshoffnungen im Sinne rationalerer Leistungserbringungsprozesse und einer Zunahme von „Vergleichbarkeit", „Verbindlichkeit" sowie „Transparenz" verknüpft, die zugleich zu einer verbesserten öffentlichen Legitimierbarkeit führen sollen (Nitze 2006: 191f.). Durchaus vorstellbare Vorbehalte gegenüber eventuellen Inkompatibilitäten von Verfahrenslogiken – die ehemals in einer ganz anderen gesellschaftlichen Sphäre verortet waren – werden nicht immer problematisiert (Kießling/Meese 2006). Sie tauchen häufig erst in der Rückschau auf, um anfänglich bestehende Vorbehalte als obsolet zu erklären. Ganz in diesem Sinne fällt bspw. das Resümee der „Qs-Initiative" im letzten Heft aus: „Berührungsängste gegenüber Methoden aus der Betriebswirtschaft und gegenüber Management-Systemen [haben wir, C.H.] verloren" (Haupt 2001: 4). Dieser nicht selten anzutreffenden unkritischen Haltung widersprechend, werden aus der Wirtschaft stammende Verfahren von Kritiker_innen als mit den Prinzipien Sozialer Arbeit nicht vereinbar vorgestellt (vgl. auch die Fußnoten 18, 19 und 22). So bestimmen Heinz-Jürgen Dahme und Norbert Wohlfahrt (2011a) Soziale Arbeit als in letzter Instanz immer „staatlich gesetzt" und damit als nicht den „Wünschen der Kunden" bzw. Kund_innen, sondern einer „souveränen sozialstaatlichen Zwecksetzung" entspringend und gehorchend (ebd.: 1176ff., 1182f.). Leistungen Sozialer Arbeit seien entsprechend „in ihrem Umfang und in ihrer Ausgestaltung Folge des vorherrschenden Sozialstaatsmodells" (ebd.: 1183). Damit diagnostizieren die beiden Wissenschaftler eine Unvereinbarkeit von Leistungen im Feld der Sozialen Arbeit mit Managementlogiken, welche auf der Figur der/des autonomen Kund_in basieren. Denn eben diese, so argumentieren Dahme und Wohlfahrt, seien die Adressat_innen Sozialer

---

22 Benchmarking bezeichnet eine Form des systematischen Vergleichs von als relevant erachteten Leistungen unterschiedlicher Einrichtungen oder verschiedener Bereiche einer Organisation (vgl. Merchel 2010: 91; Ziegler/Otto 2011: 902). Substanziell für das Verfahren ist die Idee eines „Wettbewerbs" um die „beste Praxis" (Merchel 2010: 92). Auf dieser Basis sei, darauf weist Merchel (ebd.) hin, das Erkennen eigener Stärken und Schwächen und seien entsprechende Verbesserungen angestrebt und möglich. Im praktischen Umsetzung habe allerdings die Verfahren allerdings in vielen Fällen als nicht von einer „kollegialen Fremdevaluation" zu unterscheiden erwiesen (ebd.: 102). Auch könne die Etablierung einer angestrebten Datenbank mit möglichst vielen Vergleichseinrichtungen dazu führen, dass die Daten für die beteiligten Einrichtungen durch ihre Praxisferne keine Entwicklungsanregungen mehr böten, so die Kritik von Werner Freigang (2000: 108).

Arbeit nicht. In ihren Worten heißt dies: „Die Wünsche und Interessen der durch den Sozialstaat ‚Begünstigten' werden nicht analog der Kundenorientierung im Rahmen einer regulären, rein marktlich vermittelten Dienstleistung ermittelt und dann zum Ausgangspunkt oder Maßstab staatlichen Handelns" (ebd.). Betont wird also die Existenz unterschiedlicher Logiken in verschiedenen gesellschaftlicher Sphären. Beckmann (2009) kommt zu einem ähnlichen Urteil: Auf der Basis einer Analyse des als professionell markierten Handelns und managerieller Steuerungsformen rekonstruiert er den jeweiligen Logiken entsprechende Formen der Leistungsverbesserung, die sich bezüglich der zugrunde liegenden „Steuerungsannahmen" und ihrer „Technologiebegriffe" unterscheiden: Managerielle Formen der Steuerung basieren ihm zufolge auf der Vorstellung eines notwendigen Vorhandenseins festgelegter Verfahrensweisen, um vergleichbare Ziele erreichen zu können. Dies impliziere eine „möglichst weitgehende Standardisierung der Binnenstrukturen der Organisation und [eine, C.H.] Formalisierung der Außenbeziehungen" (ebd.: 132). Dieser Form der Steuerung liegt ein „enger Technologiebegriff" (ebd.) zugrunde. Ein solcher wird jedoch als unangemessen für Soziale Arbeit erachtet (Merchel 2000a: 177), da ihr ein „strukturelles Technologiedefizit" (Luhmann/Schorr 1982: 11) inhärent sei. Professionelle und dem Feld Sozialer Arbeit adäquate Strategien der Steuerung basieren, folgt man der profunden Analyse der entsprechenden Fachliteratur durch Christof Beckmann, dagegen auf unterschiedlichen Formen innerorganisationeller „kollegiale[r] Selbstkontrolle" (Beckmann 2009: 132f.). Beckmann operiert in diesem Zusammenhang neben der Argumentation mit „mögliche[n] Maßnahmenregelungen" insbesondere mit dem Konzept „reflexive[r] Schleifen" (ebd.: 133) – mit Formen der gemeinsamen Reflexion des je eigenen Handelns. Fachliche Weiterentwicklung im Feld Sozialer Arbeit vollzieht sich damit, anders als im Kontext managerieller Strategien, über eine „erfahrungsgesättigte und wissenschaftlich fundierte Entwicklung von Methoden, die die praktische Anwendung von Urteilskraft unterstützen oder entlasten" (ebd.). Situativ zu fällende Entscheidungen sollen also im Rückgriff auf Erfahrungen und wissenschaftliche Erkenntnisse erleichtert werden.[23] Abgezielt wird damit auf die Herausbildung von „Routinen, deren Zweck nicht in der Gleichförmigkeit des Handelns liegt, sondern die den Sinn einer Abkürzungsstrategie besitzen" und „deren Normen (…) reflexiv durch die Handelnden wieder einholbar sind" (ebd.). Professionelle Strategien der Weiterentwicklung im Feld

---

23   Die Ergebnisse empirischer Untersuchungen legen allerdings nahe, dass die Handlungsweisen von (Sozial-)Pädagog_innen eher durch eine Berücksichtigung von Erfahrungswissen als von wissenschaftlichen Erkentnissen geprägt sind (Thole/Küster-Schapfl 1997: 217).

Sozialer Arbeit zielen somit, folgt man den Ausführungen der genannten Wissenschaftler_innen, auf reflexiv verfügbare Strategien des Umgangs mit Ungewissheit.[24] In den letzten Jahren haben, wie bereits kurz angesprochen, neben dem Skizzierten, Fragen der Wirksamkeit eine zunehmende Bedeutung erhalten (BMFSFJ 2013: 259). So diagnostizierten Stefanie Albus, Heinz-Günter Micheel und Andreas Polutta (2011: 1727): „Begriffe wie Wirkung, Effekte und Ergebnisse finden sich etwa seit der Wende zum einundzwanzigsten Jahrhundert vermehrt in konzeptionellen, politischen, empirischen und analytischen Beiträgen und Veröffentlichungen zur Sozialen Arbeit". Sichtbar würden sie insbesondere als Konzeptentwürfe und Analysefolie. Ein solcher Veränderungsbedarf materialisiert sich beispielsweise im 11. Kinder- und Jugendbericht: Dort wird moniert, dass die Kinder- und Jugendhilfe über „zu wenig begründetes Wissen über die Auswirkungen ihrer eigenen Praxis" (BMFSFJ 2002b: 255) verfüge und dass daher eine stärkere Konzentration auf ihre Wirkungen unerlässlich sei.

Mit dem von 2006 bis 2009 laufenden, vom Bundesministerium für Familie, Senioren, Frauen und Jugend (BMFSFJ) eingerichteten Modellprogramm „Qualifizierung der Hilfen zur Erziehung durch wirkungsorientierte Ausgestaltung der Leistungs-, Entgelt- und Qualitätsentwicklungsvereinbarungen nach §§ 78a ff SGB VIII" – kurz: „Wirkungsorientierte Jugendhilfe" – ist, so konstatieren es Albus, Micheel und Polutta (2010a: 232), ein erheblicher Bedeutungszuwachs des Themas in der Sozialen Arbeit zu verzeichnen. Präzisieren lässt sich das genannte Programm des BMFSFJ als „Praxisentwicklungsprojekt", welches auf eine „Stärkung von lokalen Controllingverfahren, Selbstevaluation und Verfahren zur Überprüfung von Hilfeerfolgen oder Leistungen von Jugendhilfeeinrichtungen, einschließlich der Prämierung guter Arbeit mittels Bonussystemen", abzielt (Albus/Micheel/Polutta 2010: 232).[25]

Lesen lässt sich die Inblicknahme von Wirkung m.E. als Weiterführung der sogenannten Qualitätsdebatte. Diese These eines Wandels in der Kontinuität lässt sich z.B. unter Verweis auf Hans-Jürgen Dahme und Norbert Wohlfahrt (2010: 212) stützen: Sie argumentieren im Zusammenhang mit Fragen der Wirkungsorientierung, dass „[d]urch den gesetzlichen Zwang zur Schaffung von Qualitätsmanagementsystemen (…) in den Sozialbetrieben schon länger eine outputorientierte

---

24 Auch im Kontext der Ergebnisse der wissenschaftlichen Begleitung des Bundesmodellprojektes „Wirkungsorientierte Jugendhilfe" wird die Figur des „reflexive[n] Modus" als erfolgreicher als ein „standardisierte[r] Modus" herausgearbeitet (Albus et al. 2010: 166).

25 Die begleitende Evaluationsstudie bestimmt finanzielle Bonussysteme als unbedeutend und wenig hilfreich für die an einer Erweiterung von „Befähigungs- und Verwirklichungschancen" (Albus et al. 2010: 166) von Kindern und Jugendlichen orientierte Kinder- und Jugendhilfe (vgl. ebd.: 118).

Steuerung der Dienstleistung betrieben" werde. Für die Handlungsweisen in Einrichtungen der Sozialen Arbeit impliziere die Thematisierung von Wirkung wenig Änderungen – so legen es Dahme und Wohlfahrt nahe: Vor dem Hintergrund der gesetzlichen Novellierung des SGB VIII hätten Veränderungen bereits stattgefunden.[26] Deuten lässt sich die Thematisierung von Wirkung damit als Engführung auf die im Kontext der sogenannten Qualitätsdebatte eingeführte „Ergebnisqualität" (Albus/Micheel/Polutta 2010: 232) bzw. auf einen Aspekt dieser Ergebnisqualität, wie Joachim Merchel (2010: 53) argumentiert.[27] Die dadurch vorgenommene graduelle Verschiebung präsentiert jedoch keine grundlegende Veränderung in der aktuellen Thematisierung von Güte. Dennoch stellt sich die Frage danach, wie sich die Debatte um Wirkung in der Fachliteratur zeigt: Gemäß der Diagnose von Albus, Micheel und Polutta (2010: 231) findet eine „Rezeption der internationalen Debatte um Wirkungsforschung und wirkungsorientierte Steuerung von wohlfahrtsstaatlichen Hilfeleistungen (…) zwar vereinzelt statt (…), doch die Umsetzung der forschungsmethodischen Ansprüche (…) wurde bisher kaum verfolgt". Anders als in der internationalen Debatte werden im deutschsprachigen Raum Konzepte einer evidenzbasierten Praxis (EBP) wenig und wenn, dann zumeist kritisch kommentiert bzw. aufgegriffen (Otto/Polutta/Ziegler 2010a). Doch wofür steht das Konzept einer evidenzbasierten Praxis? Matthias Hüttemann (2010: 119) folgend, „geht es bei EBP um das beste verfügbare wissenschaftliche Wissen (best available evidence) und dessen Nutzen in der Praxis". Es wird nach einem empirisch fundierten optimalen Weg gesucht, den es dem zitierten wissenschaftlichen Experiment zufolge exakt umzusetzen gilt. Die Kritik an diesem Konzept basiert wiederum auf der Argumentation einer substanziellen Inkompatibilität der Sozialer Arbeit und der der EBP zugrundeliegenden Logiken. So argumentieren Hans-Uwe Otto, Andreas Polutta und Holger Ziegler (2010b: 18), dass Soziale Arbeit mit der „Bearbeitung" von „Ambiguitäten", welche eine „fall- und situationsbezogene Angemessenheit" erfordern, befasst sei. Entsprechend sei sie nicht mit einer rein „technologischen Anwendung wirksamer Programme" (ebd.) vereinbar. Die drei Wissenschaftler weisen zudem darauf hin, dass wissenschaftliche Studien „vergleichsweise geringe Effekte spezifischer [psychotherapeutischer, C.H.] Interventionen und eine hohe Effektstärke genereller Wirkfaktoren" nachgewiesen hätten – ein Phänomen, welches auch für das Feld Sozialer Arbeit angenommen werden kann (ebd.: 18f.). Auch das Konzept der Evaluation „standardisierter Maßnahmen in kontrollierten Kontexten" sei, so Otto, Polutta und Ziegler (ebd: 19), in einem Feld, welches durch eine situationsspezifische

---

26   Zur Gesetzesnovellierung siehe Kapitel 2.1.3.1.
27   Aus dem Blick geraten somit die im Rahmen der Debatte zunächst zentral fokussierten sogenannten Struktur- und Prozessqualitäten (Merchel 2000d).

Gestaltung sozialer Prozesse in komplexen Kontexten gekennzeichnet sei, undenkbar. Die für meine Studie relevanten kritischen Anmerkungen lassen sich auf die drei von Otto, Polutta und Ziegler herausgearbeiteten Kritikstränge verdichten.

Ungeachtet der Kritik gibt es insbesondere im Feld des Kinderschutzes jedoch deutliche Bestrebungen, „evidenzbasierte Sichtweisen in die deutsche Diskussion einzuführen" (Kindler et al. 2006: 2). Trotz der eingeschränkten Rezeption der internationalen Debatte in Deutschland halten Otto, Polutta und Ziegler (2010b: 7) die Engführung der Debatte um Qualität auf Wirkung für zentral. Denn mit ihr stehe nicht mehr und nicht weniger als der „Auftrag und das Ziel Sozialer Arbeit (…) und wie Soziale Arbeit durchzuführen sei" zur Disposition (ebd.). Damit sei – so die schlüssige Argumentation – die Thematisierung von „Wirkungsorientierung nicht zuletzt eine politische Auseinandersetzung darüber, was gute Soziale Arbeit ist und sein soll" (ebd.). Im Kontext einer kritischen Kommentierung der Diskussion um Wirkungsorientierung und vor dem Hintergrund der Diagnose, dass „[e]mpirische Wirkungsforschung zu sozialen Diensten (…) zukünftig erforderlich" ist – allerdings nicht enggeführt auf die Frage „was wirkt?" (Polutta 2014: 195f.) –, wird von einigen Wissenschaftler_innen für eine „evidenzbasierte Professionalisierung" (Albus/Micheel/Polutta 2010: 240) plädiert. Das Konzept lässt sich als Versuch der „Erweiterung der professionellen Entscheidungsgrundlagen um empirisch fundierte Erkenntnisse" (ebd.: 241) unter Beibehaltung ihrer Situations- und Kontextgebundenheit bestimmen. Damit wird die Notwendigkeit hervorgehoben, „Hilfe im Einzelfall" als „nach wie vor situativ unter Einbezug der AdressatInnen auszuhandeln[de], zu finden[de] und zu erbringen[de]" zu fokussieren (ebd.: 241f.; vgl. auch Polutta 2014: 177). Diese Lesart wird durch die Ergebnisse der von der Universität Bielefeld, Fakultät für Erziehungswissenschaft/AG Soziale Arbeit durchgeführten Evaluationsstudie des Modellprojektes gestützt (Albus et al. 2010: 167).

Neben den skizzierten Diskussionssträngen ist die wissenschaftliche Auseinandersetzung mit guter Arbeit inzwischen auch durch Rekonstruktionen der Genealogie der Debatte, ihrer Effekte und Implikationen geprägt. In diesem Zusammenhang sind mehrere empirische Erhebungen mit unterschiedlichen Schwerpunktsetzungen durchgeführt worden, die für mein Forschungsanliegen fundamental sind und die deshalb im Kapitel 3.1 vorgestellen werden.

Die Debatte um gute Arbeit, wie sie in den letzten fünfundzwanzig Jahren im Feld Sozialer Arbeit geführt wird, wird kontinuierlich von sich verändernden Konzepten der Steuerung begleitet – so die Rede. Zu verweisen ist in diesem Zusammenhang auf die juristischen Regulierungen im SGB VIII und auf das sogenannte Neue Steuerungsmodell – ein Konzept der Verwaltungsmodernisierung. Diese Veränderungen stehen mit der sich vollziehenden Transformation des „wohlfahrtsstaatlichen Arrangements" in Deutschland im Zusammenhang (Kaufmann 2004: 27).[28]

2.1.3.1 Zur gesetzlichen Materialisierung des aktuellen Gütekonzeptes

Es wurde bereits angedeutet, dass sich die aktuelle Rede über gute Arbeit auch auf gesetzlicher Ebene niedergeschlagen hat. Von zentraler Bedeutung für die Kinder- und Jugendhilfe sind die novellierten §§ 78a-g des SGB VIII. Sie wurden am 01.01.1999 gültig und beziehen sich auf die sogenannten stationären und teilstationären Hilfen zur Erziehung. Die genannten Paragraphen definieren Voraussetzungen, Kriterien und Rahmenbedingungen eines neuen Finanzierungssystems der freien Träger in diesem Arbeitsfeld, welche auch für privat-gewerbliche Träger gelten. Die Definition, Festschreibung und Bewertung von Leistungsqualitäten sind mit den Novellierungen ein wichtiger Faktor der Finanzierung von Jugendhilfeeinrichtungen geworden (Münder 2013b: 724ff.). Als zentrale Ziele der neuen Entgeltregelung wurden die Reduktion von Kosten, die Herstellung einer stärkeren Kosten-Leistungs-Transparenz und das Erreichen einer effizienteren Mittelausschöpfung genannt. Im Zuge der neuen Gesetze rechnete die damalige Bundesregierung mit einer erheblichen Kostenentlastung der öffentlichen Haushalte. Dieses Ziel wurde jedoch nicht erreicht (vgl. ebd.: 720).

Mit dem § 78b SGB VIII wird das ehemals gültige Selbstkostendeckungsprinzip durch im Voraus abzuschließende Vereinbarungen ersetzt. Damit findet die Prüfung einer sogenannten ordnungsgemäßen Mittelverwendung nicht mehr über die Überprüfung von Ausgaben, sondern über die Prüfung von zu erbringenden Leistungen und vereinbarten Qualitäten statt (vgl. ebd.: 723ff.). So fordert der § 78b, Abs. 1 SGB VIII von freien und privat-gewerblichen Jugendhilfeträgern,

---

28 Der Begriff der Transformation verweist auf den Umformungsprozess einer Struktur, „ohne dass [deren, C.H.] (…) Substanz völlig verloren ginge" (Kessl/Otto 2009b: 10). Im Feld der Politikwissenschaft wird er zur Bezeichnung grundlegender Wandlungsprozesse politischer Systeme und gesellschaftlicher Ordnungen verwendet (Merkel 2010: 62ff.).

mit den Trägern der öffentlichen Jugendhilfe „Leistungsvereinbarungen", „Entgeltvereinbarungen" und „Qualitätsentwicklungsvereinbarungen" abzuschließen (ebd.: 723f.). Nur auf dieser Basis sind die Träger der öffentlichen Jugendhilfe zur Kostenübernahme verpflichtet. Diese können die Kosten – orientiert an der Besonderheit des Einzelfalls – auch ohne Vereinbarung übernehmen, müssen es aber nicht. Die Vereinbarungen werden grundsätzlich für einen zukünftigen Zeitraum abgeschlossen. Ein nachträglicher Ausgleich entstandener Kosten wird ausgeschlossen. Dabei ist zu berücksichtigen, dass der Begriff ‚Vereinbarung' nach dem Gesetz beinhaltet, dass der Inhalt der Vereinbarungen auf einem beiderseitig ausgehandelten Ergebnis basiert. Als Kriterien für das Abschließen von Vereinbarungen zwischen beiden Vertragsparteien werden, neben der Beachtung der Rechtsstellung der Leistungsempfänger_innen, die Eignung der Einrichtung bezüglich des Inhalts, des Umfangs und einer zu definierenden Qualität von Leistungen genannt (vgl. ebd.: 724ff.). Mit den gesetzlichen Neuregelungen werden zudem privat-gewerbliche und privat-gemeinnützige Träger gleichgestellt. Die vorher gültige Vorrangigkeit freier Träger wurde aufgehoben (vgl. ebd.: 725), sodass als Konsequenz dieser Öffnung von einem verstärkten Wettbewerb unter den Trägern auszugehen ist, in dessen Folge wirtschaftlichem Handeln neben fachlichem Handeln eine zentrale Rolle zugesprochen wird. Der Paragraph 78c SGB VIII definiert den zu berücksichtigenden Inhalt der Leistungs- und Entgeltvereinbarungen: Erforderlich sind u.a. Angaben zur „Art, [zum, C.H.] Ziel und [zur, C.H.] Qualität des Leistungsangebots" sowie zur „Qualifikation des Personals". Güte wird hier somit auch an die Qualifikation des Personals gebunden. Der Paragraph 78c, Abs. 1, 3 SGB VIII schreibt darüber hinaus fest, dass Leistungen „geeignet sowie ausreichend, zweckmäßig und wirtschaftlich" zu sein haben (ebd.: 733).

Aus der gesetzlichen Neuregelung ergibt sich für die freien und privat-gewerblichen Jugendhilfeträger die Notwendigkeit, ihre Leistungen differenziert zu beschreiben, Qualitäten zu bestimmen und Bewertungsmaßstäbe sowie Verfahren zur Gewährleistung der definierten Qualität einzuführen (vgl. ebd.: 723ff.). Mit den neuen gesetzlichen Regelungen gilt dementsprechend die veränderte Fokussierung von Güte – insbesondere unter dem Label der Qualität – als fest in der (teil-)stationären Kinder- und Jugendhilfe verankert. Entsprechend weist Joachim Merchel (2000b: 25) darauf hin, dass im sogenannten Neuen Steuerungsmodell (NSM) Qualität und Wirkung zwar programmatisch einen neuen Stellenwert erlangt hätten, die aktuelle Debatte um gute Arbeit in der Kinder- und Jugendhilfe aber hauptsächlich auf die Novellierung des Gesetzes zurückzuführen sei.

2.1.3.2 Zum sogenannten Neuen Steuerungsmodell

Die skizzierten aktuelleren Verständnisse guter Arbeit werden in der Fachliteratur dennoch durchgehend auch mit dem Neuen Steuerungsmodell (NSM) in Verbindung gebracht. Dies zeigt sich beispielsweise im Elften Kinder- und Jugendbericht (BMFSFJ 2002b: 78f.): Dieser verknüpft die Diskussion der Güte von Arbeit unter den Stichworten Qualität und Wirksamkeit mit der Implementierung von Instrumenten des NSMs, wie der „Einführung von Kontraktmanagement" oder der „Etablierung von Qualitätsentwicklungsstrategien".

Im Kontext einer „weltweiten Propagierung des New Public Management" (Grunow 2011: 74) und beeinflusst durch eine an ihm orientierte Umsetzungsstrategie der niederländischen Stadt Tilburg, bezeichnet das NSM in Deutschland ein seit Anfang der 1990er Jahre entwickeltes Konzept zur Umstrukturierung der Kommunalverwaltung (Dose 2006: 339). Unter dem Label New Public Management (NPM) firmierende Konzepte lassen sich wie folgt definieren: Dieser „Managementansatz stellt einen nicht abgeschlossenen Sammelbegriff internationaler Konzepte der Verwaltungsrationalisierung dar, die überwiegend von einer betriebswirtschaftlichen Interpretation des Verwaltungshandelns geleitet werden" (Fischer 2005: 162). Entwickelt wurde das NSM – die deutsche Variante dieser spezifischen Strategie der Verwaltungsmodernisierung – von der Kommunalen Gemeinschaftsstelle für Verwaltungsmanagement (KGSt) (KGSt 1993). Die Kinder- und Jugendhilfe zeigt sich als einer der Schwerpunktbereiche der Konzeptumsetzung (KGSt 1994, 1996, 1998, 2000).

Die Entwicklungsgeschichte des NSM lässt sich entlang unterschiedlicher Phasen gliedern. Für den Bereich der Kinder- und Jugendhilfe zeigen sich drei für die vorliegende Studie bedeutsame Entwicklungsphasen, die im Folgenden skizziert werden:

Die *erste Phase,* die zeitlich vor der Jahrtausendwende angesiedelt ist, fokussierte primär eine „Binnenmodernisierung" der Kommunalverwaltung (Oechler 2009: 34). Das NSM zielte darauf ab, die kommunale Verwaltung in ein „produktorientiertes, effektives ‚Dienstleistungsunternehmen'" zu verwandeln (Brinkmann 2010: 98): Die KGSt (1993: 16ff.) propagierte den „Aufbau einer unternehmensähnlichen, dezentralen Führungs- und Organisationskultur" und die Etablierung einer „Outputsteuerung" in Abgrenzung zu einer bis dato üblichen „Inputsteuerung". Als deren zentrale Merkmale sind Marktorientierung, Ergebnissteuerung und Kosten-Leistungstransparenz auszumachen (KGSt 1994: 7). Mittels dieser Merkmale sollten das Kostenbewusstsein und die Flexibilität der Leistungserbringung erhöht, die Produktivität gesteigert sowie die Leistungserbringung zentral steuerbar werden (vgl. Brinkmann 2010: 97ff.). Nicolai Dose (2006: 341) verweist zudem auf angestrebte Zunahmen im Bereich der „Kundenorientierung".

Die mit dem Konzept veränderter Organisations- und Führungsweisen verknüpften Instrumente firmierten unter Bezeichnungen wie „Kontraktmanagement", „Budgetierung", „dezentrale" „Ergebnis-" und „Ressourcenverantwortung", der Definition von „Produkte[n]" und der Einführung „zentraler Steuerungs- und Controllingbereich[e]" sowie einem „durchgängige[n] Qualitätsmanagement" (KGSt 1993: 17ff.). Im Zuge ihrer Etablierung wurden Aufgaben und Fachbereiche der kommunalen Verwaltung umstrukturiert. Bis dato gültige Verteilungen von Verantwortlichkeiten – inklusive einer Risikoverteilung für Gelder und Leistungsergebnisse – wurden umorganisiert. Zu erbringende Leistungen galt es nun vorab zu definieren, schriftlich zu fixieren und zentral zu überprüfen – die Thematisierung von Qualitäten erlangte somit eine erhöhte Wichtigkeit. So waren im Rahmen des Kontraktmanagements Zielvereinbarungen über die Art, den Umfang und die Qualität von Leistungen vorab abzuschließen.

Die KGSt (1993: 20) spricht im Zusammenhang mit den Modifizierungen von einer angestrebten Steuerung der Kommunalverwaltungsfachbereiche „auf Abstand". „[U]nter Strom gesetzt" werden sollte das Konzept durch „Wettbewerbssurrogate", wie es die KGSt (1993: 22) formulierte. Damit sollte bis dato übliches Verwaltungshandeln durch eine neue Form öffentlicher Dienstleistungen ersetzt werden. Anvisiert wurden eine Reform tradierter Steuerung und eine Kostenreduktion (vgl. Fischer 2005: 162ff.). Kurz: Leistungen sollten besser und billiger werden (Krone et al. 2009: 7).

In ihrer „Bilanz der Umsetzung" diagnostiziert die KGSt (2007), dass „[n]ahezu alle Kommunen" sich am Konzept des Neuen Steuerungsmodells orientiert hätten. Doch hätten viele Kommunen lediglich „einzelne Instrumente" umgesetzt und „wenige (...) das NSM als Gesamtkonzept realisiert". Sirikit Krone und andere (2009: 7) stellen diesbezüglich fest: „Zum Ende des Jahrzehntes war eine gewisse Ernüchterung zu konstatieren". Begründet wird diese damit, dass sich die Nutzung der Instrumente des NSM nicht selten von der ursprünglichen Intention entfernt habe (vgl. ebd.). So seien beispielsweise mit hohem Aufwand Produkte definiert worden, ohne dass dies Auswirkungen auf die Verwaltungsorganisation und Handlungsweisen gehabt habe. Deutlich sei geworden, dass die NSM „Elemente enthalten [habe, C.H.], die in der Umsetzung zu technokratischem Perfektionismus ohne Zielorientierung verführ[te]" (ebd.).

Ging es in der ersten Entwicklungsphase zunächst um eine „Binnenmodernisierung des öffentlichen Trägers", zielte eine *zweite Phase* auf eine „kommunale Umgestaltung" ab (Oechler 2009: 34). Als Ziele der Ausweitung des NSM auf die freien Träger wurden wiederum Kosteneinsparungen, eine Vergrößerung des Wissens über „den Nutzen" zur Verfügung gestellter finanzieller Ressourcen und die Veränderung von Steuerungsstrukturen bestimmt (vgl. Kegelmann 2007: 98).

Die mit der zweiten Phase einhergehenden Veränderungen äußern sich unterschiedlich: Im Zusammenhang mit der Etablierung des Instruments des Kontraktmanagements wird von Sikrit Krone und anderen (2009) ein Wandel der Aufgaben von freien Trägern diagnostiziert: Diese müssen „in ihrer neuen Funktion als Vertragspartner für ihre Leistungen Produktbeschreibungen und Kalkulationen entwickeln und Leistungsnachweise erbringen" (ebd.: 179). Die Bestimmung und Bewertung von Produkten wird vor dem Hintergrund einer stets koproduktiven Leistungserstellung von den Autor_innen als Herausforderung für die freien Träger skizziert. Auch Momente der Planung von Leistungen würden eine veränderte Rolle spielen – so die These (ebd.: 180). Eine Finanzierung über Zuschüsse, die sogenannte Zuwendungsfinanzierung, soll(te) zurückgefahren werden. Stattdessen sind privatrechtliche Leistungsverträge abzuschließen, in welchen zu erbringende Leistungen definiert und Entgelte vereinbart werden. Krone und andere (2009: 9) konstatieren einen zweifachen Effekt dieser Neuerungen: Mit der „Abkehr vom Kostendeckungsprinzip unterliegen die (…) [Träger, C.H.] einem erhöhten betriebswirtschaftlichen Risiko, und die veränderte Gestaltung der Beziehung zum kommunalen Jugendhilfeträger führt dazu, dass [sie, C.H.] (…) die Prinzipien der NSM auch innerhalb der eigenen Organisation anwenden (müssen)". Auch Stephan Grohs und Jörg Bogumil (2011: 304) diagnostizieren, dass im Zuge der Etablierung des NSM eine verstärkte Orientierung an „privatwirtschaftlichen Managementpraktiken" und eine „Umgestaltung" freier Träger nach „ökonomischen Kriterien und ergebnisorientierten Führungs- und Steuerungsformen" zu verzeichnen sei. Diese prognostiziert Jörg Fischer (2005: 171) bereits im Jahr 2005 mit dem Hinweis darauf, dass „Effizienz und Effektivität (…) fortan auch den freien Trägern als Zielpunkte eigenen Handelns" dienen werde. Damit einhergehend zeigte sich als Resultat der Reformen eine „weitgehende Gleichstellung der privaten Anbieter" mit freien Trägern (Langer 2010: 235).

Seit der Jahrtausendwende, während der *dritten Phase*, bildet der „Ausbau der Controllinginstrumente" den Schwerpunkt der Veränderungsbestrebungen im Kontext des NSM (Brinkmann 2010: 112). Abgezielt wird dabei im Wesentlichen auf eine „Weiterentwicklung der Neuen Steuerung hin zu wirkungsorientierter Steuerung sozialer Dienstleistungen, insbesondere der Sozialarbeit" (ebd.: 111).

Zu verweisen ist in diesem Zusammenhang auf das bereits skizzierte vom Bundesministerium für Familie, Senioren, Frauen und Jugend (BMFSFJ) eingerichtete Modellprogramm „Qualifizierung der Hilfen zur Erziehung durch wirkungsorientierte Ausgestaltung der Leistungs-, Entgelt- und Qualitätsentwicklungsvereinbarungen nach §§ 78a ff SGB VIII". Dieses Programm basiert u.a. auf der Überlegung, dass wirkungsorientierte Zielvereinbarungen zwischen Leistungserbringenden und Kostenträgern zu einer Stärkung der Adressat_innen führen, „indem die Wirkungen vom Endverbraucher her als ‚wirksam' oder ‚weniger wirksam' beurteilt werden" (Brinkmann 2010: 114). Die Leistungseinschätzung von Adressat_innen erfährt damit auf konzeptioneller Ebene eine erhöhte Relevanz. Im Hinblick auf diese Ebene konstatiert Andreas Polutta (2014: 9), „dass derzeit in der Sozialen Arbeit eine wirkungsorientierte Transformation vollzogen wird". Bezogen auf die Ebene der Ausgestaltung diagnostiziert Volker Brinkmann (2010: 114) hingegen, es würden erst vereinzelt Ansätze „wirkungsorientierter Leistungsvereinbarungen" Relevanz erlangen.

Als ein „weiterer Schritt in Richtung einer wirkungsorientierten Steuerung" werden „sozialraumorientierte Strategien des Sozial(raum-)managements" vorgestellt (ebd.). Dieser Ansatz spielt in diesem Zusammenhang „vor allem über die Propagierung und Implementierung des Instruments des Sozialraumbudgets" eine Rolle (Kessl/Landhäuser/Ziegler 2006: 194). Zu berücksichtigen ist jedoch, dass das Sozialraumbudget inzwischen „verwaltungsrechtlich ausgesetzt bzw. untersagt" ist (Kessl/Reutlinger 2011: 1513).

Während die Thematisierung von Güte unter dem Stichwort Qualität also insbesondere durch gesetzliche Modifikationen beeinflusst zu sein scheint, ist die Engführung oder auch Weiterführung der Debatte unter dem Stichwort Wirkung eher – aber nicht nur – im Zusammenhang mit dem NSM zu sehen.

2.1.3.3 Zur Rede von der Transformation des wohlfahrtsstaatlichen Arrangements

Die skizzierten Entwicklungen werden von den von mir rezipierten Wissenschaftler_innen, wie schon angeklungen ist, zumeist mit einer Transformation des wohlfahrtsstaatlichen Arrangements in Verbindung gebracht. Insbesondere in kritischen Kommentierungen der aktuellen Rede über gute Arbeit sowie in systematischen Rekonstruktionen der Debatte um Güte wird das Bestehen eines Zusammenhangs konstatiert (Beckmann 2009: 21ff.; Dimmel: 2007 17f.; Galiläer 2005: 108f.; Kessl 2014: 1; Köpp/Neumann 2003: 29ff.; Merchel 2013: 17f.; Mülhausen 2004: 16; Oechler 2009: 14f.; Polutta 2014: 11). Vor diesem Hintergrund wird in diesem Kapitel ein Überblick über die unterschiedlichen wissenschaftlichen Perspektiven auf den Wandel in der Sozialen Arbeit in Deutschland geliefert. Hierzu wird in einem ersten Schritt das bisherige wohlfahrtsstaatliche Arrangement skizziert, wie es sich in sozialwissenschaftlichen und im Feld der Sozialen Arbeit rezipierten Fachtexten abbildet. Auf dieser Grundlage wird die Rede von seiner

Transformation anhand exemplarisch ausgewählter Lesarten aus dem Feld der Sozialen Arbeit illustriert.[29]

Kennzeichen des bisherigen Arrangements[30]

Nach Jörg Fischer (2005: 23) präsentiert sich der „wohlfahrtsstaatliche Gedanke" als substanziell für das „Ideenkonstrukt des deutschen Gesellschaftssystems". Die tiefe Verankerung dieses Gedankens materialisiert sich u.a. in seiner grundgesetzlichen Fixierung (GG Art. 20 Abs. 1; GG Art. 28 Abs. 1 Satz 1). Mit Stephan Lessenich (2008: 483) gesprochen, liest sich das Phänomen folgendermaßen: Der Wohlfahrtsstaat ist „im Verlauf seiner mittlerweile mehr als hundertjährigen Geschichte zu einem wesentlichen Strukturmerkmal moderner Vergesellschaftung" geworden. Das wohlfahrtsstaatliche Arrangement zeigt sich also seit Ende des 19. bzw. Anfang des 20. Jahrhunderts als zentral prägend für die gesellschaftlichen Verhältnisse in Deutschland. Erneut in den Worten von Lessenich heißt dies: „In der modernen Gesellschaft ist der Wohlfahrtsstaat eine – wenn nicht die – zentrale Instanz der Konstitution und Gestaltung sozialer Beziehungen" (ebd.: 485).

Was genau aber beinhaltet diese spezifische Form „gesellschaftlicher Relationierung" (ebd.)? Für eine Annäherung an das Thema wird auf, im Feld Sozialer Arbeit wiederholt zitierte und im Kontext der Forschung zu Theorien des Wohlfahrtsstaats als klassisch zu bezeichnende, Texte zurückgegriffen (Züchner 2007). So definiert Harry Girvetz (1968: 512) den Wohlfahrtsstaat als „the institutional outcome of the assumption by a society of legal and therefore formal and explicit responsibility for the basic well-being of all of its members". Der Wohlfahrtsstaat stellt sich aus dieser Perspektive also als spezifisches Verhältnis von Gesellschaft und den als zu ihr gehörend Erachteten dar. Kennzeichnend für dieses Verhältnis ist die von der Gesellschaft übernommene Verantwortung für die als elementar angenommenen Belange für das Wohlergehen ihrer Mitglieder. Hans F. Zacher

---

29   Der Terminus des Wohlfahrtsstaats - im Unterschied zum Sozialstaatsbegriff - verweist auf die programmatische und konzeptionelle Ebene dieser gesellschaftlichen Ordnungslogik (vgl. Kessl/Otto 2009b: 7; Lessenich 2008: 483f.). Wird die Ebene des Konzeptes in den Blick genommen, wird auf den Kaufmannschen, im Feld Sozialer Arbeit weit verbreiteten Begriff des „wohlfahrtsstaatlichen Arrangements" zurückgegriffen (Kaufmann: 2004: 27; vgl. Kessl/Otto 2009b: 11; Oechler 2009: 80).

30   Teile der im Folgenden von der Verfasserin entfalteten Lesart der Literaturlage sind bereits in einem, gemeinsam mit Holger Schoneville und Werner Thole verfassten im Erscheinen begriffenen, Beitrag veröffentlicht worden.

(1987: 1060f.) konkretisiert die Zielsetzung des wohlfahrtsstaatlichen Arrangements in Deutschland wie folgt: „Hilfe gegen Not und Armut und ein menschenwürdiges Existenzminimum für [deklarationsgemäß, C.H.] jedermann; mehr Gleichheit durch den Abbau von Wohlstandsdifferenzen und Kontrolle von Abhängigkeitsverhältnissen; mehr Sicherheit gegenüber den ‚Wechselfällen des Lebens' und schließlich Hebung und Ausbreitung des Wohlstandes". Wesentlich sind demnach die existenzielle Absicherung der Einzelnen, die Reduktion materieller und immaterieller Ungleichheit, die Kontrolle damit verknüpfter Verhältnisse sowie die Zunahme von Gleichheit und ein Mehr an Sicherheit bezogen auf soziale Risiken. Als zentrale wohlfahrtsstaatliche Grundbegriffe präsentieren sich damit „Gerechtigkeit", „Solidarität", „Sicherheit", „Freiheit" und „Subsidiarität" (Lessenich 2003: 5f.).

Franz-Xaver Kaufmann (2004: 27f.) bestimmt das wohlfahrtsstaatliche Arrangement in seiner bisherigen Ausformung in Deutschland bezogen auf die Sphären der Produktion, Verteilung und Reproduktion folgendermaßen: „[D]as Privateigentum und die unternehmerische Dispositionsfreiheit (…) [wird, C.H.] einschränkenden Bedingungen unterworfen" (ebd.: 27). Eine „ausschließlich am Entgelt für Produktionsfaktoren orientierte, primäre Einkommensverteilung [wird, C.H.] durch eine staatlich organisierte sekundäre Einkommensverteilung korrigiert, welche auch den nicht Erwerbstätigen und unvermögenden Bevölkerungsgruppen (…) ein Einkommen sichert" (ebd. 27f.). Die „Leistungen der privaten Haushalte [werden, C.H.] durch öffentlich subventionierte oder voll finanzierte Dienstleistungen des Bildungs-, Gesundheits- und Sozialwesens ergänzt und unterstützt".[31] Damit wird dem wohlfahrtsstaatlichen Arrangement eine Beschränkung von Marktmechanismen – ohne ihre gänzliche Abschaffung – und das Prinzip der „Dekommodifizierung" (Esping-Andersen 1990: 21f.) sowie die Verzahnung des privaten mit dem öffentlichen Raum zugeordnet. Entsprechend zeigt sich laut Kaufmann (2009: 248) der „Sozialsektor" als „Zwischensphäre zwischen Wirtschaftsunternehmen, privaten Haushalten und Staat".[32]

Mit Blick auf das Feld Sozialer Arbeit bestimmen Fabian Kessl und Hans-Uwe Otto (2009b: 12) drei Merkmale als charakteristisch und prägend für das bisherige wohlfahrtsstaatliche Arrangement: den „Ausgleich sozialer Risiken durch eine Sicherung des erreichten Lebensstandards", eine „prinzipielle Erwerbsarbeitszentrierung" und die Ausrichtung „seine[r] Bewertungsgrundlage" an der „Normalitätskonstruktion spezifischer Modelle alltäglicher Lebensführung". Angesprochen werden mit dieser Charakterisierung, neben einer materiellen und

---

31   Dieser Aspekt ist m.E. für das Feld Sozialer Arbeit von besonderer Bedeutung.
32   Bezüglich der Rolle des Staates kritisieren Fabian Kessl und Hans-Uwe Otto (2009b: 11) diese Diagnose allerdings als nicht hinreichend präzise.

immateriellen Risikoabsicherung, die Bedeutung von Erwerbsarbeit für das wohlfahrtsstaatliche Arrangement sowie seine normierenden Dimensionen für den/die Einzelne_n. Dass diese soziale Regulationsweise historisch gebunden ist, betont die Wohlfahrtsstaatsdefinition von Jens Alber (1989). So bestimmt Alber das wohlfahrtsstaatliche Arrangement als „Satz politischer Reaktionen auf gesellschaftliche Strukturwandlungen im Rahmen der Modernisierung" (ebd.: 30). Er definiert es also als historisch bestimmte Antwort auf spezifische gesellschaftliche Transformationsprozesse. Die historische Entwicklung des Arrangements greift auch ein anderer Wissenschaftler auf: Im Rückgriff auf Kaufmann (2004: 25) präsentiert sich die „Entwicklung zum Sozial- oder Wohlfahrtsstaat moderner Prägung als Reaktion auf die Folgeprobleme der Industrialisierung". Dabei basiert, folgt man Richard Sennett (2005: 23ff.), die „Förderung des Sozialen" (Donzelot 1980) historisch auf der Übertragung eines militärischen Modells auf Unternehmen und Institutionen der Zivilgesellschaft. Sie diente, so Lessenich (2013: 14), der „Stabilisierung und Integration industriegesellschaftlicher Verhältnisse". Vor diesem Hintergrund erscheint die Etablierung des Wohlfahrtsstaates als ein „historisch wie analytisch (...) höchst ambivalentes Unterfangen" (ebd.: 10). Mit einem Zitat von Kessl (2005: 18) lässt sich die bereits in der Entwicklung angelegte Ambivalenz illustrieren:

> „Die [seinerzeit erfolgte, C.H.] staatliche Reaktion auf menschliche Notlagen und auf deren wachsende Thematisierung ist nicht primär humanistisch motiviert, das heißt aus dem Bemühen entstanden, diese zu vermeiden. Die Implementierung von ‚Sozialpolitik' dient vielmehr einer Sicherung spezifischer Formungs- und Formierungsprozesse des Sozialen".

Mit Lessenich (2013: 10) gesprochen ist Sozialpolitik also mitnichten „nur ein Ort und Hort der Hilfe, Solidarität und Wohltätigkeit, sondern eben (immer) auch ein Instrument sozialer Steuerung, Kontrolle und Disziplin". So zeigen sich die mit der Erfindung des Sozialen verknüpften Beziehungsmuster „immer machtbesetzt und -durchwirkt, stellen also auch – entsprechend umstrittene und umkämpfte – Machtrelationen" dar (Lessenich 2008: 485).

Zur Rede vom wohlfahrtsstaatlichen Transformationsprozess im Feld Sozialer Arbeit

Die vorstehend entfalteten Charakteristika des wohlfahrtstaatlichen Arrangements in Deutschland erfahren seit den 1970er Jahren eine Transformation – so jedenfalls die einhellige Diagnose der sich mit diesem Thema beschäftigenden Wissenschaftler_innen. Stephan Lessenich (2013: 17) beispielsweise konstatiert derart substanzielle Veränderungen des Verhältnisses zwischen der/dem „Einzelnen" und „der Gesellschaft", dass von einer „Neuerfindung des Sozialen" zu sprechen sei. Dies impliziert die Annahme einer grundlegenden Veränderung der Ausgestaltung des wohlfahrtsstaatlichen Arrangements, wobei damit nicht so sehr eine „Ausbildung völlig neuer Arrangements und Vergemeinschaftungsformate" (Kessl/Otto 2009b: 10), sondern vielmehr deren fundamentale und weitreichende Modifikation gemeint ist. Die vorliegenden Analysen scheinen sich darin einig, dass zahlreiche Argumente für eine solche weit- und tiefgreifende Veränderung des wohlfahrtsstaatlichen Arrangements sprechen, wenngleich sich die Wertung der diagnostizierten Veränderungen je nach Perspektive voneinander unterscheidet.

Vor einer Ausbuchstabierung der sich im Feld Sozialer Arbeit zeigenden unterschiedlichen Lesarten der Veränderungen sollen zunächst die in diesem Zusammenhang thematisierten Ursachen in den Blick genommen werden: Franz-Xaver Kaufmann (2004: 49) argumentiert, dass ein „Veraltern des wohlfahrtsstaatlichen Arrangements" zu konstatieren sei. Als Relevanzfaktoren markiert er fünf „Herausforderungen": demographische, ökonomische, soziale, internationale und kulturelle (vgl. ebd.: 69ff.). So zeige sich der Wohlfahrtsstaat vor dem Hintergrund einer langfristigen Änderung der Altersstruktur der Gesellschaft, des Vorhandenseins einer seit Jahrzehnten bestehenden strukturellen Arbeitslosigkeit, einer langsamen Auflösung „familial begründete[r] Gegenseitigkeitsbeziehungen" (ebd.: 113), eines zunehmenden Machtverlustes des Nationalstaates (Castel 2005: 56ff.) sowie eines gesellschaftlichen Akzeptanzverlustes des Wohlfahrtsstaates in seiner bisherigen Verfasstheit aufgrund seiner historischen Obseleszenz. Auch hätten nicht zuletzt – in den Worten von Fabian Kessl (2009b: 17) – „wohlfahrtsstaatskritische() Positionen (...) auf entscheidende Freiheitsdefizite des wohlfahrtsstaatlichen Programms hingewiesen und damit gerade auch mit Blick auf die Normierungsdimensionen Sozialer Arbeit deutliche konzeptionelle und institutionelle Veränderungen [dieser, C.H.] herbeigeführt".

Wie bei der Thematisierung des Wandels wohlfahrtsstaatlicher Arrangements im Feld der Sozialwissenschaften (Lessenich 2008: 486ff.) zeigt sich die Rede über die Transformation im Feld Sozialer Arbeit auch als durch unterschiedliche Perspektiven und Analysen geprägt. So konstatiert Thomas Olk (2009: 23) aus wohlfahrtstheoretischer Perspektive, dass der „,neue (...) Typ' sozialpolitischer Strategien" im Unterschied zum „alten" auf die „Förderung wirtschaftlichen Wachstums" abziele. Um dieses Ziel zu erreichen, versuche der „neue Typ" die „produktiven Potentiale" (ebd.) der Bevölkerung zu mobilisieren und zu aktivieren. Mit diesem Ziel verbunden sei die Aufhebung der ehemals „klaren Abgrenzungen zwischen Sozialpolitik einerseits und Wirtschaftspolitik andersseits" (ebd.) – eine Auflösung vormals klarer Sphärengrenzen. Als zweites Merkmal des Sozialinvestitionsstaates bestimmt er die „aktivierende Ausrichtung" (ebd.) von

Sozialpolitiken. Entsprechend gehe es darum, „auf dem Weg der Durchsetzung von Verhaltensanforderungen wie Eigenverantwortung, Lern- und Anpassungsbereitschaft sowie Übernahme von Verantwortung für das Gemeinwohl, die Menschen in die Lage zu versetzen, ihre Inklusion in die Gesellschaft selbst zu organisieren" (ebd.: 23f.). Damit zeigt sich eine Zuständigkeitsveränderung, was die Gewährleistung der gesellschaftlichen Teilhabe angeht. In der Konsequenz trete an „die Stelle einer materiellen Gleichheitsidee (…) die Forderung nach Chancengleichheit" (ebd.: 25). So werde Freiheit auch nicht mehr „als ‚Freiheit von materieller Not', sondern vielmehr als Handlungsautonomie und Freiheit zur Risikoübernahme und zum selbst-gesteuerten Handeln auf unsicheren Märkten uminterpretiert" (ebd.: 25f.; vgl. dazu auch Castel 2005: 81ff.). Olk (2009: 26) hebt des Weiteren hervor, dass das zentrale Ziel eines Sozialinvestitionsstaates „die Inklusion der Bürgerinnen und Bürger in Märkte – insbesondere in Arbeitsmärkte" sei. Gemäß der Perspektive bezieht sich die Marktorientierung nicht nur auf einzelne, sondern auch auf kollektive Subjekte, wie beispielsweise die Träger der Sozialen Arbeit. Die vorrangigen Mittel zur Durchsetzung dieses Ziels seien „eine Mixtur aus ‚Fordern und Fördern' sowie (…) die Anforderung lebenslangen Lernens" und einer permanten Weiterentwicklung (ebd.; vgl. dazu auch Dahme/Wohlfahrt 2005b: 1).

Gemäß einer Programmanalyse von Nina Oelkers (2009: 71ff.) aus gouvernementaler Perspektive ist die Transformation des Wohlfahrtsstaates als eine veränderte Regierungsstrategie zu lesen: Staatliches Handeln zeige sich nicht mehr in der Erbringung und Gewährung von Leistungen, sondern in einer Verantwortungsaktivierung, die auf eine optimale Selbstverwertung der einzelnen und kollektiven Subjekte abziele. In den Worten von Oelkers (ebd.: 71) heißt das: „Der vormals aktiv Leistungen erbringende Wohlfahrtsstaat wird in ein neues Arrangement des Sozialen überführt, in dem Strategien der Aktivierung und ‚Verantwortlichung' gegenüber rechtlich verbrieften Leistungen eine Aufwertung erfahren". Der sich vollziehende „Prozess der Verantwortungsübertragung" gehe dabei mit der Mobilisierung der „Selbstsorge" einzelner und kollektiver Subjekte einher (ebd.: 73), während der Staat dabei insbesondere für die Entwicklung von Programmen zuständig sei. Anders formuliert: „Während das ‚Tun' verstärkt den BürgerInnen überlassen bleibt, konzentriert sich staatliches Regieren auf das Anleiten, (Vor-)Entscheiden und Setzen von Standards" (ebd.: 74). Diese neue Form der „Regulierung staatlicher Wohlfahrtsproduktion" impliziert laut Nina Oelkers (ebd.: 72) eine „Umdefinition von Problemen sozialer Ungleichheit in Probleme ‚sozialer Exklusion'" sowie eine stärkere Orientierung an den jeweiligen Adressat_innen, weniger ausgerichtet allerdings an „‚objektiven' sozialen Daseins- und Handlungschancen" denn „an subjektiver ‚Zufriedenheit'". Über die Verantwortungsdelegation zielt der Autorin zufolge das „Wohlfahrtsarrangement eines solchen post-sozialen Steuerungsstaates (...) auf die Etablierung einer ‚Selber-Schuld-Mentalität', die den Legitimationshintergrund dafür darstellt, die Dichte und Tiefe öffentlicher Wohlfahrtsproduktion von der privaten Produktionsbereitschaft des Einzelnen abhängig zu machen" (ebd.: 74). Für die Soziale Arbeit sei dabei problematisch, dass die Bedingungen für eine mögliche Verantwortungsübernahme nicht verstärkt zur Verfügung gestellt würden. Die „Ausbildung einer Verantwortungskultur (...) [erfordere, C.H.] institutionelle Voraussetzungen sowie eine hinreichende Verbreitung von kulturellem und ökonomischen Kapital", so betont es Oelkers (ebd.: 81) im Rückgriff auf Wolfgang Maaser (2006: 78).

Resümiert man die aufgeführten Befunde, dann zeigt sich, dass die wissenschaftlichen Auseinandersetzungen mit der Transformation des Sozialen, welche überwiegend auf der Ebene von Programmen angesiedelt sind, trotz verschiedener theoretischer Perspektiven und Verortungen zu ganz ähnlichen Diagnosen kommen. Jedoch werden die diagnostizierten Wandlungsprozesse unterschiedlich bewertet. So erfolgt im Kontext einer gouvernementalen Perspektive eine Problematisierung der Veränderungen, während im Umfeld wohlfahrtstheoretischer Überlegungen wie jener von Thomas Olk (2009: 28) sowohl Risiken als auch Chancen skizziert werden – argumentiert wird von ihm u.a. mit einer Bedeutungszunahme Sozialer Arbeit im Zuge der skizzierten Wandlungsprozesse.

Vor dem Hintergrund eines solcherart als transformiert diagnostizierten wohlfahrtsstaatlichen Arrangements – und letztlich unabhängig von den jeweiligen Bewertungen des Prozesses – liest sich die Diskussion um Qualitäten und Wirkungen im Rückgriff auf Christina Köpp und Sascha Neumann (2003: 43) „als Symptom und Lösungsstrategie" zugleich.[33]

2.2 Stränge der Thematisierungen von Wohngruppen für Kinder und Jugendliche – historische, rechtliche und empirische Lesarten

Wohngruppen für Kinder und Jugendliche sind eine der Hilfeformen der Kinder- und Jugendhilfe in Deutschland (Fendrich et al. 2014: 90; Kiehn 1993; Pothmann 2015: 125). Die Fachliteratur nimmt sie zumeist als Variante eines inzwischen ausdifferenzierten Betreuungsarrangements von Kindern und Jugendlichen außerhalb ihrer Herkunftsfamilie in den Blick: als stationäre Form der sogenannten ‚Hilfen zur Erziehung' und/oder als eine Betreuungsvariante von „Heimerziehungen" (Wolf 2003: 23; vgl. z.B. Freigang/Wolf 2001; Günder 2015: 75ff.; Janze/Pothmann 2003: 104ff.; Kiehn 1993: 26ff.; Moch 2011: 623f.; Thesing 2008:

---

33   Wobei ich darauf hinweisen möchte, dass diese Diagnose als analytische zu verstehen ist.

45

124ff.).[34] Exklusiv zu Wohngruppen für Kinder und Jugendliche existiert jedoch zurzeit nur wenig Literatur[35], wobei sich die vorliegenden Veröffentlichungen entlang von drei thematischen Feldern systematisieren lassen. *Erstens*: Wohngruppen für Kinder und Jugendliche werden durchgehend vor dem Hintergrund ihrer historischen Entwicklung bzw. der Geschichte der institutionellen Ausformung ihrer Vorläufer entfaltet (Backes 2012; Chassé 2008: 172ff.; Günder 2015: 15ff.; Kiehn 1982: 13ff.; Knab 2014: 21ff.; Kuhlmann 2014: 27ff.; Moch 2011: 622ff.; Pothmann 2015: 125; Rätz-Heinisch/Schröer/Wolff 2009: 16ff./150ff.; Tegethoff 1987). *Zweitens*: Wohngruppen werden als rechtlich fixierte Hilfeform thematisiert (Ahmed/Höblich 2015: 130ff.; Chassé 2008: 180ff.; Finkel/Thiersch 2001: 448ff.; Günder 2015: 47ff.; Moch 2011: 619ff.; Post 2002: 92ff.; Pothmann 2015: 125; Rätz-Heinisch/Schröer/Wolff 2009: 40ff.; Seithe 2001: 25ff.). Und *drittens*: Hilfeangebote nach § 34 SGB VIII werden entlang empirischer Daten dargestellt und reflektiert (Bigos 2014; Crain 2012; Fendrich/Pothmann/Tabel 2014, 2012; Fendrich/Tabel 2012: 8ff.; Statistisches Bundesamt 2015; Wolf 1999).

Im Folgenden werden die historischen Entwicklungslinien der institutionellen Ausgestaltung von Heimen für Kinder und Jugendliche überblicksartig dargestellt: Im Mittelalter wurden sogenannte Waisenkinder und andere als hilfebedürftig Anerkannte in Klöstern und Spitälern der Städte untergebracht (Kuhlmann 2008: 17; Knab 2014: 21). Ihr dortiger Alltag war durch Heim- und Hausarbeit und Betteln bestimmt. Sehr junge elternlose Kinder kamen in sogenannten Findelhäusern unter.[36] In diesen, seinerzeit an kirchliche Stiftungen angebundenen, Einrichtungen wurden die Kinder grundversorgt und zum Betteln und Arbeiten ,ausgebildet'. Institutionsübergreifend galt dabei: Konnten die Kinder und Jugendlichen selbstständig betteln oder arbeiten, wurden sie entlassen (vgl. Kuhlmann 2008: 17f.).

Die Gründung der ersten Waisenhäuser wird unterschiedlich datiert. Während Theodor Thesing (2008: 101) die Jahre 1546 und 1572 aufführt, nennen Claudia Heckes und Christian Schrapper (1991: 12) das Jahr 1697 – und somit

---

34 Zur Auseinandersetzung um eine mögliche Priorisierung des Begriffs der Heimerziehung gegenüber des der Erziehungshilfe siehe Jürgen Blandow (1991: 38f.).

35 Zu verweisen ist in diesem Zusammenhang insbesondere auf die systematisierenden und reflektierenden Bestandsaufnahmen des Arbeitsfeldes von Erich Kiehn (1982, 1993) sowie Michele Sobczyk (1995) sowie auf die wissenschaftlichen Praxisbegleitforschungen von Hans Georg Tegethoff (1984, 1987), welche er u.a. gemeinsam mit Michael Galuske durchgeführt hat (Galuske/Tegethoff 1991).

36 Die Gründung der ersten deutschen Findelhäuser datiert Theodor Thesing (2008: 101) auf das Jahr 1041.

einen mehr als hundert Jahre später angesiedelten Zeitpunk.[37] Trotz der uneinheit-
lichen Datierung besteht in den für dieses Thema relevanten wissenschaftlichen
Werken jedoch Einigkeit über die zentralen Ziele der damaligen Waisenhäuser:
Sie dienten dazu, „elternlose" (Moch 2011: 622), „verwahrloste und unerzogene
Kinder durch fortwährende, rastlose Beschäftigung zu arbeitsamen (…) Menschen
zu erziehen" (Heckes/Schrapper 1991: 12). Erreicht werden sollte dies über eine
Kombination von Zwangsarbeit mit Schul- und Religionsunterricht (vgl. Kuhlmann 2008: 25). In den Worten von Carola Kuhlmann (2008: 27) läßt sich also
sagen: „‚Erziehung' bedeutete hier Gewöhnung an Arbeit und ‚Sittlichkeit' und
damit Anpassung an die vorgegebene Ordnung".[38] Entsprechend bestimmt
Matthias Moch (2011: 622) die damalige Heimerziehung als durch „Unterbringung, Verwahrung und Disziplinierung" geprägt.[39]
    In der zweiten Hälfte des 18. Jahrhunderts erfuhren die „katastrophalen
Zustände und die hohe Kindersterblichkeit" in den Institutionen massive Kritik
(Heckes/Schrapper 1991: 12). Doch auch in den nachfolgend favorisierten, sich
etablierenden ländlichen Pflegestellen und in den, im kirchlichen Kontext entste-
henden, Rettungshäusern präsentierte sich Erziehung zu ‚Arbeitsamkeit' als zentral, wenn auch anders kontextualisiert: Zwar wurde das ganzheitliche, emotionale
Einlassen auf Kinder relevant (Pestalozzi 2012)[40] und die Bedeutung familialer
Erziehungskonstellationen hervorgehoben (Wichern 1979), doch blieb die „rastlose Beschäftigung" weiterhin eine zentrale Größe in der avisierten Erziehung zur
„Sittlichkeit" (Heckes/Schrapper 1991: 15; Kuhlmann 2008: 31). Trotz des
Gleichbleibens zentraler Aspekte im Wandel, und dabei vor allem aufgrund der
beginnenden Orientierung „am Subjekt", votiert Moch (2011: 622) dafür, nun von
einer „Erziehungshilfe" zu sprechen. Und auch im Kontext der „armenpolizeili-
chen Grundsätze" des 19. Jahrhunderts werden eine „strenge religiöse Erziehung,
Disziplinierung, harte (körperliche) Strafen" als bestimmende Merkmale des
Hilfesystems vorgestellt (Post 2002: 14).

---

37 Auch Eckhart Knab (2014: 21) verweist auf das Entstehen der ersten Waisenhäuser um das Jahr
    1550 herum.
38 Kuhlmann bezieht sich an dieser Stelle auf bettelnde Kinder und Erwachsene – seinerzeit galten
    also auch mittellose Erwachsene als zu erziehen. Zwischen ‚faulen' Kindern und ‚faulen'
    Erwachsenen wurde nur bedingt unterschieden, und die Ziele von Waisen- und Armenhäuser
    glichen sich (Kuhlmann 2008: 19ff.; Post 2002: 13).
39 Interessanterweise erfahren Institutionen für „elternlose Kinder von Stadtbürgern", die soge-
    nannten „Bürgerwaisenhäuser" (Kuhlmann 2008: 26), inklusive ihrer konzeptionellen Ausrich-
    tung in diesem Zusammenhang wenig Beachtung (Heckes/Schrapper 1991: 1ff.; Jordan/
    Maykuss/Stuckstätte 2012: 25ff.; Moch 2011: 622ff.). So präsentiert sich die damalige Heimer-
    ziehung in der heutigen Fachliteratur überwiegend als für arme, elternlose Kinder zuständig.
40 Zur Rezeption Pestalozzis siehe Rebekka Horlacher (2007: 159ff.).

In der Weimarer Republik zielte eine Reform der „anstaltlichen Fürsorgeer-ziehung" darauf ab, ein seit Anfang des 20. Jahrhunderts zunehmend gefordertes „Recht des Kindes auf Erziehung" durchzusetzen (Sachße/Tennstedt 1988: 110). Es sollte allerdings nicht unerwähnt bleiben, dass dieses reformatische Bestreben auch vor dem Hintergrund des in dieser Zeit erfolgten massiven „Ausbaus der Maßnahmen und Einrichtungen der öffentlichen Erziehung" als „wenig durchgrei-fend" bestimmt wird (ebd.: 113f.; vgl. auch Gräser 1995; Steinacker 2007: 95ff.). Darüber hinaus ist auf unterschiedliche, sich seinerzeit etablierende alternative Konzepte – z.B. die Ideen der (Sozial-)Pädagogen Karl Winkler, Curt Bondy und Walter Herrmann – zu verweisen.

Nur kursorisch streifen möchte ich die Zeit des „nationalsozialitischen Herr-schaftssystems" (Kuhlmann 2012: 87), welches in seiner „radikalen Dynamik von der Ausgrenzung zur Vernichtung bestimmter Bevölkerungsgruppen" (ebd.) im Rahmen einer „planmäßig durchgeführten, industriellen, millionenfachen Mas-senvernichtung" (ebd.) in der vorliegenden Studie nicht hin- und ausreichend in den Blick genommen werden kann. Verwiesen werden soll lediglich auf sich zeigende Kontinuitäten: Die in der Weimarer Republik begonnene Differenzie-rung in sogenannte „erbgesunde" und „unerziehbare" Kinder gipfelte während der NS-Zeit in der Errichtung von Jugendkonzentrationslagern (Kuhlmann 2008: 96ff.).

Nach dem Ende des Zweiten Weltkriegs wurde „relativ nahtlos an die Päda-gogik des Zwangs und der Disziplinierung der Weimarer Zeit" (Moch 2011: 623) angeknüpft. Vereinzelt konnten zu dieser Zeit jedoch auch erste Alternativkon-zepte in der Heimerziehung umgesetzt werden (Mehringer 1994).[41]

Dennoch bestimmen Margarete Finkel und Hans Thiersch (2001: 448) Heimerziehung in dem Zeitraum vom Mittelalter bis zur Mitte des letzten Jahr-hunderts – in ihrer unterschiedlichen Ausformung – zurecht und folgerichtig zwar als „Hilfe" und „Unterstützung", immer aber auch „als Sozialdisziplinierung, als Praxis der Ausgrenzung von Kindern und Heranwachsenden, die bei Eltern nicht versorgt, schutzlos und auffällig sind und an denen die Gesellschaft die ganze Härte ihrer Normalitätserwartungen demonstriert". Und Karl August Chassé (2008: 172) pointiert treffend:

> „Die pädagogische Konstitution von Heimerziehung findet historisch im Bereich zwischen der gesellschaftlichen Ausgrenzung und Bewältigung von Armut und Abweichung einerseits, ande-rerseits der integrierenden Disziplinierung statt, mit der die Subjekte zu den Haltungen und Ein-stellungen gebracht werden sollen, die die bürgerliche Gesellschaft braucht".

---

41 Zur strittigen und problematisierenden Bewertung dieser Konzepte siehe Carola Kuhlmann und Christian Schrapper (2001: 309).

Deutlich zeigt sich also eine Doppelaufgabe der Ausgrenzung und Anpassung. Zur inhaltlichen Konkretisierung dieser Aufgabe schreiben Finkel und Thiersch (2001: 448): „Heimerziehung ist Erziehung zu minderen Arbeiten und Aufgaben, ist lieblos harte, demütigende und strafende Anpassung, penetrant mit Moral und Religion vermischt". Letztlich präsentiert sich Heimerziehung im Rückblick über Jahrhunderte also als ein Prototyp der totalen Institution, wie Erving Goffman (1973) sie beschreibt. Ganz in diesem Sinne definiert auch Moch (2011: 623) sie bis „weit über die 1960er Jahre hinaus" als durch „große kasernenartige Einrichtungen" mit einer „funktionalistischen Organisation und (…) überwiegend repressiven und meist auch entwürdigenden Maßnahmen" geprägt.

Das Ausmaß und die Systematik der Gewalt ebenso wie ihre Tabuisierung – auch in ihrer Bedeutung für die Kinder und Jugendlichen, die in den Heimen lebten – verdeutlicht nicht zuletzt Peter Wensierski (2007) mit seinem Buch über „Heimkinder" in staatlichen und kirchlichen Erziehungsanstalten der Bundesrepublik Deutschland in den 1950er und 1960er Jahren. Für nicht unerhebliche Parallelen zwischen den Handlungsweisen der Heimerziehung in der Bundesrepublik Deutschland seinerzeit und der Deutschen Demokratischen Republik – wenn auch vor dem Hintergrund unterschiedlicher Begründungsstrategien – gibt es deutliche Hinweise (Arbeitsgemeinschaft für Kinder- und Jugendhilfe 2012).

Ausgelöst durch die sogenannte „Heimkampagne" (Post 2002: 30) – oder auch „Heimrevolte", wie Moch (2011: 623) sie nennt – begann dann eine sich langsam vollziehende „grundlegende Umstrukturierung" (ebd.) der Heimerziehung. Der diesem Reformprozess zugrundeliegende Veränderungsbedarf wird in einem Flugblatt aus dem Hessischen Heim Staffelberg, dem ersten Ort der Heimrevolte, wie folgt benannt: Gefordert wurden ein Mindestmaß an Selbstbestimmung und Freiheit, die Abschaffung von Bestrafungen, die Zunahme einer öffentlichen und internen Kontrolle, eine angemessene Bezahlung und die freie Verfügung über diese sowie eine Entlassung aller prügelnden Erzieher_innen (vgl. Schmutz 2000: 142). Kurz: eine Reduktion von Fremdbestimmung, eine Beendigung der Gewalt und strafender Handlungen, eine Zunahme von Freiheit, die Etablierung einer Selbst- und öffentlichen Kontrolle sowie einer adäquaten Bezahlung.

In den 1980er Jahren wurden die damaligen Forderungen als Ruf nach „Selbstorganisation, Selbstbestimmung und Selbsterziehung" (Kiehn 1982: 13) verstanden. In Folge einer, an unterschiedlichen Orten von Student_innen unterstützten, Flucht von Jugendlichen aus Heimen entstanden die ersten „Jugendwohnkollektive" (Kuhlmann 2008: 121). „Das Ideal der Jugendlichen und der dort tätigen Pädagoginnen war ein gemeinsames Leben, Wohnen und Arbeiten – kein

Schichtdienst, keine Arbeitsteilung, sondern gemeinsames Bewältigen des Alltags" (ebd.) – eine Aufhebung etablierter Unterscheide und Hierarchien zwischen Erziehenden und zu Erziehenden (Köster 2005: 667; Steinacker 2010: 353ff.).[42]

Im zeitlichen Anschluss an die Heimkampagne kann von einer zunehmenden öffentlichen Aufmerksamkeit für die Lebensbedingungen von Kindern und Jugendlichen in Heimen gesprochen werden (vgl. Struck/Trenczek 2013: 367). Die Jugendhilfeträger standen deshalb unter „erheblichem Reaktionsdruck", wie Post (2002: 31) konstatiert. Erste Veränderungen bildeten sich dementsprechend ab: So begrüßte beispielsweise die „Bundesarbeitsgemeinschaft der Landesjugendämter und überörtlichen Erziehungsbehörden" im Jahr 1970 „die Schaffung von Wohngemeinschaften als einen weiteren Versuch zur zeitgerechten Durchführung der öffentlichen Erziehung" (Kappler 1970). Nach und nach begannen freie und öffentliche Träger „Wohngemeinschaften für junge Menschen" einzurichten (Kiehn 1982: 15). Dabei gab es unterschiedliche regionale Umsetzungsweisen, die von Hans Georg Tegethoff (1987) in einen Zusammenhang mit der „Länderhoheit bei der Durchführung der öffentlichen Erziehungshilfe" gestellt werden:

„Während in Berlin und Bremen (z.T. auch in Hamburg) versucht wurde, das ursprünglich von den Kollektiven vertretene Prinzip der Selbstorganisation möglichst weitgehend in der Organisationsstruktur, vor allem bei der Finanzierung zu verankern, wurden in allen anderen Bundesländern Wohngemeinschaften als Heimform aufgefaßt und entsprechend in den Richtlinien verankert" (ebd.: 5).

---

42 Nicht nur Wolfgang Post (2002: 30) bestimmt die Heimkampagne als „aus den politischen Motiven der Studentenbewegung 1968/69, nicht etwa aus fachlicher Unzufriedenheit in der Jugendhilfe" erwachsend: Orientiert an der Randgruppentheorie Herbert Marcuses wurde „die kapitalistische Gesellschaft" als durch „desintegrierte Außenseiter" – z.B. „Heimzöglinge" – zu verändernde angenommen (Victor Gollancz Stiftung 1973: 4f.). Demnach galt es, Kinder und insbesondere Jugendliche in und aus Heimen zu unterstützen und zu politisieren. „Im Rahmen dieser damals weit verbreiteten Theorie entstanden die Heimkampagnen in Hessen und Bayern. Gruppen von Studenten, Lehrlingen und ehemaligen Heiminsassen zogen vor und in die Erziehungsheime, diskutierten mit den Jugendlichen über ihre beschissene Lage und stellten Forderungen zur Demokratisierung der Heime auf. Diese Aktionen führten zu Revolten in einigen Heimen und zur Massenflucht zur APO in die Großstädte" (Victor Gollancz Stiftung 1973: 5). Als wichtige Protagonist_innen der Anfangsphase der Heimkampagne wird auf Ulrike Meinhof, u.a. mit ihrem Drehbuch für den Film „Bambule" aus dem Jahr 1970, sowie auf Gudrun Ensslin und Andreas Baader hingewiesen (vgl. z.B. Wensierski 2007: 154ff.; Krebs 1989: 185ff.). Als wichtige Akteur_innen der Heimkampagne präsentieren sich auch Prof. Dr. Klaus Mollenhauer und seine damaligen Student_innen (vgl. Victor Gollancz Stiftung 1973: 32ff.). Betont wird zugleich, dass unterschiedlichste Menschen an verschiedenen Orten aktiv waren. Zum Verlauf der Kampagne und zu ihren Herausforderungen siehe z.B. die Publikation der Victor Gollancz Stiftung (1973) und die entsprechenden Kapitel in der Monographie von Post (2002: 30ff.).

Doch trotz der regionalen Unterschiede gab es breite Übereinstimmungen der Reformeffekte: Im Zuge der Reform konnte „auch in den meisten Großheimen" eine „Dezentralisierung, größere Autonomie der Gruppen, Geschlechtermischung, Öffnung der Einrichtungen ins soziale Umfeld und zunehmende Achtung individueller Bedürfnisse, Eigenschaften und Rechte" durchgesetzt werden (Moch 2011: 623). Und: Im Verlauf der 1980er Jahre wurden weitere Varianten der Heimerziehung – „auch außerhalb von Gruppen – etwa als Einzelwohnen oder in Form aufsuchender Betreuung in der eigenen Wohnung" etabliert (ebd.: 624).

Die prozessualen und durch Gemeinsamkeiten wie Unterschiede charakterisierten Veränderungen gingen dabei mit einem konsequenten kritischen Hinterfragen einher. Neben den seinerzeit im Zentrum fachlicher Kritik und Veränderungsbestrebungen stehenden „Anstaltsstrukturen" wurde die Funktion des Heims als „Institution sozialer Kontrolle" (Wolf 1995b: 8) problematisiert. Kritisch beleuchtet wurde in diesem Zusammenhang insbesondere die „Praxis geschlossener Unterbringung, rigider Regelanwendung und unterdrückender Erziehungspraktiken" (ebd.).[43] Vor dem Hintergrund des Kritisierten begann eine Suche nach alternativen pädagogischen Konzepten und Handlungsweisen, wie Klaus Wolf (1995b: 9) argumentiert. Norbert Struck, Michael Galuske und Werner Thole (2003b: 12) fassen die Ziele der Reformbemühungen der 1980er Jahre folgendermaßen zusammen: „Weg vom Image der kontrollierenden, reglementierenden, eingreifenden Heimerziehung, Abschaffung der geschlossenen Unterbringung und hin zu einem Verständnis pädagogisch begründeter Erzieherischer Hilfen als professionelles, unterstützendes Angebot für Eltern, Kinder und Jugendliche". Damit zeigt sich ein verändertes Verständnis von Pädagogik im Kontext Erzieherischer Hilfen: Betont werden eine pädagogisch ausgerichtete Fachlichkeit sowie die Dimension des Angebots und der Unterstützung, Momente der Freiwilligkeit also. Neu ist auch, dass der Fokus des erzieherischen Bemühens stärker den Adressat_innen gilt.

Ich möchte mich nun der heutigen Zeit zuwenden: Als Schlüsselbegriffe heutiger „Heimerziehungsarrangements" (Wolf/Freigang 2001: 37) markieren Norbert Struck und Thomas Trenczek (2013: 368) „Dezentralisierung, Entspezialisierung und Flexibilisierung". Konkretisiert werden die Begriffe wie folgt:

„Durch kleinere Lebenseinheiten (Wohngruppen) soll der Anonymität eines fremdbestimmten (zentralverwalteten) Alltags entgegengewirkt und der Individualität der betreuten Mädchen und Jungen entsprochen werden. Entspezialisierung beinhaltet den Verzicht auf Differenzierung und daraus resultierender Abgrenzung, Versetzung und Stigmatisierung. Flexibilisierung meint schließlich, dass Grenzen zwischen ambulanter, teilstationärer und stationärer Unterbringung

---

43   Im Unterschied zu Wolfgang Post (siehe Fußnote 42) betont Jürgen Blandow (1991: 35) in diesem Zusammenhang, dass die genannten „Reformforderungen" nicht neu, im Kontext des „gesellschaftlichen und sozialpolitischen Klimas" zuvor jedoch nicht hörbar und durchsetzbar gewesen seien.

aufgehoben werden, fließende Übergänge möglich sind – dies vor allem auch mit Blick auf individuell gestaltete Formen des Übergangs von Heimerziehung in Formen betreuten Einzelwohnens bzw. anderer Formen der Begleitung und Nachbetreuung" (ebd.).

So präsentieren sich die einzelnen Kinder und Jugendlichen mit ihren jeweiligen sozialen und biogaphischen Hintergründen und ihren Bedürfnissen so, als ob Nichtauszugrenzende in einer aus Unterschiedlichen bestehenden Gemeinschaft im Zentrum einer sich an ihnen ausrichtenden, in überschaubaren Einrichtungen stattfindenden, Hilfeform stünden. Entsprechend konstatiert Wolf (2003: 29) eine aktuelle Dominanz eines Heimkonzeptes als „lohnender Lebensort". Im Mittelpunkt stünden dabei eine „Normalisierung der Lebensverhältnisse" und die Individualität der zu Erziehenden, stehe nicht mehr die Anpassung „der Person" an bestimmte Werte und Normen. Gefordert würden dementsprechend fördernde, institutionelle Bedingungen: „Durch das Arrangieren günstiger Lebens- und Lernbedingungen sollen die Entwicklungsprozesse der Kinder gefördert werden. Das Ergebnis der Entwicklung wird dabei nicht nur als individuell unterschiedlich (…), sondern auch als offen und nicht vorprogrammierbar angesehen" (ebd.: 29). Von den in Heimen beschäftigten Pädagog_innen fordere dies eine „wohlwollende Haltung zu den Kindern und (…) Aufmerksamkeit für ihre Leidensursachen" (ebd.: 34) sowie eine Gestaltung einer für die Kinder und Jugendlichen als günstig erachteten Umwelt. Die Untersuchungsergebnisse von Sabrina Isabell Bigos (2014), Tilman Lutz (2010), Nina Thieme (2012) und Klaus Wolf (1999) legen allerdings im Hinblick auf unterschiedliche Facetten und auf je differente Weise nahe, dass dieser Anspruch nicht durchgehend als verwirklicht erachtet werden kann. So stellt auch Stefan Thomas (2010: 416) fest, dass „Normierung und Normalisierung" nach wie vor als basale Kategorie der Kinder- und Jugendhilfe zu betrachten ist. Zu verweisen ist in diesem Zusammenhang auch auf die in den letzten Jahren öffentlich gewordenen Fälle „gewaltförmige[r], freiheitsberaubende[r] Erziehungsvorstellungen und -praxen" (Hübsch/Schäfer/Thole 2014: 1), in deren Konsequenz Heime der Hasenburg GmbH in Brandenburg sowie der Friesenhof in Schleswig-Holstein geschlossen wurden.

In der wissenschaftlichen Debatte der letzten Jahre sind folgende neue Themen in den Vordergrund gerückt: Fragen nach „Wirksamkeit" und „Effizienz" (Macsenaere/Esser 2012; Polutta 2014), Überlegungen zu flexiblen Erziehungshilfen (Plankensteiner/Schneider/Ender 2013), Fragen einer „Erziehung der ‚Schwierigsten'" (Böhle/Schrödter 2014; Moch 2011: 627), in deren Kontext auch wieder die geschlossene Unterbringung Relevanz erhält (kritisch dazu: IGfH-Arbeitsgruppe 2013; Menk/Schnorr/Schrapper 2013), sowie das Thema der Partizipation von Adressat_innen, verstanden „als zentrales Element und Ziel erzieherischen Handelns" (Moch 2011: 628; vgl. dazu auch Pluto 2007; Wolff/Hartig

2012). Seit kurzem wird auch das Thema „[s]exuelle Übergriffe und ‚pädagogische Grauzonen' in stationären Hilfen" (Rätz-Heinisch/Schröer/Wolff 2009: 164ff.; vgl. dazu auch Hesselink/Lindemann 2013: 40ff. und Huxoll/Kotthaus 2012) und zunehmend auch das Thema der sexuellen Bildung in den Blick genommen (Sozialmagazin 2015). Und immer wieder wird in Diskussionen auch der Rechtsanspruch auf Hilfen zur Disposition gestellt (neue praxis Heft 5/11). Als bedeutsames Thema erweisen sich zudem die Begleitung und Betreuung unbegleiteter minderjährigen Flüchtlinge (Detemple 2015; Grafe 2013; Hargasser 2014; Stauf 2012; Weeber/Gögercin 2014). Allübergreifend gilt dabei: „Die analytischen Ambivalenzen" – so pointiert es Karl August Chassé (2008: 172) – „von Erziehung und Disziplinierung, von totaler Institution und pädagogischem Entwicklungsraum, von Ausgrenzung und strukturierter Entlastung, von gesellschaftlicher Hilfe und Kontrolle" von „Fremdunterbingung" ist nicht obsolet. Unabhängig von der Schlüssigkeit der Diagnose einer substanziellen Ambivalenz von Heimerziehungsarrangements präsentiert sich eine Gegenüberstellung von Erziehung und Disziplinierung vor dem Hintergrund der angeführten Überlegungen jedoch als nur bedingt überzeugend.

Wohngruppen für Kinder und Jugendliche lassen sich damit als relativ junges Arrangement mit jedoch weit in die Geschichte zurückreichenden Wurzeln bestimmen. So präsentiert sich die Lesart Hans Georg Tegethoffs (1987: 1) von Wohngruppen als in „Konzeption und Aufbau" „der Studentenbewegung" entspringend als zu kurz gegriffen.[44]

Im Kontext einer rechtlichen Thematisierung von Wohngruppen für Kinder und Jugendliche präsentiert sich folgendes: Unabhängig davon, ob sie als stationäre Form der Hilfen zur Erziehung und/oder als eine Betreuungsvariante von „Heimerziehungen" oder exklusiv in den Blick genommen werden, werden sie entlang ihrer rechtlichen Festschreibung als im Sozialgesetzbuch (SGB) VIII kodifizierte Hilfeform, als „gesetzlich geregelte Hilfeart" vorgestellt (Wiesner 2001: 329; vgl. Pothmann 2015: 125). Verknüpft werden sie in diesem Zusammenhang mit einer wohlfahrtsstaatlichen Verfasstheit Sozialer Arbeit (Moch 2011: 619; Polutta 2012: 354). So werden Wohngruppen für Kinder und Jugendliche als Teilbereich eines Arrangements verstanden, welches auf eine „Herstellung gleicher Lebensverhältnisse, positiver Lebensbedingungen für junge Menschen und ihre Familien sowie die Gewährleistung gesellschaftlicher Teilhabechancen" zielt (Polutta 2012: 354). Zentral gesetzt werden somit Verhältnisse

---

44 Vor dem Hintergrund der sich im Zusammenhang mit den skizzierten Veränderungen entwickelnden konzeptionellen Überschneidungen wird im Rückgriff auf Jürgen Blandow (1991: 32) davon ausgegangen, dass eine begriffliche Unterscheidung zwischen „Selbstständigen Jugendwohngemeinschaften" und „Außenwohngruppen" inzwischen nicht mehr haltbar ist. Zu den Herausforderungen einer präzisen Wohnbegriffsbestimmung siehe auch Wolf (1995b: 7f.).

und Bedingungen des Lebens von Kindern, Jugendlichen und ihren Familien entlang der Kategorien Gleichheit, Güte und Chancen der Beteiligung. Betont wird damit auch die Existenz eines einklagbaren Rechtsanspruchs auf Seiten der Personensorgeberechtigten und/oder der jungen Menschen (Polutta 2012: 354).

Im Kontext der rechtlichen Legitimierung von Wohngruppen wird auf eine Fixierung des elterlichen Rechts auf Erziehung im Grundgesetz hingewiesen. Als Rahmen der rechtlichen Konkretion von Wohngruppen im § 34 SGB VIII wird der erste Paragraph des SGB VIII angesprochen. Dieser schreibt das Recht aller jungen Menschen „auf Förderung" ihrer "Entwicklung und auf Erziehung" fest. Der Paragraph verpflichtet zudem die Jugendhilfe dazu, „zur Verwirklichung des Rechts" tätig zu werden, und er beinhaltet das bereits angesprochene Recht und die Pflicht von Eltern zur „Pflege und Erziehung" ihrer Kinder (Münder 2013a: 72). Festgelegt sind damit Rechte von Kindern und Jugendlichen, Rechte und Pflichten von Eltern und ein „Handlungsauftrag" sowie „eine Leistungsverpflichtung der Jugendhilfe" (ebd.). Norbert Struck und Wolfgang Schröer (2011: 724) pointieren: „Jeder Bürger und jede Bürgerin hat ein Recht auf die Betreuung der Kinder, aber auch, wenn ein begründeter Bedarf vorliegt, auf Hilfe in Erziehungsfragen und bei Erziehungsproblemen".[45]

Wohngruppen für Kinder und Jugendliche werden im SGB VIII unter dem Label stationäre Hilfe zur Erziehung (§§ 27ff.) aufgeführt. Auf eine Hilfe zur Erziehung hat ein_e sogenannte_r Personensorgeberechtigte_r laut dem Gesetz einen Anspruch, „wenn eine dem Wohl des Kindes oder des Jugendlichen entsprechende Erziehung nicht gewährleistet ist" und eine Hilfe für die „Entwicklung" des Kindes oder der/des Jugendlichen als „angemessen und geeignet" angenommen wird (§ 27, 1 SGB VIII). Anspruchsberechtigt sind somit ausschließlich Personensorgeberechtigte, nicht Kinder oder Jugendliche. Die Dimensionen Kindeswohl, Angemessenheit und Eignung zeigen sich als „Anspruchsvoraussetzung" (Polutta 2012: 355). Im Zusammenhang mit der Dimension Kindeswohl bestimmt Andreas Polutta (2012: 355) „Sozialrecht und Sozialpädagogik" als in einem „Wechselverhältnis" stehend. Denn man könne „ohne sozialpädagogisches Wissen nicht das zentrale Kriterium der Gewährleistung einer ,dem Wohl des Kindes entsprechenden Erziehung' (§ 27) festmachen" (ebd.).

Konkretisiert wird die Angebotsvariante Wohngruppe für Kinder und Jugendliche im § 34 SGB VIII. Der Paragraph beinhaltet Regelungen zu allen Angeboten, die unter den Stichworten „Heimerziehung, sonstige betreute Wohnform" verhandelt werden – wozu Wohngruppen für Kinder und Jugendliche gehören. Einrichtungen, die Leistungen in diesem Bereich anbieten, können nach dem

---

45 Unterschiedliche Positionierungen zur Umsetzung dieses Rechtsanspruchs zeigen sich z.B. in den Beiträgen im Heft 5 der neuen praxis (2011).

Gesetz über unterschiedliche institutionelle Formen verfügen. Denkbar sind: „heilpädagogische und therapeutische Heime, Kinderdörfer, Kinderhäuser, Kleinsteinrichtungen, Einrichtungen mit Schichtbetrieb oder kontinuierlicher Betreuung in familienähnlichen Lebensformen" (Struck/Trenczek 2013: 366). Gemein ist den dort angebotenen Leistungen jedoch, dass „Hilfe" nach § 34 SGB VIII „über Tag und Nacht außerhalb des Elternhauses" erfolgt. Dies impliziert, dass die Kinder und Jugendlichen „in einer [sozialpädagogischen, C.H.] Einrichtung" leben und dort unterstützt werden (sollen) und nicht, wie es bei ambulanten Hilfen zur Erziehung der Fall ist, in ihrer Herkunftsfamilie (Struck/Trenczek 2013: 366).[46] Dieser Umstand bedeutet jedoch gerade nicht, dass die Zusammenarbeit der Erziehenden mit den Eltern nicht zentral wäre (vgl. dazu auch die ausführliche Erörterung in Moss/Schmutz 2012).[47]

Mit der Formulierung, dass „Kinder und Jugendliche durch eine Verbindung von Alltagserleben mit pädagogischen und therapeutischen Angeboten in ihrer Entwicklung gefördert werden sollen" (§ 34 SGB VIII), liefert das Gesetz erste Hinweise auf die pädagogische Praxis in Wohngruppen für Kinder und Jugendliche. Als allgemeines Ziel wird eine Förderung individueller Entwicklungen bestimmt. Erfolgen soll dies über eine gemeinsame Gestaltung des Alltags durch Erziehende und zu Erziehende, welcher mit bedarfsgerechten pädagogischen und/oder therapeutischen Angeboten angereichert ist. Die einzelnen Kinder und Jugendlichen, die einzelne Familie stehen dabei im Zentrum: „Das SGB VIII sieht einen individuellen Rechtsanspruch bei individuellem Hilfebedarf vor und fordert die Ausarbeitung eines individuellen Hilfeplans" (Polutta 2012: 355). Die konkrete Ausgestaltung einer Hilfe im Feld der Kinder- und Jugendwohngruppenarbeit soll damit am einzelnen Kind bzw. an den einzelnen Jugendlichen und ihrer Familie ausgerichtet sein: Orientiert an der individuellen Entwicklung der Kinder

---

46 Unter einer Einrichtung ist laut dem Frankfurter Kommentar SGB VIII „eine auf eine gewisse Dauer angelegte Verbindung von sächlichen und persönlichen Mitteln zu einem bestimmten Zweck unter der Verantwortung eines [öffentlichen oder freien, C.H.] Trägers zu verstehen" (Lakies 2013: 485).

47 Im Rahmen der vorliegenden Untersuchung interessiert – rechtlich gelesen – das institutionelle Setting „Jugendwohngruppe" mit Betreuung im „Schichtbetrieb" (Struck/Trenczek 2013: 366). Diese Bezeichnung verweist darauf, dass es sich um kleine Organisationseinheiten mit einer überschaubaren Anzahl von Kindern und/oder Jugendlichen handelt, sowie darauf, dass die Einrichtungsmitarbeiter_innen jeweils zu ihrer Schicht in die Wohngruppe kommen und nicht vor Ort leben, wie dies beispielsweise im Kontext von Pflegestellen der Fall wäre (§ 33). Die Wahl der Fokussierung dieser Angebotsvariante begründet sich in ihrer – relational betrachteten – tradierten Etablierung und in ihrem hohen Verbreitungsgrad (vgl. Pluto et al. 2007: 224ff.; Tegethoff 1987). Damit steht eine Form des sozialen Sicherungssystems in Deutschland im Zentrum der Untersuchung, in deren Rahmen Kinder und/oder Jugendliche in kleinen räumlichen Einheiten zusammenleben und dort entsprechend ihrer Bedarfe gemäß dem Gesetz von (Sozial)-Pädagog_innen „in ihrer Entwicklung [ge]förder[t]" werden (§ 34 SGB VIII).

und Jugendlichen sowie deren Beziehung zur Herkunftsfamilie wird die Unterbringung in einer Wohngruppe entweder als „eine zeitlich befristete Erziehungshilfe oder [als eine, C.H.] auf Dauer angelegte Lebensform" (Struck/Trenczek 2013: 368) bestimmt. In Abhängigkeit von der als gegeben erachteten Qualität der jeweiligen Bindung/Beziehung der Kinder bzw. Jugendlichen zu ihrer Herkunftsfamilie soll es um eine „Förderung der Rückkehr in die Familie", eine „Vorbereitung der Erziehung in einer anderen Familie" oder ein „Angebot einer auf längere Zeit angelegten Lebensform" oder – ab einem entsprechenden Alter – auch um die „Vorbereitung auf ein selbstständiges Leben" gehen (ebd.: 368f.). Konkretisiert werden die Ziele eines längerfristigen Aufenthaltes im Gesetz folgendermaßen: „Jugendliche sollen in Fragen der Ausbildung und Beschäftigung sowie der allgemeinen Lebensführung beraten und unterstützt werden" (§ 34 SGB VIII). Nicht zu übersehen ist dabei, dass sich diese inhaltliche Zuspitzung lediglich auf Jugendliche, nicht jedoch auf Kinder bezieht.

Insgesamt materialisiert sich im Recht eine Ausformung der Hilfeform, der Zuständigkeit der Bedarfsfeststellung und der Hilfegewährung. Über ihre rechtliche Codierung zeigen sich Wohngruppen für Kinder und Jugendliche als eine der Leistungsvarianten der Kinder- und Jugendhilfe, die zu dem in den „§§ 28-35 enthaltene[n] Katalog standardisierter Hilfearten" gehören (Tammen/Trenczek 2013: 232).

Als bedeutsam im Kontext rechtlicher Thematisierungen präsentiert sich darüber hinaus der Verweis auf den Vorläufer des seit dem Jahr 1990 geltenden SGB VIII, welches zunächst unter dem Label KJHG (Kinder- und Jugendhilfegesetz) verhandelt wurde. Als solcher gilt das Reichsjugendwohlfahrtsgesetz (RJWG) vom 09.07.1922, welches zum 01.04.1924 gültig wurde (vgl. Rätz-Heinisch/Schröer/Wolff 2009: 21; Struck 2002: 531f.; Struck/Schröer 2011: 724). „Mit dem RJWG wurden (…) zum ersten Mal in Deutschland die Erziehungsaufgaben der Eltern und im Besonderen das Recht des Kindes auf Erziehung einheitlich rechtlich verankert" (Rätz-Heinisch/Schröer/Wolff 2009: 21). Doch konnte das „als Reformwerk geplante Gesetz (…) in den Jahren bis 1933 aufgrund der Aufhebung wesentlicher Bestimmungen, aber auch wegen wachsender innenpolitischer Widersprüche nicht umgesetzt" werden (ebd.). Als vorherige gesetzliche Regelung wird von den Autor_innen auf das preußische Gesetz „der Unterbringung verwahrloster Kinder" aus dem Jahr 1878 verwiesen (ebd.: 19). Im Jahr 1900 wurde erstmals ein Organ rechtlich festgeschrieben, welches „die Aufsicht über die gesamte Jugend, nicht nur die Waisen" erhielt (ebd.). Mit dem am 01.04.1901 in Kraft tretenden Preußischen Fürsorgegesetz konnte gemäß Regina Rätz-Heinisch und anderen (ebd.: 21) von gesetzlicher oder administrativer Seite auf lokaler Ebene für unter 18-Jährige „Fürsorgeerziehung beantragt werden, um die sittliche oder körperliche Verwahrlosung des Jugendlichen zu verhindern". Die institutionelle Geschichte der Heimunterbringung erweist sich also als deutlich älter als ihre rechtliche Fixierung. Die Ausdifferenzierung des Heimarrangements erweist sich dabei als mit einer veränderten rechtlichen Festschreibung im Rahmen des SGB VIII relationiert.

Als ein weiterer Strang der Auseinandersetzung mit Heimerziehungsarrangements zeigt sich die Darlegung empirischer Daten in der Fachliteratur. Wenn die Befunde aktueller quantitativer Studien zugrunde gelegt werden, ergibt sich diesbezüglich folgendes Bild: Im Rückgriff auf Zahlen des Statistischen Bundesamtes (2012) verweisen Norbert Struck und Thomas Trenczek (2013: 367) für Ende 2010 auf die Existenz von „1329 Stammhäuser, 150 Lebensgemeinschaftsformen auf einem Heimgelände, 1400 ausgelagerte Schichtdienstgruppen mit Anbindung an ein Stammhaus, 435 ausgelagerte Lebensgemeinschaftsformen, 1072 Einrichtungen des betreuten Wohnens und 721 Erziehungsstellen" in Deutschland. Die Anzahl der Plätze in den Einrichtungen wird auf insgesamt 79060 beziffert (vgl. ebd.). Im selben Zeitraum waren in der Heimerziehung (§34 SGB VIII) insgesamt 49.954 Fachkräfte beschäftigt (vgl. Fendrich/Tabel 2012: 9). Zu berücksichtigen ist dabei allerdings, dass diese Zahl nicht impliziert, dass die Beschäftigten Vollzeit angestellt waren – dies waren laut Sandra Fendrich und Agathe Tabel (ebd.) im Jahr 2010 nur bundesweit 39.579 Personen. Trotz dieser Einschränkung lassen sich die hohen Beschäftigtenzahlen als eine deutliche Steigerung des Personals lesen: Der in den letzten Jahren stattgefundene Personalzuwachs im Feld der Hilfen zur Erziehung hat insbesondere bei „den 25- bis unter 30-Jährigen" stattgefunden (ebd.: 10). Besonders stark sind die stationären Hilfen zur Erziehung von den steigenden Mitarbeitendenzahlen betroffen – für diesen Bereich wird zwischen 2006 und 2010 ein „Beschäftigtenzuwachs" von 26% ausgemacht (vgl. ebd.: 8ff.; Fendrich et al. 2014: 114f.). Gemäß der Fachliteratur erfolgt die Betreuung und Unterstützung im Feld der Hilfen zur Erziehung „in interdisziplinären Teams, wobei (...) der Anteil der Erzieherinnen und Erzieher [sic] fast die Hälfte der Beschäftigten ausmacht" (Arbeitsgemeinschaft für Kinder- und Jugendhilfe 2011: 5). Neben den wachsenden Zahlen der Beschäftigten macht sich auch in der Altersverteilung und im Ausbildungsstand des Personals ein Wandel bemerkbar: Im Jahr 2010 lag der Beschäftigtenanteil der Akademiker_innen im Westen von Deutschland bei 49%, im Osten bei 34% – so konstatieren Fendrich und Tabel (2012: 8). Sie stellen fest: „Das Personal ist jünger und besser ausgebildet als vier Jahre zuvor" (ebd.: 11).

Mit Blick auf die Adressat_innen zeigt sich folgendes Bild: Im Jahr 2012 beanspruchten 36.048 junge Menschen ein Hilfeangebot nach § 34 SGV III

(Statistisches Bundesamt 2013a).[48] Dabei waren „Jungen und junge Männer in der Heimerziehung eher vertreten als Mädchen und junge Frauen" (Fendrich/Pothmann/Tabel 2014: 73). Das Durchschnittsalter der Hilfesuchenden bei Beginn der Hilfe betrug 13,5 Jahre,[49] der „Anteil der Alleinerziehenden Familien" 46,6%, der „Anteil der Transferleistungen beziehenden Familien" 58,4% und der „Anteil der Familien, in denen zu Hause nicht deutsch gesprochen wird" 16,1% (Fendrich/Pothmann/Tabel 2014: 72). Kirsten Fuchs-Rechlin, Jens Pothmann und Agathe Wilk (2011) fragen in diesem Zusammenhang deshalb zurecht, ob Hilfen zur Erziehung, die sich auf die Entwicklung individueller Ressourcen fokussieren, nicht zu kurz greifen und ob die Arbeit in diesem Feld nicht einer konzeptionellen Erweiterung bedürfe, gerade auch vor dem Hintergrund dessen, dass 23% der Adressat_innen über mindestens einen Elternteil mit Migrationshintergrund verfügen (vgl. dazu auch Fendrich/Pothmann/Tabel 2014: 26).

Was den auf qualitativen Daten beruhenden aktuellen Forschungsstand zu den Hilfearrangements im Feld der Heimerziehung angeht, so ist auf biographische Rekonstruktionen des Lebens „ehemalige[r] AdressatInnen" (Hübsch/Schäfer/Thole 2014: 2; vgl. auch Bigos 2014) und insbesondere auf Forschungen zu den Themenfeldern Erfolg und Wirksamkeit zu verweisen (Crain 2012; Gabriel 2003; Freigang 2003). Prominent zitiert wird in diesem Zusammenhang die Metastudie von Klaus Wolf (2007: 39) mit der Aussage:

> „Es sind nicht einzelne Interventionsformen und Organisationsstrukturen, die generell eine spezifische Wirkung entfalten, sondern eine zentrale Qualitätsdimension ist, ob die Strukturen für diesen Jugendlichen/diese Familie geeignet sind. Je leistungsfähiger die Fachkräfte (Jugendamt, HzE-Einrichtung) darin sind, diese Passung herzustellen, umso wahrscheinlicher werden günstige, intendierte Wirkungen".

---

48 Nachdem die Belegungszahlen bis zum Jahr 2005 rückläufig waren, ist ab 2005 ein erneuter Anstieg zu verzeichnen, der auf die breit geführte Diskussion der Kindeswohlgefährdung zurückzuführen ist (vgl. Pothmann 2005: 1). Dieser Anstieg bleibt bestehen: Für den Zeitraum von 2008 bis 2012 wird ein Zuwachs um etwa 17% konstatiert (vgl. Fendrich/Pothmann/Tabel 2014: 72). Parallel zu dieser Entwicklung hat sich allerdings die Hilfedauer deutlich verkürzt (vgl. Pothmann 2005: 2). Im Jahr 2012 lag sie bei durchschnittlich 20 Monaten. Unterschiede in der Entwicklung und bei der Zahl der in Anspruch genommenen Hilfen zeigen sich zwischen West- und Ostdeutschland ebenso wie zwischen den Bundesländern. In Ostdeutschland lag die Zahl der im Jahr 2012 in Anspruch genommenen Hilfen erheblich höher als in Westdeutschland. Dennoch wurden die meisten Hilfen in Bremen, die wenigsten in Baden-Württemberg in Anspruch genommen (vgl. Fendrich/Pothmann/Tabel 2014: 72f.).

49 Damit werden schwerpunktmäßig junge Menschen zwischen 14 und 18 Jahren in Wohngruppen betreut (vgl. Fendrich et al. 2014: 28; Statistisches Bundesamt 2009). Dies spiegelt sich auch, wie noch zu sehen sein wird, in den der Untersuchung zugrunde liegenden empirischen Daten wider: Zumeist werden in den Interviewtexten Jugendliche thematisiert.

Als zentrale „professionelle Strategie, um diese Passung herzustellen", stellt Wolf (ebd.) „Partizipation" vor. Dass er Partizipation zurecht relevant gesetzt hat, bestätigt das Gesamtergebnis der Begleitstudie des Bundesmodellprogramms Wirkungsorientierte Jugendhilfe (Albus et al. 2010: 149ff.). Darüber hinaus ist auf die zahlreichen Forschungen und Forschungsprojekte, die im Umfeld der „Forschergruppe ‚Heimerziehung'" anzusiedeln sind, hinzuweisen.[50] Vor dem Hintergrund des Verständnisses vom „Heim als einem pädagogischen Ort, an dem Entwicklungsprozesse von Kindern und Jugendlichen angeregt, in ihrer Richtung verändert oder auch blockiert werden können" (Newsletter der Forschergruppe ‚Heimerziehung' der Universität Siegen 2015: 1), werden hier unterschiedliche Facetten und Phasen der Heimerziehung untersucht.

Zusammenfassend lässt sich festhalten, dass sich Kinder- und Jugendwohngruppen als eine sich innerhalb historischer und kultureller Verhältnisse entwickelnde Betreuungsvariante zeigen, auf deren rechtliches Fundament stets verwiesen wird. Über unterschiedliche Facetten dieser Betreuungsvariante liegen umfassende quantitative und zunehmend auch qualitative Daten vor.

---

50   Für ergänzende Informationen siehe: www.uni-siegen.de/heimerziehungsforschung.

3 Das Forschungsdesign

Während im Kapitel 2 zunächst allgemein in den Forschungsgegenstand eingeführt wurde, soll nun der aktuelle Forschungsstand konkretisiert werden. Mit der
Darlegung des Forschungsstandes und der sich zeigenden Forschungslücke wird
im Folgenden mein eigenes Studieninteresse begründet. Im Kapitel 3.1 werden
deshalb die für mein Forschungsanliegen relevanten Befunde verschiedener
empirischer Studien skizziert. Daran anschließend wird im Kapitel 3.2 meine
eigene Studie vorstellt, wobei der wesentliche Augenmerk den Forschungsfragen,
dem Forschungsfeld und den Erhebungs- wie auch Auswertungsmethoden gilt.

3.1 Veränderte Steuerungsweisen in der Kinder- und Jugendhilfe –
Forschungsstand und -lücke

Angesichts der im Kapitel 2 dargelegten Thematisierungsweisen veränderter Steuerungslogiken des Sozialen, welche auch im Feld der Heimerziehung zu konstatieren sind, möchte ich nun auf diejenigen empirischen Untersuchungen eingehen,
welche konkret die gewandelten Formen der Steuerung im Feld der Kinder- und
Jugendhilfe beleuchten.

In dem noch relativ jungen, heterogenen und sich dennoch zunehmend als
eigenständig abzeichnenden Feld der Kinder- und Jugendhilfeforschung (vgl. z.B.
Arbeitskreis „Jugendhilfe im Wandel" 2011; Bock 2012: 453ff.; Bock et al. 2013;
Rosenbauer/Seelmeyer 2005: 253ff.) sind in den letzten Jahren mehrere
Forschungsvorhaben mit dem Fokus auf gewandelte und sich wandelnde Steuerungslogiken und -weisen realisiert worden. Dabei möchte ich insbesondere auf
die Beiträge von Fabian Kessl (2005), Jörg Fischer (2005), Liane Pluto und anderen (2007), Sirikit Krone und anderen (2009) und Tilman Lutz (2010) hinweisen.
Mit den genannten Werken liegen Publikationen vor, die verschiedene Facetten
des Untersuchungsgegenstandes anhand unterschiedlicher Fragestellungen und
mittels differenter theoretischer sowie methodischer Herangehensweisen analysieren.[51]

---

51 Der Vollständigkeit halber sollen ergänzend die Monographien von Ulrike Eichinger (2009)
    und Philipp Sandermann (2009) als zwar nicht den Bereich der Kinder- und Jugendhilfe, jedoch

Im Feld der Kinder- und Jugendhilfeforschung zu verorten und explizit mit dem Thema der guten Arbeit befasst sind die Monographien von Christina Köpp und Sascha Neumann (2003), Lutz Galiläer (2005), Heinz Messmer (2007), Melanie Oechler (2009), Christof Beckmann (2009), Stefanie Albus und anderen (2010), Annette Plankensteiner (2013) und Andreas Polutta (2014). Während die ersten beiden Veröffentlichungen eine Rekonstruktion der Qualitätsdebatte in den Erziehungswissenschaften (Galiläer 2005) bzw. zusätzlich den Entwurf eines Konzeptes „sozialpädagogischer Qualität" (Köpp/Neumann 2003) umfassen, nehmen Messmer (2007), Oechler (2009), Beckmann (2009) und Polutta (2014) über die Ebene der Programme hinaus auch jene der Praktiken in den Blick. Quer zu ihnen liegt die Begleitstudie des Modellprojektes „Wirkungsorientierte Jugendhilfe" (Albus et al. 2010), welche sich mit der „Effektivität von wohlfahrtsstaatlichen Leistungen" (ebd.: 12) im Feld der Hilfen zur Erziehung befasst. Plankensteiner (2013) hingegen stellt eine durch das foucaultsche Konzept des Dispositivs inspirierte Inblicknahme der Wirksamkeit aktivierender Sozialarbeit vor, wobei sie dabei die Auswirkungen auf die Adressat_innen fokussiert.

Im Folgenden werden die genannten Publikationen insbesondere unter Berücksichtigung der Aspekte Fragestellung und Herangehensweise skizziert: Im Anschluss an seine genealogische Betrachtung und Darlegung der „Gouvernementalität" der Jugendhilfe zeichnet Fabian Kessl (2005) mittels einer an Foucault angelehnten diskursanalytischen Rekonstruktion die Regelmäßigkeiten eines von ihm als „Aktivierende Jugendhilfe" bestimmten „Dispositivs" nach (ebd.: 121).[52]

---

das Feld der Sozialen Arbeit fokussierend genannt werden. Beide befassen sich, wenn auch auf unterschiedliche Weise, mit aktuellen Transformationsprozessen des Sozialen: Sandermann rekonstruiert die „Argumentationsweise" (ebd.: 16) und Funktion einer „neuen Gemeinschaftsdiskussion" (ebd.: 8) aus einer systemtheoretischen Perspektive. Und Eichinger (2009) betrachtet die „Bewältigungsweisen" (ebd.: 101) von Beschäftigten im Feld Sozialer Arbeit im Kontext „sozialstaatliche[r] Transformationsprozess[e]" (ebd.: 19) aus einer subjektwissenschaftlichen Sicht. Da sich ihr Forschungsgegenstand mit dem der vorliegenden Arbeit jedoch lediglich bedingt überschneidet, möchte ich es bei der Nennung beider Arbeiten belassen.

52   Auch die Begriffe Gouvernementalität und Dispositiv verweisen auf Foucault: Ende der 1970er Jahre stellte dieser die Erweiterung seines bis dato verwendeten Machtbegriffs vor (Foucault 2004a, 2004b). Mit der Wortschöpfung „Gouvernementalität" bezeichnet er dabei die konkreten Merkmale einer Regierungstätigkeit oder die mit den jeweiligen Machtbeziehungen verknüpften Strategien (vgl. Sennelart 2004: 482). Elementar für die Gouvernementalitätsperspektive ist ihr weit gefasster, dezentrierter Regierungsbegriff. Im Unterschied zum üblichen Verständnis von Regierung als Institution politischer Führung fasst Foucault unter diesem Begriff alle Praktiken und Institutionen zur Führung von Menschen (vgl. Foucault 1987: 255). Führung ist dabei zu denken als „Anführen anderer" und als „Weise des Sich-Verhaltens in einem mehr oder weniger offenen Feld von Möglichkeiten" (Foucault 1987: 255) – als Fremd- und Selbstführung also. Mit dem Konzept der Gouvernementalität bindet Foucault Regierung und Rationalität unauflöslich aneinander. Rationalität kann dabei vereinfacht als Logik des Regierens zu einem bestimmten historischen Zeitpunkt verstanden werden.

Mit seiner Vorgehensweise gelingt es ihm, Steuerungslogiken auf der Ebene von Programmen in ihrer Komplexität sowie die mit diesen verknüpften programmatischen Anrufungen herauszuarbeiten. Auf diese Weise rekonstruiert er drei zentrale Thematisierungsfelder: „(Re-)Moralisierung und Demoralisierung", „Individualisierung und Vergesellschaftung" sowie „Standardisierung und Entstandardisierung" (ebd.: 128). Nicht fokussiert werden können und nicht gefragt sind jedoch deren Gestaltungsweisen durch „empirische Subjekte" (Pieper 2003: 156).[53] Unberücksichtigt bleibt damit, wie diese sich zu den vielfältigen, sich möglicherweise auch widersprechenden Anrufungen ins Verhältnis setzen.[54]

Als Dispositiv bezeichnet Foucault (1978: 119f.) ein „Ensemble, das Diskurse, Institutionen, architekturale Ensemble, reglementierende Entscheidungen, Gesetze, administrative Maßnahmen, wissenschaftliche Aussagen, philosophische, moralische oder philanthropische Lehrsätze, kurz: Gesagtes ebensowohl wie Ungesagtes umfaßt. (...) Das Dispositiv selbst ist das Netz, das zwischen diesen Elementen geknüpft werden kann".

53 Diese Bezeichnung soll die Existenz unterschiedlicher Subjekte auf verschiedenen Ebenen verdeutlichen – programmatische auf der Ebene von Programmen, einer Metaebene also, und empirische auf der Mikroebene (Pieper 2003: 156). So argumentiert beispielsweise Ulrich Bröckling (2002: 178f.), dass ein „unternehmerisches Selbst" „keine empirisch vorfindbare Entität" darstellt, „sondern [nur, C.H.] die Richtung [aufzeigt, C.H.], in der Individuen verändert werden und sich verändern sollen".

54 Die lang anhaltende Konzentration der Studien der Gouvernementalität auf die Ebene der Programme ist, neben einem zunehmenden und anhaltenden positiven Bezug auf die Studien zur Analyse des Sozialen im Anschluss an Foucault, einer der immer wieder auftauchenden Kritikpunkte an ihnen. So konstatiert Sabine Stövesand (2007: 285f.) richtigerweise: Es „bleibt festzuhalten, dass zwischen Diskurs- bzw. Programmanalyse und Empirie ein Unterschied besteht. Da führt es nicht weiter, wenn die Programmpapiere als soziale Praxis verstanden werden – die soziale Praxis geht weit darüber hinaus". Und Cathren Müller (2003: 101) bemängelt, dass die Fokussierung der Analyse von programmatischen Texten zu einer Vernachlässigung „ihrer Entstehungs-, Aneignungs- und Anwendungsbedingungen" führt. „Praktische Prozesse der Selbstkonstitution" (ebd.: 101) und damit auch widerständige Praktiken seien auf diese Weise nicht in den Blick zu bekommen. Für den Bereich der Sozialen Arbeit argumentiert Sabine Stövesand (2007) ähnlich. Sie kritisiert: Ein „programmatische[r] Reduktionism[us]", wie Kessl es formuliert, würde dazu führen, dass soziale Kämpfe nicht berücksichtigt werden können (vgl. Stövesand 2007: 216 & 285ff., 2006: 347ff.). In einem Gespräch mit Peter Pantucek kritisiert Ljubomir Bratic die Nicht-Berücksichtigung der Ebene der Praktiken mit der gleichen Intention und konstatiert, dass die Foucaultsche Perspektive durchaus eine stärkere Berücksichtigung des Phänomen des Widerstandes zulassen würde (vgl. Bratic/Pantucek 2004: o.A.). Sollen diese Aspekte fokussiert werden, erfordert dies jedoch eine Berücksichtigung der Praktiken empirischer Subjekte, wie Müller es bereits im Jahr 2003 thematisiert hat (vgl. Müller 2003: 105). Auf eine weitere, nicht unproblematische Konsequenz der Konzentration auf die Ebene der Programme verweist Marianne Pieper (2003: 154): „Eine fokussierte Untersuchung neoliberaler Regierungsrationalitäten greift (...) zu kurz, weil genau jene sich immer mehr ausdifferenzierenden Regime der Ein- und Ausschlussprozeduren, durch die das ‚autonome Subjekt' produziert wird, nicht in den Blick geraten". Auf einen zusätzlichen problematischen Aspekt des Fokus auf die Ebene der Programme verweisen Stefanie Graefe und Regina Brunnett (2003: 56) mit ihrem Einwand, dass eine Konzentration auf diese Ebene schlussendlich „als erfolgreiche

Jörg Fischer (2005) zielt mit seiner Studie auf einen Erklärungsversuch des „Wandel[s] der Jugendhilfe und ihrer politischen Steuerung unter Bedingungen der sozialstaatlichen Transformation" (ebd.: 13): Nach einer Analyse der Programmatik der Transformation rekonstruiert er anhand von Expert_inneninterviews – orientiert an Michael Meuser und Ulrike Nagel (2005: 71ff.) – die „Handlungsstrategien von Jugendhilfeakteuren" in Jugendhilfeausschüssen, um „Abweichungen zur Theorie zu verdeutlichen" (Fischer 2005: 294 & 21). Zu seinen Ergebnissen gehört der Verweis auf das Vorhandensein einer „Mischung aus tatsächlichen Veränderungen und Scheinveränderungen" (ebd.: 298f.).

Liane Pluto und andere (2007) skizzieren auf Basis einer bundesweiten schriftlichen Befragung öffentlicher und freier Jugendhilfeträger die einzelnen die Jugendhilfearbeitsfelder prägenden Entwicklungen und Herausforderungen, mit dem Ziel, der Fachpraxis ebenso wie politischen Entscheidungsträger_innen Handlungshinweise zu liefern. Sie kommen u.a. zu dem Ergebnis, dass Verfahren, die mit Qualitätsentwicklung in Verbindung gebracht werden, in der überwiegenden Zahl der Kinder- und Jugendhilfeeinrichtungen Relevanz haben (vgl. Gragert et al. 2005: 93f.).

Sirikit Krone, Andreas Langer und andere (2009) zielen mit ihrer Studie darauf ab, mittels qualitativer Interviews mit Mitarbeiter_innen der institutionalisierten Kinder- und Jugendhilfe Auswirkungen des Neuen Steuerungsmodells auf „die professionellen Dienstleistungen" im Feld der ambulanten Kinder- und Jugendhilfe zu rekonstruieren (ebd.: 11). Dabei werden von ihnen Differenzen zwischen angestrebten, befürchteten und realisierten Veränderungen fokussiert. Mit Bezug auf die genannte und eine weitere von ihm durchgeführte Studie (Langer 2011) weist Langer in einer Zusammenschau beider Untersuchungen darauf hin, dass sich zwar Veränderungen von „Professionalität" abzeichnen würden, diese jedoch nicht kategorisch als „Deprofessionalisierung" zu lesen seien (Langer 2010: 256). Auf der Ebene der unmittelbaren Leistungserbringung jedoch bestehe die Gefahr einer Deprofessionalisierung deutlich – so die Diagnose.

Tilman Lutz (2010) verbindet mit seiner Untersuchung eine gouvernementale Relektüre des transformierten „Bezugsrahmen[s]" (ebd.: 25) mit sich zeigenden „Verarbeitungsweisen der handelnden Akteure" (ebd.: 17) im Feld der Hilfen zur Erziehung. Diese verortet er in einem Spannungsfeld zwischen „externe[n] Vorgaben und soziale[n] Veränderungen" (ebd.: 18) einerseits und „interne[n] (...) Konsistenzerfordernisse[n] professioneller Ethik" (ebd.) andererseits. Wie Krone

---

Übersetzung neoliberaler Staats-Rhetorik in die Theorie" zu lesen sei. Entsprechend resümiert Pieper (2003: 156): „Eine Analytik der Regierung (…) kann daher nicht bei der Untersuchung von Programmatiken und gouvernementalen Rationalitäten halt machen. Es gilt hier vielmehr, die Analyse gesellschaftlicher Praktiken zu integrieren, mit denen sich empirische Subjekte zu den Rationalitäten ins Verhältnis setzten".

et al. zielt auch Lutz darauf ab, „etwas über die konkreten Auswirkungen der (...) Entwicklung" (ebd.: 17) zu erfahren, wobei er nicht die Leistungserbringung, sondern die Leistungserbringer_innen in den Blick nimmt. Allerdings entwirft die Studie von Lutz trotz ihrer vielversprechenden Anlange die Kinder- und Jugendhilfe als in einem einseitigen Wechselverhältnis zu ‚ihren Rahmenbedingungen' stehend (vgl. ebd.: 20). Anders formuliert heißt das: Zwar wird hier sowohl die Ebene der Programme als auch der Arten und Weisen, sich ins Verhältnis zu setzen, beleuchtet, doch wird der „Bezugsrahmen" als letztlich gegeben präsentiert (ebd.: 17). Dies führt dazu, dass die Figur der (Sozial-)Pädagog_innen doch wieder nicht als Teil und Mitgestaltende des Transformationsprozesses betrachtet wird. In der Konsequenz wird – bei weitem nicht nur hier – „Soziale Arbeit als eine zwar gesellschaftlich verursachte und auf Gesellschaft zielende, selbst aber nicht gesellschaftlich agierende Praxis analysiert" wie es Philipp Sandermann und andere (2011: 37) pointiert formulieren. Es muss also kritisch angemerkt werden, dass eine solche Perspektive mit nicht unerheblichen Leerstellen behaftet ist. Auch lässt sich diese Betrachtungsweise als Rückfall hinter die von Fabian Kessl (2005) vorgelegten Ergebnisse lesen, rekonstruiert dieser doch die Kinder- und Jugendhilfe als Regierungsweise – in einem weiteren, an Foucault orientierten Verständnis – und damit auch als eine eigene, wenn auch keinesfalls unabhängig gestaltende, Kraft.

Bezogen auf den Gegenstandsbereich der Debatte um gute Arbeit präsentiert sich die für die vorliegende Studie bedeutsame Forschungslage folgendermaßen: Angedeutet wurde bereits, dass die Untersuchungen der sogenannten Qualitätsdebatte zunächst auf einer als Metaebene zu bezeichnenden Ebene angelegt waren. Verwiesen sei hier auf die Publikation von Christina Köpp und Sascha Neumann (2003) sowie auf Lutz Galiläers (2005) vergleichende Analyse der Diskussion über Qualität in den Bereichen Schule, Soziale Arbeit und Erwachsenenbildung. Mit den Veröffentlichungen von Heinz Messmer (2007), Christof Beckmann (2009) und Melanie Oechler (2009) ist jedoch auch hier ein Wandel zu verzeichnen. Denn ihre Forschungen fokussieren nun nicht mehr nur die Metaebene, sondern darüber hinaus auch, wenn auch unterschiedlich intensiv, die Mikroebene. So untersucht Messmer (2007) die Folgen der gesetzlichen Neuregelung des §§ 78a-g SGB VIII im Feld der stationären Hilfen zur Erziehung, wie sie sich zum Erhebungszeitpunkt im Jahr 2002 darstellten, anhand qualitativer Daten (Dokumente und Interviews) aus vier Heimeinrichtungen. Dabei fragt er danach, was sich aus Sicht der (Sozial-)Pädagog_innen geändert hat, konkret: „welche Konsequenzen sich im Anschluss an die gesetzlichen Neuregelungen" (ebd.) auf der Ebene der Leistungserbringung ergeben haben. Zu seinen Ergebnissen gehört die Diagnose der Existenz eines zunehmenden „Kosten- und Wettbewerbsbewusstsein[s]" (ebd.: 153) sowie eines „wachsende[n] Leistungsdruck[s]" (ebd.: 162). Er fand zudem heraus, dass Effekte der gesetzlichen Neuregelungen vielschichtig und „keineswegs eindeutig" (ebd.) sind. Bedeutung spricht er in diesem Zusammenhang insbesondere dem jeweiligen „Organisationsprofil" (ebd.) der Einrichtungen zu.[55]

Die Arbeiten von Christof Beckmann (2009) und Oechler (2009) untersuchen – auf je unterschiedliche Weise –, wie sich als zentral diagnostizierte Momente der sogenannten Qualitätsdebatte auf der Ebene der Praktiken abbilden: Beckmann (2009) bestimmt die Debatte als Professionalisierungshoffnungen und -sorgen implizierend und produzierend. Vor diesem Hintergrund fokussiert er sich wandelnde Arbeitsbedingungen. Anhand quantitativ ausgewerteter Telefoninterviews mit Fachkräften aus der Sozialpädagogischen Familienhilfe (§ 31 SGB VIII) weist er „eher ermächtigende Formen der Formalisierung" (ebd.: 191) und weniger „restringierende" (ebd.: 145) nach. Im Bereich des Controllings jedoch macht er „tendenziell deprofessionalisierende Wirkungen" (ebd.: 191) darüber aus, dass „die Dienstleistungserbringung standardisiert und der Einfluss der Fachkräfte verringert wird" (ebd.). Oechler (2009) hingegen befragt die „Steuerungsphantasien sozialpolitischer und sozialpädagogischer Akteure" (ebd.: 7) im Anschluss an das von ihr untersuchte „Konstrukt der Dienstleistungsqualität" (ebd.: 8) auf sie verbindende „Argumentationsfiguren" (ebd.: 171). Als übergreifendes Ziel rekonstruiert sie eine verbesserte „AdressatInnenorientierung" (ebd.: 7).[56] Über die Analyse von Hilfeplanumsetzungsweisen anhand vorliegender empirischer Studien weist sie nach, dass dieses kollektiv geteilte Ziel einer deutlicheren Orientierung an den Bedarfen und Ressourcen der Zielgruppe nicht eingelöst wird. Entsprechend bestimmt sie die vermeintliche „Modernisierung" als eine „rhetorische" (ebd.), als pure „Legitimationsstrategie[]" (ebd.).

Die Studie von Stefanie Albus und anderen (2010) erforscht mittels einer Triangulation qualitativer und quantitativer Methoden, unter welchen Bedingungen mit hoher Wahrscheinlichkeit verbesserte „Befähigungs- und Verwirklichungschancen" von Kinder und Jugendlichen, die im Rahmen einer Hilfe zur Erziehung Unterstützung erfahren, erreicht werden können.[57] Zu den zentralen Ergebnissen dieser Studie gehört, dass dies bei einer hohen Beteiligung der

---

55 In eine ähnliche Richtung argumentiert Petra Bauer (2010: 262), die im Rückgriff auf das theoretische „Modell der losen Kopplung" die Hypothese der Existenz erheblicher Auslegungs- und Übersetzungsmöglichkeiten von Vorgaben in Abhängigkeit von unterschiedlichen Organisationstypen in den Blick nimmt, indem sie Datenmaterial aus ihrem „Forschungsprojekt zur Fallkonstitution in der Jugendhilfe" analysiert (ebd.: 261ff.).

56 Mit dieser Vorgehensweise hebt sie die den anderen Studien zugrunde liegende Trennung zwischen ‚externen' und ‚internen' Interessen auf.

57 Die bereits skizzierte hohe Relevanz der Figur des Rechts (vgl. Kapitel 2.2) materialisiert sich auch an dieser Stelle – wird doch die Wahl der Orientierung an Capabilities in der Studie nicht zuletzt mit dem SGB VIII begründet (vgl. Albus et al. 2010: 12).

Adressat_innen sowie der Existenz verbindlicher, organisationeller Rahmenbedingungen beim gleichzeitigen Vorhandensein von Autonomie ermöglichenden Arbeitsstrukturen der Fall ist. Damit präsentiert sich die Studie weniger als Untersuchung veränderter Weisen der Steuerung, denn als Erforschung von professionell vertretbaren und zielorientierten Steuerungsweisen.

Annette Plankensteiner (2013) fokussiert die Veränderung der Kinder- und Jugendhilfe im Kontext der Ökonomisierung des Sozialen, wobei sie eine gouvernementale Perspektive einnimmt. Vor dem Hintergrund der sich zeigenden Dominanz von Fragen der Wirksamkeit entfaltet sie eine durch Foucaults Dispositivkonzept inspirierte Inblicknahme der Wirksamkeit einer aktivierenden Sozialen Arbeit entlang des Feldes der Hilfen zur Erziehung. Sie fragt „ob und in welcher Weise flexible, am Bedarf und Willen der Klienten orientierte Hilfen aktive und selbstverantwortliche Bürger hervorbringen, die bereit und in der Lage sind, Lebensgestaltungsverantwortung zu übernehmen" (ebd.: 14). Zu ihren Ergebnissen gehören vier exemplarisch dargelegte „klientele Subjektivierungsweisen" (ebd.: 187ff.): Sie spricht von einem „emanzipierten Selbst", einem „fordernden Selbst", einem „ermächtigenden Selbst" sowie einem „hilf(e)losen Selbst".

Andreas Polutta (2014: 11) untersucht den „Einfluss der aktuellen Wirkungsdebatte auf die Soziale Arbeit (…) insbesondere professionstheoretisch". Im Kontext der Transformation des wohlfahrtsstaatlichen Arrangements rekonstruiert er die Genealogie der Debatte um Wirkung ebenso wie die sich zeigenden „Formen der Orientierung an Wirkungen" (ebd.: 12). Zu seinen Ergebnissen gehört, dass „die Logiken von Technisierung, Aktivierung, Ökonomisierung und Eigen-Verantwortung", die „den aktuellen wohlfahrtsstaatlichen Wandel" markieren, eine Neuordnung der „Erbringungskontexte sozialer Dienste" beinhalten (ebd.: 194). Erkennbar seien z.B. „Merkmale einer Technokratisierung" und „manageriellen Professionalisierung", die allerdings nicht immer von den Fachkräften als solche wahrgenommen würden (ebd.: 195).

Zusammenfassend kann gesagt werden, dass sich die Debatte um gute Arbeit auf die Kinder- und Jugendhilfe bisher zwar durchaus ausgewirkt hat, dass die Einflussnahme jedoch zugleich als weniger ‚einschränkend' und weniger ‚hilfreich' zu bezeichnen ist als angenommen werden konnte. Darauf verweisen zumindest die oben dargelegten Werke von Beckmann, Oechler und Polutta. Allerdings sind dennoch Veränderungen zu verzeichnen – insbesondere des Wissens, was die Studie von Polutta zeigt –, die aber durch die Organisationsweise der Einrichtungen beeinflusst werden. So jedenfalls lassen sich die Befunde von Beckmann, Messmer sowie Albus und anderen lesen.

Unter Hinzuziehung der genannten und den eigentlichen Fokus der guten Arbeit überschreitenden Forschungen zu veränderten Weisen der Steuerung in der Kinder- und Jugendhilfe lässt sich zudem sagen, dass es sowohl auf der Makro-

als auch auf der Mikroebene für mein Forschungsanliegen wichtige empirische Befunde gibt, die verschiedene Bereiche des Feldes und unterschiedliche Zeitpunkte des Wandlungsprozesses betreffen. Doch eine beide Ebenen verbindende Untersuchung, die eine Betrachtung der thematisierten Veränderungen und der Weisen ihrer Gestaltung durch (Sozial-)Pädagog_innen vornimmt, steht bisher noch aus. Denn die genannten Studien fokussieren, wenn sie die Ebene der Praktiken im Unterschied zu jener der Programme in den Blick nehmen, Veränderungen in der Kinder- und Jugendhilfe doch insbesondere als Konsequenz anderenorts Vollzogenem. Nicht zuletzt vor diesem Hintergrund weist Philipp Sandermann (2010: 227) für den Bereich der sozialpädagogischen Forschung auf eine mangelnde Berücksichtigung der „Eigendynamik und ‚Eigensinnigkeit' der gemeinhin als ‚sozialpädagogisch' titulierten Akteure in Auseinandersetzung mit den sich verändernden Regeln des Wohlfahrtsstaatssystems" hin. In der Folge dieses blinden Flecks erscheinen sich vollziehende Veränderungsprozesse als nicht auch von und durch Soziale Arbeit hergestellt. Über die Präsentation von Sozialer Arbeit als nur produziert und nicht auch als Produzierende wird sie analytisch letztlich außerhalb gesellschaftlicher Prozesse verortet und dadurch „‚entgesellschaftet' und damit auch entpolitisiert" (ebd.).[58] Ähnlich argumentiert auch Bernd Dollinger (2009: 132): Er verweist darauf, dass erst über die empirische Betrachtung professioneller Handlungsweisen „die eigene Beteiligung bei der Etablierung und Reproduktion von Ordnungsvorstellungen bewusst zu halten und im Blick auf das sozialpädagogische Wissen zu analysieren [sei, C.H.], welche Ausschließungen ihm innewohnen".[59] Ganz in diesem Sinne plädiert Fabian Kessl (2013: 16) für die Entwicklung einer „wohlfahrtsstaatlichen Transformationsforschung". Und genau an dieser Stelle setzt die vorliegende Studie an.

3.2 Die Anlage der Studie

Im Rahmen dieses Kapitels werde ich die Forschungsfrage, die theoretischen und methodologischen Implikationen sowie die methodischen Vorgehensweisen explizieren, die meiner eigenen empirischen Studie zugrunde liegen.

---

58 Zur unauflösbaren Verknüpfung von Sozialer Arbeit und Politik siehe Herrmann und Stövesand (2009: 191ff.).

59 Mehr zur Relationalität von Sozialer Arbeit und Gesellschaft findet sich bei Sandermann und anderen (2011: 35ff.). Hingewiesen werden soll in diesem Zusammenhang zudem auf eine Untersuchung von Marc Diebäcker (2014), die einen solchen Anspruch umsetzt. Der Autor nimmt dabei eine gouvernementale Perspektive ein und fokussiert seine Analyse auf die „sozialarbeiterische Praxis" in einem Wiener Projekt im Feld der aufsuchenden Sozialen Arbeit (ebd.: 175).

3.2.1 Forschungsinteresse und -fragen

Wie im Kapitel 1 bereits kurz angeklungen ist, zielt die vorliegende Studie darauf ab, diejenigen Verhaltens- und Gestaltungsweisen zu untersuchen, die von in Kinder- und Jugendwohngruppen beschäftigten (Sozial-)Pädagog_innen im Kontext der Debatte um gute Arbeit thematisiert werden. Im Zentrum der Studie steht dabei die Frage danach, entlang welcher Felder ebenso wie entlang welcher Arten und Weisen sich die thematisierten Weisen des Handelns der Interviewten systematisieren. Über die Fokussierung der Handlungsweisen sollen mögliche Arten und Weisen einer Gestaltung des Sozialen auf der Mikroebene in den Blick genommen werden können.

Das Untersuchungsmaterial bilden Expert_inneninterviews mit (Sozial-)Pädagog_innen aus dem Arbeitsumfeld von Wohngruppen für Kinder und Jugendliche. Es geht also um Thematisierungen empirischer Subjekte, nicht jedoch von Subjekten auf der Ebene von Programmen, die man auch ,propagierte' Subjekte nennen könnte. Die untersuchten Gestaltungs- und Verhaltensweisen werden vermittelt über die Thematisierungen der Interviewten betrachtet. Von Interesse sind also die performativen Ausdrücke, die sich aus Verhaltensweisen von (Sozial-)Pädagog_innen in einem spezifischen Feld aktueller Heimarrangements ableiten lassen.

Die der vorliegenden Studie zugrunde liegende Hypothese ist, dass die Berücksichtigung der genannten Dimensionen den Rückgriff auf einen spezifischen Subjekt- und Handlungsbegriff erfordert, da anhand des Forschungsüberblicks deutlich wurde, dass die Inblicknahme der Praktiken empirischer Subjekte allein nicht ausreicht, um das genannte Ziel zu erreichen. Die Fokussierung miteinander verknüpfter und sich gegenseitig beeinflussender Herstellungsprozesse (oder anders formuliert: die parallele Betrachtung von Formen der Anrufung, Praktiken des Sich-ins-Verhältnis-Setzens, der Fort- und Umschreibung und darüber hinausweisender Neuerfindungen) wird erst im Rückgriff auf den Subjektbegriff des späten Michel Foucault (2005, 1989b) möglich. So verstehe ich meine Interviewpartner_innen als Doppelte: als Unterworfene und als (sich) Entwerfende, als Produzierte und Produzierende, als Gestaltete und Gestaltende.[60]

Da Verhaltensweisen gemäß dem reckwitzschen Handlungsverständnis sozial sind und die sich verhaltenden Subjekte erst hervorbringen[61], liegt die konzeptionelle Spezifität der Studie in einer für den Bereich der Kinder- und Jugend-

---

60   Eine genauere Vorstellung des Subjektverständnisses erfolgt im Kapitel 3.2.2.1.
61   Genauer siehe Kapitel 3.2.2.2.

hilfeforschung besonderen Betrachtungsweise der Praktiken von (Sozial-)Pädagog_innen.[62] Auf den Punkt gebracht heißt dies: Das vorliegende Forschungsvorhaben fokussiert die von den interviewten (Sozial-)Pädagog_innen thematisierten Verhaltensweisen, um anhand dieser mögliche Praktiken der „Umarbeitung" (Pieper et al. 2011: 201) herausarbeiten zu können, die sich im Kontext sich transformierender Steuerungsweisen zeigen. Über die Betrachtung diverser Möglichkeiten des Sich-ins-Verhältnis-Setzens und sich zeigender Neuerfindungen soll eine sich möglicherweise abbildende Art und Weise der Gestaltung des Sozialen auch durch die Soziale Arbeit mit in den Blick geraten. Damit knüpfe ich mit meiner Forschung unmittelbar an die von mir oben benannten Forschungsvorhaben und -ergebnisse anderer Wissenschaftler_innen an. Meine Studie ist darüber hinaus aber auch deren Ergänzung, indem sie das Thema der Transformation auf eine Weise fokussiert, die dazu geeignet ist, die aufgezeigte Forschungslücke zu schließen.

Konkret werden die Interviewtexte daraufhin untersucht, worüber und wie von den Interviewten gesprochen wird, wenn es um Themen wie ‚Qualität', ‚Qualitätsentwicklung', ‚Qualitätsmanagement', ‚Wirksamkeit', ‚Leistungsvereinbarung', ‚Qualitätsentwicklungsvereinbarung' etc. geht. Untersucht wird, welche Handlungen und Positionierungen in diesem Zusammenhang thematisiert werden. Damit interessieren folgende Fragen: Was und wie berichten die interviewten Expert_innen aus dem Feld der Kinder- und Jugendwohngruppenarbeit im Kontext der Debatte um veränderte Gütekonzepte und Steuerungsweisen? Spielt das Thematisierte in den Interviewtexten eine Rolle und, wenn ja, auf welche Weise? Welche Arten und Weisen des Sich-ins-Verhältnis-Setzens und Neuerfindens werden in diesem Zusammenhang thematisiert? Welche (Selbst-) Positionierungen zeigen sich? Welche Implikationen werden in den Texten deutlich?

Das formulierte Forschungsinteresse impliziert unterschiedliche theoretische und methodologische Annahmen, die im Folgenden dargelegt und reflektiert werden: Vorgestellt werden zunächst die qualitative Anlage der Studie und das mit ihr verknüpfte Subjekt- und Handlungsverständnis. In einem zweiten Schritt wird die

---

62 Der Rückgriff auf das Reckwitsche Konzept sozialer Praktiken selbst ist im Feld der Kinder- und Jugendhilfeforschung keinesfalls als neu zu bezeichnen (vgl. Cloos 2011: 252; Cloos/Thole 2006b: 9; Cloos et al. 2007). Im Gegenteil verfügt das Konzept im Kontext einer „vergleichenden Jugendhilfeethnographie" (Cloos 2011: 519) über eine hohe Bedeutsamkeit – ermöglicht es doch „zu untersuchen, wie in sozialen Situationen die TeilnehmerInnenrollen hergestellt, reproduziert und ausgehandelt werden, ohne sich allein auf die Perspektive der Professionellen oder die der AdressatInnen zu beschränken" (ebd.: 253). Als neu erweist sich lediglich eine dem Konzept entsprechende, konsequente Orientierung an einem dezentrierten Subjektkonzept.

sich aus der Fragestellung ergebende methodische Vorgehensweise der Datenerhebung plus Forschungsfeldbeschreibung und Sampleerstellung entfaltet. Schritt drei dient der Darlegung des Auswertungsverfahrens und der mit diesem verknüpften Arbeitsetappen.

3.2.2 Der theoretische und methodologische Rahmen

Die Studie ist qualitativ-rekonstruktiv angelegt.[63] Vor dem Hintergrund des forschungsleitenden Blicks auf von (Sozial-)Pädagog_innen im Kontext der aktuellen Debatte um gute Arbeit thematisierte Gestaltungs- und Verhaltensweisen wurden im Rahmen der *Datenerhebung* Expert_inneninterviews geführt, wobei ich mich dabei an die von Jochen Gläser und Grit Laudel (2009a) vorgestellte Methodik anlehnte. Diese Interviewform ermöglicht es, „das besondere Wissen der in (…) Situationen und Prozesse involvierten Menschen zugänglich zu machen" (ebd.: 13). Expert_inneninterviews erschienen mir entsprechend als geeignetes Instrument, um die von den in Wohngruppen für Kinder und Jugendliche beschäftigten (Sozial-)Pädagog_innen im Kontext sich wandelnder Vorstellungen von guter Arbeit thematisierten Verhaltensweisen erheben zu können. Begründet durch die theoretischen Annahmen der Studie wird (Expert_innen-)Wissen im Folgenden nicht als den Interviewten bewusst zur Verfügung stehend verstanden, sondern als verkörpert, d.h. als den thematisierten Verhaltensweisen innewohnend und erst über die Expert_inneninterviewtexte rekonstruierbar.[64]

Die Studie verfolgt also das Ziel, verschiedene Weisen des Sich-ins-Verhältnis-Setzens und sich möglicherweise zeigende Verschiebungen im Kontext der skizzierten Debatte um gute Arbeit zu rekonstruieren bzw., um es in den Worten von Peter Cloos und Werner Thole (2005: 88) auszudrücken, „Effekte und Nebenfolgen sozialpädagogischen Agierens" herauszuarbeiten. Aus diesem Grund wurde eine offene Form der *Datenauswertung* gewählt: Die in ihrer Gänze transkribierten Interviewtexte (Du Bois et al. 1992, 1993) wurden orientiert an Vorschlägen der Grounded-Theory-Methodologie (Strauss/Corbin 1996: 43ff.; Strübing 2008) kodiert, da dieses Vorgehen die Chance der Entwicklung besonders „datennah[er] Kategorien" (Mey/Mruck 2009: 148) versprach. Ich wollte auf diese Weise ursprünglich die (Selbst-)Positionierungen in ihrer doppelten Wirkungsweise in den Blick nehmen. Im Verlauf des Forschungsprozesses stellte sich

---

63   Ein systematisierender Überblick über qualitativ-rekonstruktive Forschung im Kontext Sozialer Arbeit findet sich bei Peter Cloos und Werner Thole (2005: 71ff.).

64   Für eine ausführliche Begründung der Form der Datenerhebung siehe Kapitel 3.2.3. Die theoretischen Annahmen finden ihre Entfaltung innerhalb der folgenden zwei Unterkapitel.

heraus, dass eine zusätzliche sequenzanalytische Relektüre der Daten gewinnbringend sein würde.[65] Entsprechend ist meine Vorgehensweise eine induktive, wenngleich auch deduktive Momente – im Sinne eines Abgleichs der empirischen Ergebnisse mit (sozialwissenschaftlichen) Konzepten – eine Rolle spielen.[66] Dennoch sind bereits mit der Anlage der Studie verschiedene theoretische Positionierungen verknüpft, welche im Folgenden expliziert werden.[67]

3.2.2.1 Zum Subjektverständnis

Wie bereits angesprochen, gehe ich davon aus, dass mein Forschungsinteresse ein Subjektverständnis erfordert, welches Subjekte weder als „Reflex der Verhältnisse" noch als „Figur eines selbstidentischen, kohärenten und rationalen Entscheidungssubjekts" (Pieper et al. 2011: 200) annimmt. Ausgegangen wird vielmehr von einem Verständnis, welches keine Trennung zwischen Subjekten und „gesellschaftlichen Bedingungen ihrer Ermöglichung" (Rose 2010: 215) vornimmt, sondern beide Sphären als ineinander übergehend und doch nicht identisch, als sich gegenseitig produzierend und als nicht ohne einander existieren könnend betrachtet. Denn erst ein solches Verständnis erlaubt es, das sich im Kontext der Debatte um gute Arbeit in den Aussagen der Interviewten Präsentierende und die Präsentationsweisen als miteinander verschränkt und sich gegenseitig hervorrufend in den Blick zu nehmen.

Die vorliegende Studie basiert entsprechend nicht auf einem Verständnis des Subjektes als Eigenständiges, wenn auch in Relation zu gesellschaftlichen Verhältnissen (Ent-)Stehendes und erst (ent-)stehen Könnendes. So wird weder auf die von dem Philosophen George Herbert Mead (1973) konzipierte Vorstellung

---

65 Mehr zum Auswertungsprozess findet sich im Kapitel 3.2.6.
66 Hinweisen möchte ich in diesem Zusammenhang auf die nicht nur im Umfeld der Grounded-Theory-Methodologie geführte Diskussion über die Position, dass qualitative Forschung durch (k)ein rein induktives Verfahren geprägt sei. So argumentieren beispielsweise Günter Mey und Katja Mruck (2009: 100ff.), dass qualitative Forschung immer durch einen Wechsel von induktiven zu deduktiven Verfahrensschritten und eben gerade nicht durch ein rein induktives Vorgehen bestimmt sei. Denn die Relationierung empirischer Daten mit Konzepten (nicht nur im Sinne der Grounded Theory) ist ihnen zufolge auch durch deduktive Momente geprägt. Entsprechend plädieren die beiden dafür, „davon zu sprechen, dass sich Induktion und Deduktion in der Forschungstätigkeit abwechseln" (ebd.: 105).
67 Vor dem Hintergrund ihrer Positionierung, „dass sich ein qualitativer Forschungsstil mit einem theorie- und hypothesen-basierten Vorgehen verträgt" (Mey/Mruck 2009: 106), argumentieren die beiden Wissenschaftler_innen, dass eine strikte Offenlegung des Wissensbestandes unerlässlich sei.

des Entstehens von Identität in der Auseinandersetzung zwischen I und Me rekurriert, noch auf das aus einer soziologischen Perspektive entwickelte Konzept von Anthony Giddens (1995), gemäß welchem Selbstkonstruktion als ein reflexiver Prozess zu fassen ist. Und auch die Ausführungen der, durch ihre Beiträge im Handbuch Soziale Arbeit (Otto/Thiersch 2011) zum Thema ‚Individuum/Identität‘ profilierten, Autor_innen Renate Höfer und Heiner Keupp (2011), welche Identität als in einer „permanenten Passungsarbeit zwischen inneren und äußeren Welten" (ebd.: 637) entstehend definieren, sind für die vorliegende Studie aus den genannten Gründen nicht adäquat.[68] Denn Mead konzipiert sein Subjekt zwar als Soziales, sich über und in der Auseinandersetzung zwischen Me und I Entwickelndes, sich kommunikativ die Welt Aneignendes oder auch ihr Annäherndes (ebd.: 195) und hebt so den cartesianischen Dualismus von Ich und Welt auf (Da ein Ich ohne Welt nicht denkbar ist, entsteht Identität im stetigen Dialog mit dieser.), doch verbleibt er einer Trennung zwischen Individuum und Gemeinschaft verhaftet (Mead 1973; Jörissen 2000: 59ff.; Kron/Horácek 2009: 22ff.). Und, wie angedeutet, entwirft auch Giddens zwar Handlung und Strukturen – oder anders formuliert: Individuum und Gesellschaft – als sich dauerhaft gegenseitig beeinflussend, doch bleibt seine „Forderung nach der Verschränkung beider Dimensionen (…) auf halber Strecke stehen", so die treffend formulierte Diagnose von Fabian Kessl (2005: 104). Begründet ist dies darin, dass auch Giddens eine „substanzielle Gegensätzlichkeit selbst nicht in Frage stellt" (ebd.), sondern aufrechterhält. Und was die Arbeit von Höfer und Keupp angeht: Ihre Annahme des Weiterbestands getrennter, wenn auch miteinander interagierender Dimensionen materialisierte sich bereits begrifflich in der Argumentation mit sogenannten inneren und äußeren Welten. Damit bleiben die skizzierten Konzepte, wenn auch auf unterschiedliche Weise, der Idee getrennter Sphären verhaftet.[69] Eine Aufhebung dieser Trennung gelingt erst im Rückgriff auf den Subjektentwurf des späten Foucault (2005, 1989a), auf den ich im Folgenden eingehen werde.

Die Figur des Subjekts – unterworfen und widerständig

Orientiert an Foucault werden die im Rahmen der vorliegenden Untersuchung interviewten (Sozial-)Pädagog_innen zugleich erstens als sowohl anderen als auch

---

68 Die Relevanz des Rückgriffs auf die konzeptionellen Überlegungen von Keupp und anderen (1999) im Feld Sozialer Arbeit materialisiert sich beispielsweise in der Untersuchung von Thomas Harmsen (2013).
69 Die Auswahl der vorgestellten Konzepte begründet sich in ihrer Bedeutung für die Etablierung neuer Perspektiven bezogen auf die Relationierung von Individuum und Gesellschaft im disziplinären Feld Sozialer Arbeit.

sich selbst Unterworfene sowie zweitens als über Praktiken der Freiheit Verfügende verstanden. Denn Michel Foucault (2005: 906) fasst Subjekte als durch „Praktiken der Unterwerfung" und „der Befreiung" hervorgerufen.

Genauer und der Reihe nach bedeutet dies: Unterworfen sind die Interviewten den in allen Gesellschaften allgegenwärtigen und neben gesellschaftlichen Wissenformationen in diesem Zusammenhang hochbedeutsamen Machtbeziehungen, in welchen sie konstituiert werden (ebd.: 288f.). Der dieser Aussage zugrunde liegende weite Machtbegriff offenbart, über die politische Macht hinaus, ein relationales Gefüge zwischen Menschen. Foucault (ebd.: 878) schreibt in diesem Zusammenhang:

> „Machtbeziehungen besitzen in den menschlichen Beziehungen eine außerordentlich große Ausdehnung. Dies soll nun nicht besagen, dass die politische Macht überall ist, sondern dass in den menschlichen Beziehungen ein ganzes Bündel von Machtbeziehungen existiert, die zwischen den Individuen, innerhalb einer Familie, in einer pädagogischen Beziehung oder im politischen Körper wirksam werden".

Verhältnisse der Macht präsentieren sich damit als allgegenwärtig und vielfältig. Das vorgestellte Verständnis von Macht „verwandelt die Individuen in Subjekte" (ebd.: 275). In Anlehnung an Foucault wird das „Selbst" der Interviewpartner_innen damit nicht als „einfach gegeben, sondern [als, C.H.] in einem Selbstverhältnis als Subjekt konstituiert" (ebd.: 498) betrachtet – als im Moment des Sich-ins-Verhältnis-Setzens zu historisch spezifischen Verhältnissen der Macht und ebensolchen Formationen des Wissens entstehend. Damit wurde und hat sich das Selbst der Interviewten als eben dieses erst in einem sich stetig vollziehenden Prozess im komplexen Spiel der Macht und des Wissens herausgebildet. Dieser Prozess der Subjektkonstitution lässt sich mit Foucault als „Subjektivierung" bezeichnen (ebd.: 871), wobei Foucault mit dem Begriff sowohl den Prozess bezeichnet, in dem „Individuen dazu gebracht werden, sich als [zum Beispiel, C.H.] sexuelle Subjekte anzuerkennen" (Foucault 1989a: 11), als auch den Prozess, in dem sie sich als diese „(an)erkennen können und müssen" (ebd.: 10). Dieser Prozess lässt sich mit Louis Althusser (1977) als Anrufung illustrieren. Zur Verdeutlichung sei hier auch auf Judith Butler (2001) verwiesen, welche im Anschluss an Foucault den Prozess der Subjektwerdung als weder schlichte Beherrschung noch Erzeugung fasst, sondern als Restriktion, ohne die das Subjekt nicht entstehen kann und die damit unerlässlich für seine Hervorbringung ist (vgl. ebd.: 82). Damit zeigt sich das Subjekt als historische und kulturelle Konstruktion von „Selbsterkenntnis" (Foucault 2005: 258) und Selbstpraxen.

Was nun konkret die ihm Rahmen meiner Studie Interviewten betrifft, bedeutet dies: Die Interviewten sind zu verstehen als „historische Form und (…) Produkt einer spezifischen Organisation von Subjektivität" (Lemke 1997: 267). In anderen

Zusammenhängen allerdings, als beispielsweise in dem von Fabian Kessl (2005) herausgearbeiteten Dispositiv „Aktivierende Jugendhilfe", wären die Interviewten somit, wie genau ausgeformt auch immer, Andere (ebd.: 121). Das foucaultsche Subjekt verfügt also über keine feste Form, über kein eigenes Wesen. Es entsteht vielmehr als singulärer Effekt von Machtverhältnissen, Wissensformationen und Selbstpraktiken im Prozess der Subjektivierung und ist somit kontingent und historisch wie kulturell bedingt.

Mit Gilles Deleuze (1992: 139) lässt sich der Prozess der Subjektivierung so denken, „als ob die Beziehungen des Außen sich falteten, sich krümmten, um eine Dopplung zu bewirken und einen Bezug zu sich entstehen zu lassen, um ein Innen zu konstituieren". Vor diesem Hintergrund werden Subjektivierungsweisen zu einer eigenständigen Größe, denn sie sind nicht als einfache ‚Verinnerlichung' eines „ökonomischen und sozialen Kontext[es]" (Foucault 2005: 709) zu verstehen. Sie markieren stattdessen die Entstehung von Neuem und Eigenem. Denn zu beachten ist, dass das foucaultsche Konzept Subjekte immer auch „als aktive und zur Selbstführung fähige" (Pieper et al. 2011: 199), als über „Praktiken (...) der Freiheit" (Foucault 2005: 906) Verfügende konzipiert.

Als Ergänzung und zur Konkretion der von Foucault eingeführten, aber nicht ausbuchstabierten Praktiken des Widerstandes im Sinne von Verschiebungen und Weisen der Gestaltung von Machtverhältnissen und Wissensformationen verweisen Marianne Pieper, Efthimia Panagiotidis und Vassilis Tsianos (2011) auf Deleuzes Figur des ‚Begehrens' (Deleuze 1996). Laut Pieper, Panagiotidis und Tsianos (Pieper et al. 2011: 200f.) offerieren Gilles Deleuze und Felix Guattari (2010) mit der Figur eine konzeptionelle Grundlage für die Betrachtung von Subjektivierungsweisen als durch den Wunsch nach einer „anhaltenden Neuformierungs- und Produktionspraxis" sowie durch das stetige Streben einer „Erfindung von [neuen, C.H.] Praxen und Existenzformen" bestimmt, die über je Bestehendes hinausweisen.

Die interviewten (Sozial-)Pädagog_innen zeigen sich damit als Doppelte: Neben „Praktiken der Unterwerfung" (Foucault 2005: 906) verfügen sie auch über „Praktiken der Befreiung, der Freiheit" (ebd.), und damit über Praktiken der „Durchquerung, Umarbeitung" und „Verhandlung" (Pieper et al. 2011: 215) der historisch spezifischen Macht-/Wissens-Figurationen. Auf diese Weise präsentieren sich Subjekte immer als relational. Welche Subjekte sich wie im empirischen Material meiner Studie zeigen werden, ist entsprechend offen. Denn mit der theoretischen Verknüpfung von Macht, Wissen und Subjekten gemäß dem dargelegten Verständnis vertrete ich die These, dass eine Differenz zwischen unterschiedlichen Anrufungen, Formen des Sich-ins-Verhältnis-Setzens sowie sich möglicherweise zeigenden Verschiebungen und Neuerfindungen im Kontext der aktuellen Debatte um gute Arbeit besteht. Als rekonstruierbar anzunehmen wäre bspw., dass die

Figur der ‚Unternehmer_in ihrer selbst', die im Rahmen von Programmanalysen aktueller Transformationsprozesse immer wieder unterstellt wird (Bröckling 2002, 2007; Bührmann 2005), in den Interviewtexten nur als Schatten, verwischt, keinesfalls pur, evtl. auch gar nicht zu finden ist.[70]

Zum Konzept der Selbstführung

An dieser Stelle möchte ich die Frage aufgreifen, wie die eingangs getätigte Aussage zu verstehen ist, dass die Interviewten sich auch selbst unterworfen sind. Die theoretischen Überlegungen geben hier sinnvolle Anhaltspunkte: In Anlehnung an Foucault verfügen Subjekte, neben versuchten Einwirkungen anderer auf ihr Handeln, selber über kulturell gebundene Techniken, mit denen sie „Operationen mit ihren Körpern, ihrer Seele, ihren Gedanken, ihrem Verhalten vor[]nehmen, [um sich, C.H.] (…) auf diese Weise zu verwandeln oder zu verändern" (Foucault 2005: 210). Dabei sind mit diesen Techniken verschiedenste „Verfahren zur Beherrschung oder Erkenntnis [und Neuformierung, C.H.] seiner selbst [gemeint, C.H.], mit denen der Einzelne seine Identität festlegen, aufrechterhalten oder im Blick auf bestimmte Ziele verändern kann" (ebd.: 259).

Was meine Studie angeht, so interessiert in diesem Zusammenhang, wie die Interviewten auf der Ebene einer „individuellen Verhaltensführung" (ebd.: 860) auf sich einwirken und wie sie im Kontext der Transformation der Vorstellung von guter Arbeit versuchen „Herrschaft über sich selbst" (ebd.) und andere zu erlangen. Interessant sind hier dementsprechend auch die Mittel der Einwirkung bezogen auf Selbsttechniken. Dies sind „Aktivitäten, in denen [die Interviewten, C.H.] (…) zugleich Ziel, Handlungsfeld, Mittel und handelndes Subjekt" sind (ebd.: 259). „Techniken des Selbst" (ebd.) bezeichnen somit historisch und kulturell gebundene Formen der „Herstellung und Veränderung der ‚Beziehung zu sich selbst'" (ebd.: 260). Sie ermöglichen es den Interviewten, sich gemäß den erfahrenen Anrufungen als Subjekt – beispielsweise als ‚Unternehmer_innen ihrer selbst' – „anzuerkennen" (Foucault 1989a: 11), ebenso wie sie es ihnen gestatten, sich „auf autonomere Weise durch Praktiken der Befreiung, der Freiheit" (Foucault 2005: 906) zu konstituieren und zu modifizieren. Damit sind die Interviewten auch, aber eben nicht nur Effekt eines historisch spezifischen Macht-Wissens-Komplexes. Denn sie sind immer auch Produzent_innen ihrer selbst – wenngleich diese Produktion nicht gänzlich unabhängig von gesellschaftlichen Wissensformationen und Kräfteverhältnissen stattfindet (Foucault 1989a, 1989b).

---

70 Zu den Subjektivierungsweisen von Adressat_innen im Dispositiv ‚Aktivierende Jugendhilfe' siehe Plankensteiner (2013: 187ff.).

Der analytische Blick auf die Ebene der „individuellen Verhaltensführung" (Foucault 2005: 860) erlaubt es mir daher, darzustellen, wie sich die Interviewten zu vielfältigen und unterschiedlichen denkbaren Anrufungen verhalten, wie sie diese fort- und ggf. umschreiben.[71]

---

71 Deutlich wurde, dass eine im Kontext von Studien der Gouvernementalität formulierte Kritik der „Totalität von Macht" (Kessl 2007: 215) oder „einer alles durchdringenden Macht" (Langemeyer 2007: 236) bei Foucault zu kurz greift. So wird u.a. kritisiert, dass von Foucault neben Fremd- auch Selbsttechniken als Teil der Macht gefasst werden (vgl. Langemeyer 2007: 231). Bezogen auf das Subjekt sei es problematisch, dass der foucaultsche Subjektbegriff sowohl „Subjektivität (ihr Begehren, ihr lebendiges Handlungsvermögen, ihre sozialen Beziehungen etc.)" wie auch „Subjekt-Sein (als Individualisierungsform oder Position)" (ebd.: 232) umfasst. In der Konsequenz würden „Subjektunterwerfung als herrschaftsförmige Zurichtung und produktive Verwertung von Subjektivität und Subjektwerdung im Sinne der Entwicklung eines Denk- und Handlungsvermögens kurzgeschlossen" (ebd.: 231). Auf diese Weise mutiere das foucaultsche Subjekt zu einem „reinen Struktureffekt von Machtbeziehungen" und „[a]lles Eigensinnige, alle Aktivitäten, alles Handeln (…) [würden, C.H.] auf die Verinnerlichung äußerer Machteffekte zurückgeführt" (ebd.). Entsprechend zeige sich das Subjekt bereits auf der Metaebene immer als Unterworfenes und lasse keine Entwürfe von Freiheit zu. Kritisiert wird auch, dass die Übernahme von Verantwortung und Wissen als Subjektivierung betrachtet werde und auf diese Weise mögliche emanzipatorische Bedeutungen dieser Akte übersehen würden (ebd.: 237ff.). In der Konsequenz verhindere der Begriff Fragen nach „Formen von Handlungsfähigkeit und Subjektwerdung" (ebd.: 231), ein möglicher emanzipatorischer Nutzen von Selbsttechniken und Wissen werde so ignoriert. Zusammenfassend bemerkt Ines Langemeyer: „Wo Handlungsfähigkeit entsteht, ist nicht schon immer Unterwerfung" (ebd.: 232). Sie argumentiert zudem, dass eine Totalisierung von Macht die Gefahr impliziere, „Widersprüche [auf der Ebene der Subjekte, C.H.] bei der Analyse der Machtmechanismen aus den Augen zu verlieren" (ebd.: 230). Kern der genannten Kritik ist, dass Foucault Selbstführung als ein Element von Macht betrachtet. Jedoch liegt der Annahme, dass es auf dieser Basis nicht möglich sei, ein Außerhalb der Macht und damit eine Befreiung von dieser zu denken, ein anderer als der produktive Machtbegriff Foucaults zugrunde. Langemeyers Idee von Macht – im Unterschied zu der von Foucault – ist als eine negative, das heißt der Idee von Freiheit entgegengesetzte zu betrachten. Sie fasst Macht als Unterdrückung, als Form der Herrschaft, als Kraft, die das Handeln von Menschen vorherbestimmt und damit einer Freiheit entgegensteht. Doch der foucaultsche Machtbegriff entwirft Freiheit als Teil und als Voraussetzung der Macht. Foucault betrachtet soziale Verhältnisse zwar als immer von Kräfteverhältnissen durchzogen, d.h. stets strategische Handlungen umfassend, die das Verhältnis zur Wahrheit beeinflussen, doch ist dieses Verhältnis alles andere als deterministisch. Bezüglich der Allgegenwart von Macht schreibt Foucault: „Nicht weil sie alles umfaßt, sondern weil sie von überall kommt, ist die Macht überall" (Foucault 1983: 94). Macht ist seinem Verständnis nach also dezentral und impliziert Freiheit. In einem Gespräch mit Rux Martin im Oktober 1982 betont er: „Ich glaube an die Freiheit der Menschen. In der gleichen Situation reagieren sie sehr unterschiedlich" (Foucault 2005: 965). Er konstatiert irritiert: „Ich weiß nicht, wie Sie auf den Gedanken kommen, ich hielte Veränderung für unmöglich, denn auch ich untersucht habe, war immer mit politischem Handeln verbunden. Überwachen und Strafen [beispielsweise, C.H.] ist ein einziger Versuch, diese Frage zu beantworten und zu ermitteln, wie sich neue Denkweisen bilden. Wir alle sind lebende und denkende Subjekte. (…) In meinen Büchern habe ich durchaus versucht, Veränderungen zu analysieren, nicht um deren materielle Ursachen herauszufinden, sondern um alle Faktoren, die

77

3.2.2.2 Zum Handlungsverständnis

Das skizzierte Subjektverständnis erfordert einen spezifischen, mit dem vorangehend Erläuterten kompatiblen Handlungsbegriff. Dementsprechend wird Handeln in der vorliegenden Arbeit nicht im klassischen weberschen Sinne als mit einem „subjektiven Sinn" (Weber 1984: 19) ausgestattet und an Normen und Werte geknüpft verstanden. Ebenso wenig orientiert sich diese Arbeit an Émile Durkheim (1984) und Talcott Parsons (1967) mit ihren Konzepten einer sozial determinierten bzw. normativen Regeln folgenden Handlung. Auch die „Potentialität der professionellen Handlungsqualitäten in der Sozialen Arbeit" (Dewe/Otto 2012: 204) steht nicht im Zentrum der vorliegenden Studie.

Stattdessen rekurriert diese wissenschaftliche Forschungsarbeit auf ein Handlungsverständnis, welches Andreas Reckwitz (2004a: 40, 2003: 282, 2004b) unter dem Label ‚soziale Praktiken‘ gefasst und expliziert hat.[72] Diese „praxeologische Perspektive" impliziert, wie auch das foucaultsche Konzept, ein dezentriertes Subjekt (Reckwitz 2003: 289). Demnach entstehen Subjekte in der „bloßen ‚Anwendung‘ einer Praktik" (ebd.: 296). Das Subjekt verkörpert „gleichzeitig unterschiedliche, heterogene, möglicherweise auch einander widersprechende Formen praktischen Wissens" (ebd.). Entsprechend markiert Reckwitz die „Struktur des Subjekts als [die, C.H.] eines lose gekoppelten Bündels von Wissensformen" (ebd.: 295). Subjekte sind laut Reckwitz (ebd.: 296) zudem „in allen ihren Merkmalen Produkte historisch und kulturell spezifischer Praktiken". Damit versteht der Wissenschaftler Subjekte, genau wie Foucault, zwar als nicht vorgängige Entität. Im Unterschied zu Foucault definiert er sie jedoch als schlicht Produzierte, komplett Unterworfene.

---

aufeinander einwirken, und die Reaktionen der Menschen zu erhellen" (ebd.: 964f.). Hätte Foucault Macht als ein deterministisches Verhältnis entworfen, hätte sich ihm die Frage nach unterschiedlichen Weisen des Sich-ins-Verhältnis-Setzens nicht gestellt – hier hätte es keine Varianten geben. Darüber hinaus impliziert sein relationaler Machtbegriff keinesfalls eine Gleichsetzung mit Herrschaft, welche er als „erstarrt[e]" Machtverhältnisse, die Freiheit ausschließen, fasst (ebd.: 878).

72 Im Zusammenhang mit einer Erforschung der Performanz „sozialpädagogischen Handelns" (Cloos et al. 2007: 11) in unterschiedlichen Arbeitsfeldern ist nicht zuletzt auf die ethnographischen Studien von Peter Cloos und anderen (2007), Peter Cloos (2008) und Alexandra Retkowski, Barbara Schäuble und Werner Thole (2013) hinzuweisen, die auf eine Rekonstruktion von Konstitutionsbedingungen und „Regeln professionellen Handelns" (Oelrich/Otto 2011b: 15) bzw. von „professionellen Handlungsmustern" (Retkowski/Schäuble 2010: 197) und z.T. auch „typischen Beziehungskonstellationen zwischen Professionellen und AdressatInnen" (Retkowski/Schäuble 2012: 237f.) abzielen.

Für mein Forschungsanliegen ist es allerdings erforderlich, die oben dargelegten theoretischen Überlegungen um Selbsttechniken und Praktiken der Befreiung im foucaultschen Sinne zu erweitern. Dafür soll zunächst das Konzept sozialer
Praktiken von Andreas Reckwitz vorgestellt werden: Dieser fasst Handeln als
Soziales und dieses damit abbildend – sich bildend in einer historisch spezifischen
Ausformung des Sozialen. Konkret ist Handeln zu verstehen als „typisiertes,
routinisiertes und sozial ‚verstehbares' Bündel von Aktivitäten" (Reckwitz 2003:
289). Handeln in diesem Sinne verweist auf sich wiederholende „Körperbewegun-
gen" (ebd.: 290) – wobei der Körper seitens des Autoren als erst im Bewegungs-
vollzug entstehend angenommen wird. Diese Sichtweise schließt „Muster des
Fühlens", „Formen des Denkens" und „Tätigkeiten" wie die des „Sprechens"
(ebd.) ein, „Verhaltensweisen" (ebd.: 289) also, von denen denkbar ist, dass sie im
Rahmen von Expert_inneninterviews thematisiert werden.

Für die Interviews sind zudem folgende Überlegungen zentral: Erstens ist
Handeln gemäß diesem Verständnis eine dem Subjekt – den Interviewten – selber
nicht unmittelbar verfügbare „wissensbasierte Tätigkeit" (ebd.: 292). Und folgt
man Reckwitz (2003), dann wird zweitens das dem Handeln implizite praktische
Wissen erst in einer Rekonstruktion des von den Interviewten Thematisierten
sichtbar. Unter Berücksichtigung auch von Praktiken der Befreiung im foucaultschen Sinne wird Handeln in der vorliegenden Studie deshalb zugleich als Sozial-
Hervorgebracht-Werden als auch als das Soziale formierend und hervorbringend
gedacht. Entsprechend werden nicht nur typisierte und routinierte Bündel thematisierter Aktivität sondern auch singuläre thematisierte Aktivitäten in den Blick
genommen. Fokussiert werden damit sich wiederholende ebenso wie die Anrufungen durchquerende Verhaltensweisen. Auf diese Weise werden zudem Verhältnisse der Macht berücksichtigt. Damit wird das als strukturalistisch zu bezeichnende Handlungskonzept von Reckwitz im Rückgriff auf das vorgestellte
foucaultsche Subjektkonzept durch eine als poststrukturalistisch zu markierende
Erweiterung modifiziert: Entsprechend wird das Subjekt als im Handeln hergestellt und sich im Handeln immer auch wieder herstellend begriffen. In der vorliegenden Arbeit stehen damit das thematisierte Verhaltensweisen Verknüpfende,
das sich Wiederholende aber auch das Anrufungen Verschiebende im Vordergrund. Das Forschungsinteresse gilt also den zu rekonstruierenden Ordnungsfel-
dern des Handelns und den sich zeigenden Weisen der Neuerfindung.

3.2.3 Die Erhebungsmethode: Expert_inneninterviews

Wie schon erwähnt wurde, wurden im Rahmen meiner empirischen Untersuchung
Interviews mit (Sozial-)Pädagog_innen, die zum Forschungszeitpunkt im Jahr

2006 in Wohngruppen für Kinder und Jugendliche beschäftigt waren, geführt und ausgewertet.[73] Denn ihre Befragung ermöglichte es mir, die mich interessierenden von (Sozial-)Pädagog_innen im Zusammenhang mit der skizzierten Transformation der Vorstellung von und des Umgangs mit guter Arbeit thematisierten Verhaltensweisen zu erheben. Über ihre berufliche Tätigkeit im Feld der stationären Hilfen zur Erziehung sind sie Teil der hier interessierenden „sozialen Situationen und Prozesse" (Gläser/Laudel 2009a: 9).

Folgt man den Ausführungen von Jochen Gläser und Grit Laudel, dann macht sie ihre „Beteiligung" an den untersuchten „Prozesse[n]" zu „Experten" (ebd.: 13), da diese es ihnen ermöglicht, die sich dort bildenden Verhaltensweisen zu thematisieren. Somit sind sie Expert_innen für Verhaltensweisen in Kinder- und Jugendwohngruppen, die im Kontext der sogenannten Qualitäts- und auch Wirksamkeitsdebatte von Bedeutung sind. Sie können das Datenmaterial liefern, auf dessen Grundlage eine Rekonstruktion des das Thematisierte Verknüpfenden sowie des das Anrufungen ggf. auch Verschiebenden vorgenommen werden kann.

Mit der Bezeichnung der Interviewpartner_innen als Expert_innen wird mit einem weiten Expert_innenbegriff operiert. Entsprechend werden Expert_innen nicht als „Angehörige einer Funktionselite" (Meuser/Nagel 1994: 181ff.), als privilegierte Informant_innen „über Personengruppen" (Meuser/Nagel 2005 [1991]: 73) oder als Verantwortliche für „den Entwurf, die Implementierung oder die Kontrolle einer Problemlösung" (ebd.) bestimmt. Vielmehr wird damit auf die Begriffsdefinition von Jochen Gläser und Grit Laudel (2009a) rekurriert, die in ihrer Monographie zu Expert_inneninterviews die Ansicht vertreten, dass jeder Mensch über „besonderes Wissen" „über die sozialen Kontexte, in denen man agiert" (ebd.: 11) verfügt. Den beiden Autor_innen zufolge lässt somit das Handeln eines Menschen innerhalb eines spezifischen „sozialen Kontexte[s]" (ebd.) diesen Menschen zur/zum Expert_in über den jeweiligen Kontext – inklusive der sich dort zeigenden Verhaltensweisen – werden.

Ich bezeichne die Befragung dementsprechend mit Rückgriff auf Gläser und Laudel (2009) als Expert_inneninterview. Diese konstatieren, dass Expert_inneninterviews „die Aufgabe [haben, C.H.], dem Forscher das besondere Wissen der in die Situationen und Prozesse involvierten Menschen zugänglich zu machen" (ebd.: 13). Im Rahmen der vorliegenden Studie interessiert dabei allerdings nicht das den Interviewten zur Verfügung stehende Wissen, sondern das sich in den (transkribierten) Expert_inneninterviewtexten abbildende, die thematisierten Verhaltensweisen verknüpfende Wissen. Die Hervorbringung der Interviewten

---

73 Vor dem Hintergrund des im Kapitel 2.1.3.1 dargelegten Geltungsbereichs der modifizierten Paragraphen 78a-g des SGB VIII liegt eine Erhebung im Bereich der stationären Kinder- und Jugendhilfe nahe.

innerhalb des jeweils untersuchten Feldes unterscheidet die Expert_innen damit von den untersuchenden Wissenschaftler_innen, welche auf die Befragung der Expert_innen angewiesen sind, um Informationen über das zu Analysierende zu erhalten (Gläser/Laudel 2009).[74]

Die Eigenständigkeit der Methode des Expert_inneninterviews wird mit Bezug auf Gläser und Laudel über die Fokussierung eines speziellen Wissensbereiches begründet. Dies grenzt die Methode von anderen Verfahren ab, welche über ein spezielles methodisches Instrumentarium Erkenntnisse zu generieren versuchen (vgl. ebd.: 36). Mit der Definition der Interviews als Expert_inneninterviews wird an eine seit den 1990er Jahren stattfindende methodologische Diskussion und Reflexion der Interviewform angeknüpft (Abels/Behrens 1998, 2009; Bogner/Menz 2009a, 2009b; Brinkmann/Deeke/Völker 1995; Froschauer/Lueger 2009; Gläser/Laudel 2009a; Hitzler/Honer/Maeder 1994; Kassner/Wassermann 2005; Littig 2009; Meuser/Nagel 1994, 1997, 2005 [1991], 2009; Pfadenhauer 2009; Trinczek 2009; Wroblewski/Leitner 2009). Von einer einheitlichen Auffassung in diesem Feld ist dabei jedoch nicht zu sprechen. Die Diskussion war und ist vielmehr durch höchst unterschiedliche Positionierungen gekennzeichnet, insbesondere bezüglich der Frage, wie die Figur der Expert_innen zu verstehen und inwiefern das Expert_inneninterview eine eigenständige Methode sei.[75]

---

74   Ohne Zweifel wird die/der Untersuchende im Laufe der Analyse auf eine bestimmte Weise auch zu einem Teil des untersuchten Feldes und damit ebenfalls zur/zum Beteiligten an den sich vollziehenden Prozessen, doch für die Analyse der Transformation der Vorstellung von guter Arbeit – als Voraussetzung des Zum-Teil-des-Feldes-Werdens – ist die Befragung der dort Verorteten grundlegend.

75   Kurz resümiert präsentiert sich die Debatte folgendermaßen: Im Anschluss an den Beitrag von Michael Meuser und Ulrike Nagel (2005 [1991]) erschienen zahlreiche Veröfflichungen zu dieser Interviewform. Der Text von Meuser und Nagel kann dementsprechend als Ausgangs- und Bezugspunkt der methodischen Reflexion des Expert_inneninterviews in seiner aktuellen Form betrachtet werden, denn auf ihn wird immer wieder Bezug genommen. Als besonders bedeutsam im Zusammenhang mit der gegenwärtigen Diskussion möchte ich neben der Monographie von Jochen Gläser und Grit Laudel (2009) den Herausgeber_innenband von Alexander Bogner, Beate Littig und Wolfgang Menz (2009) herausheben. Mit beiden Werken hat die methodische Reflexion des Expert_inneninterviews eine deutliche Fundierung erhalten. Im Unterschied zu dem ,weiten' Begriffsverständnis von Gläser und Laudel liegt dem genannten Herausgeber_innenband ein ,enger' Expert_innenbegriff zugrunde, der beispielsweise von Alexander Bogner und Wolfgang Menz (2009b: 61f.) an berufliche Positionierungen und die Reichweite und Bedeutsamkeit von Wissen geknüpft wird. Sie vertreten die Ansicht, dass jene Expert_innen interviewt werden sollen, deren Wissen „die Chance auf[weist], in der Praxis in (…) einem bestimmten organisationalen Funktionskontext (…) hegemonial zu werden" (ebd.: 73). Unterschiedliche Positionierungen lagen und liegen auch im Zusammenhang mit der methodischen Eigenständigkeit des Expert_inneninterviews vor: So argumentieren Karsten Kassner und Petra Wassermann (2005) mit Bezug insbesondere auf Meuser und Nagel, dass das Expert_inneninterview von anderen Interviewformen wie dem narrativen oder fokussierten Interview, welche durch die Fundierung über theoretische Ansätze zu verallgemeinern seien,

3.2.4 Der Untersuchungsgegenstand

3.2.4.1 Die inhaltliche Begründung der Auswahl des Forschungsfeldes

Um der Forschungsfrage in die Tiefe gehend nachgehen zu können, also um sowohl verschiedene Hervorbringungen im Rahmen unterschiedlicher institutioneller Verortungen im Feld der stationären Kinder- und Jugendhilfe beleuchten zu können als auch (möglicherweise) differente Thematisierungen, wurden verschiedene Gruppen von Beschäftigten befragt. In den Blick genommen wurden drei Beschäftigtengruppen aus dem Bereich Heimerziehung/sonstige betreute Wohnform (§ 34 SGB VIII), um eine möglichst große Datenvariation zu erhalten, wie Barney G. Glaser und Anselm L. Strauss (1998) es als sinnvoll empfehlen.

Mit dem Ziel, dass die Interviewten sich sowohl über die Verhältnisse zwischen öffentlichen Kostenträgern und freien Trägern von Kinder- und Jugendwohngruppen als auch über Verhaltensweisen innerhalb dieser äußern sollten, wurden Geschäftsführer_innen und pädagogische Gesamtleitungen von Vereinen, die zum Erhebungszeitpunkt Angebote nach dem § 34 SGB VIII tätigten, befragt. Auch die Beschreibungen aktueller und vergangener Verhaltensweisen und Vorstellungen von guter Arbeit und ihrer Steuerungsmöglichkeiten interessierten bei der Befragung von Geschäftsführer_innen und pädagogischen Gesamtleitungen. Zur Erhebung von Vorstellungen und Umgangsweisen mit guter Arbeit im Knotenpunkt alltäglicher Wohngruppenarbeit und der Koordination dieser Arbeit wurden pädagogische Leitungen von Kinder- und Jugendwohngruppen interviewt, die neben ihrer Leitungstätigkeit auch in die alltägliche Betreuung der Kinder und Jugendlichen involviert waren. Darüber hinaus wurden (sozial-)pädagogische Mitarbeiter_innen in Wohngruppen für Kinder und Jugendliche interviewt. Ihre Befragung sollte Informationen über Vorstellungen von guter Arbeit und über thematisierte Weisen des Handelns im Zusammenhang mit der sogenannten

---

unterschieden werden müsse, da sonst kontextgebundene Bedingungen unzulässigerweise generalisiert würden und damit das Verfahren nicht auf verallgemeinerbaren Prämissen fuße (vgl. ebd.: 95ff.). Die überwiegende Anzahl der genannten Autor_innen hingegen betrachtet Expert_inneninterviews als eine eigenständige Methode qualitativer Forschung. Michael Meuser und Ulrike Nagel (2005 [1991]) begründen dies mit dem spezifischen, der Methode zugrunde liegenden Erhebungsgegenstand. Denn befragt würden Menschen als Funktionsträger_innen, entsprechend interessiere nicht die Gesamtperson (vgl. ebd.: 72ff.). Eine andere Variante vertritt Michaela Pfadenhauer (2009), welche die Existenz einer eigenständigen Methodik mit dem Verweis auf die speziellen Anforderungen begründet, die an die/den Interviewer_in bestünden – er/sie müsse ein „Quasi-Experte" bzw. eine -Expertin sein, um in der Interviewsituation angemessen handeln zu können (ebd.: 99ff.). Bogner und Menz (2009b) argumentieren dagegen mit dem spezifisch gefragten Wissen, dem „Deutungswissen" (ebd.: 73) der Interviewpartner_innen als Gegenstand des „theoriegenerierende[n]" (ebd.: 61) Interviews.

Qualitätsdebatte von ausschließlich in der Betreuung von Kindern und Jugendlichen Tätigen liefern.

Auch die Suche nach Interviewpartner_innen in den Bundesländern A und B diente dazu, möglichst unterschiedliche Thematisierungen über Verhaltensweisen im Kontext der Debatte um gute Arbeit zu erheben. Interessant erschienen die ausgewählten Bundesländer A und B insbesondere vor dem Hintergrund ihrer, sich in der Literatur abbildenden, Diskrepanz bezüglich der Umsetzungsweisen der geforderten Veränderungen (QS-Hefte). Nicht zuletzt in den landesspezifischen Umsetzungsverträgen zu den Paragraphen 78a-g SGB VIII in den beiden Bundesländern sowie den trägerbezogenen Qualitätsentwicklungsvereinbarungen materialisiert sich diese Vielfalt (AFET Bundesverband für Erziehungshilfe e.V. 2013). Während das Bundesland B als besonders engagiert und fortschrittlich in der Umsetzung und Gestaltung von Verfahren der Qualitätsentwicklung gilt, präsentiert sich dies im Bundesland A gegenteilig. Aufgrund des Interesses an vielfältigen Thematisierungen war eine im Sinne des Gesetzes möglichst weit vorangeschrittene Umsetzung der geforderten Verfahren jedoch keine Voraussetzung dafür, dass Interviewpartner_innen für die vorliegende Untersuchung interessant erschienen. Vielmehr war ich gerade an den Unterschieden interessiert. Diese Breite der Daten wurde auch über die Erhebung in einem Stadtstaat (A) und einem Flächenbundesland (B) angestrebt. Auf diese Weise wurde versucht, eine lokale Verortung der Interviewpartner_innen in einem eher klein- versus einem eher großstädtisch geprägten Kontext zu gewährleisten.

Interessant machte die Bundesländer A und B jedoch auch ihre unterschiedliche Relevanz bezüglich der thematisierten Heimreform (vgl. Kapitel 2.2): Während das Bundesland B als Ausgangspunkt der Heimreform in den 1970er Jahren gilt, steht das Bundesland A insbesondere für eine engagierte und radikale Heimreform in den 1980er Jahren (Schmutz 2000; Trauernicht 1995: 7; Wolf 1995a). Bezogen auf Geschlossene Unterbringungen ist die Situation in beiden Bundesländern heute jedoch eher ähnlich: Zum Interviewzeitpunkt verfügten beide Bundesländer über keine eigenen Einrichtungen. Sie schickten Kinder und Jugendliche in entsprechende Einrichtungen in anderen Bundesländern. Nach dem Öffentlichwerden der „Erziehungsvorstellungen und -praxen" in den Einrichtungen, in die u.a. Bundesland A Jugendliche schickte, erfolgte schließlich deren Schließung (Hübsch/Schäfer/Thole 2014: 1).[76]

---

76 Inzwischen plant das Bundesland A wieder eine eigene Einrichtung der Geschlossenen Unterbringung zu eröffnen. Innerhalb des Bundeslandes B werden bereits wieder Plätze in entsprechenden Einrichtungen angeboten.

3.2.4.2 Das methodische Vorgehen bei der Auswahl

Die Auswahl der Interviewpartner_innen lehnte sich an das Verfahren des theoretischen Samplings an (Glaser/Strauss 1998: 53ff.; Strauss/Corbin 1996). Unter Bezugnahme auf die sequenzielle Vorgehensweise der Grounded-Theory-Methodologie wurden die einzelnen Bestandteile sowie die Umrisse des Datenkorpus über das zuvor Ausgeführte hinaus nicht vorab festgelegt, sondern im Zuge der Analyse sukzessive entwickelt.

Durchgehend haben Fragen der Zugänglichkeit einen Einfluss auf die Auswahl der Interviewpartner_innen gehabt. Die meisten Interviewpartner_innen wurden über Empfehlungen von anderen gewonnen, wobei es sich bei diesen nicht selten um bereits Interviewte handelte. Dies geschah i.d.R. nach dem Motto: „Ich kenne eine Einrichtung, in der sich besonders viel oder auch besonders wenig mit dem Thema …", oder: „Ich kenne eine Person, die besonders intensiv – in welcher Form auch immer – mit dem Thema beschäftigt ist.".

Konkret erfolgte die Auswahl der ersten drei Interviewpartner_innen nach dem Prinzip der Zugänglichkeit und Varianz. Es ging in dieser *ersten Phase* darum, das Material so zusammenzustellen, dass es möglichst unterschiedliche Daten lieferte. Entsprechend wurde – zunächst im Bundesland A – eine (Sozial-) Pädagogin, die als Gesamtleitung und eine, die in der Betreuung tätig war, sowie ein weiterer (Sozial-)Pädagoge, der als Leiter einer Kinder- und Jugendwohngruppe arbeitete, befragt. Aus der Analyse dieser Interviews auf Ähnlichkeiten und Überschneidungen wurden Indikatoren für die Suche nach weiteren Interviewpartner_innen entwickelt. Auf dieser Basis wurden in der *zweiten Phase* drei weitere Interviews in zwei anderen Vereinen im Bundesland A geführt. Aus der Analyse der zweiten Interviewrunde auf Ähnlichkeiten und Überschneidungen ergaben sich modifizierte und weiterentwickelte Konzepte[77], die als Grundlage für die Auswahl weiterer Interviewpartner_innen dienten. In der *dritten Phase* der Suche nach geeigneten Interviewpartner_innen ging es darum, die aus der ersten und zweiten Analyserunde gewonnenen Konzepte zu überprüfen und zu erweitern. Der Fokus lag dabei insbesondere auf der Erhebung von Variationen. Vor diesem Hintergrund wurden sieben in Kinder- und Jugendwohnungen tätige (Sozial-) Pädagog_innen aus dem Bundesland B befragt, um die Stabilität der Konzepte unter anderen Kontextbedingungen zu erproben. Auch hier wurden (Sozial-)Pädagog_innen auf der (Gesamt-)Leitungsebene sowie aus der unmittelbaren pädagogischen Arbeit in drei verschiedenen Vereinen befragt. In der *vierten Phase* des

---

77   Der Konzeptbegriff stammt aus dem Repertoire der Grounded-Theory-Methodologie und bezeichnet eine Vorstufe der über einen ständigen Datenabgleich zu generierenden Kategorien (vgl. Corbin/Strauss 1990; Strübing 2008: 18ff.).

Zusammenstellens des Samples zielte das Vorgehen darauf ab, Lücken in den Konzepten zu füllen und zu Kategorien – welche in der vorliegenden Studie unter dem Begriff des Thematisierungsfeldes verhandelt werden – zu verdichten. Vor diesem Hintergrund wurden zwei weitere Interviews im Bundesland A mit einer (Sozial-)Pädagogin und einem -pädagogen aus der unmittelbaren pädagogischen Arbeit in unterschiedlichen Vereinen erhoben. Gemäß der Grounded Theory wurden in dieser abschließenden Phase des Samplings auch zuvor ausgewertete Interviews erneut analysiert, um das Ziel des Füllens von Lücken erfüllen zu können (Strauss/Corbin 1996: 158).

Die sukzessive Zusammenstellung des Samples, orientiert am theoretischen Sampling der Grounded-Theory-Methodologie, ermöglichte es, so soll hier zusammenfassend betont werden, die Kategorien zu den thematisierten Verhaltensweisen von (Sozial-)Pädagog_innen in Wohngruppen für Kinder und Jugendliche im Kontext der sogenannten Qualitätsdebatte nach und nach zu bestätigen, zu modifizieren bzw. zu verwerfen und auf diese Weise in ihrer Komplexität abzubilden.

3.2.4.3 Das Sample: Die Interviewten

Das Interviewsample umfasst 15 Beschäftigte und schlüsselt sich wie folgt auf:

Befragt wurden zehn (Sozial-)Pädagog_innen, die zum Interviewzeitpunkt in unterschiedlichen Wohngruppen für Kinder und Jugendliche beschäftigt waren. Sieben von ihnen waren in der alltäglichen, unmittelbaren pädagogischen Arbeit mit Kindern und Jugendlichen, die zum Forschungszeitpunkt in diesen Wohnungen lebten, tätig. Zu dem Tätigkeitsprofil von drei dieser zehn (Sozial-)Pädagog_innen gehörten – neben dem pädagogischen Arbeiten – Leitungsaufgaben in den jeweiligen Wohngruppenteams. Vier weitere Interviewpartner_innen waren pädagogische Gesamtleiter_innen bzw. Geschäftsführer_innen der freien Träger, zu denen die Wohngruppen gehörten. Der fünfte weitere Interviewpartner war Vollzeit als Qualitätsmanagementbeauftragter des Trägers tätig.

Acht der Interviews wurden im Bundesland A und sieben im Bundesland B geführt. Im Rahmen einer die Interviews ergänzenden Selbstauskunft haben die Interviewpartner_innen die Länge ihrer Berufstätigkeit in der Kinder- und Jugendhilfe als zwischen acht und 34 Jahren liegend angegeben. Der überwiegende Anteil der Interviewpartner_innen thematisierte ein Studium der Sozialpädagogik als zentralen Ort der Berufsqualifikation.[78] Drei der Interviewpartner_innen gaben ein Studium der Pädagogik an. Jeweils einmal wurde ein Abschluss als Diplom-Religionspädagogin, als Diplom-Sozialwirt, als Diplom-Betriebswirt und als Heilerziehungspfleger genannt. Einmal wurde ergänzend eine Qualifikation als Sozialmanager und einmal als Diplom-Supervisor angeführt. Neun der Interviewpartner_innen haben sich als männlich, sechs als weiblich bezeichnet. Die Altersspanne der Interviewten bewegte sich zum Interviewzeitpunkt zwischen 38 und 57 Jahren. Der Altersdurchschnitt lag bei 48 Jahren.[79] Beschäftigt waren die Interviewten in neun unterschiedlichen Wohngruppen. Die Anzahl der von den Interviewten angegebenen Plätze für Kinder und Jugendliche pro Einrichtung variierte zwischen vier und zwölf. Die Größenordnung der Organisationen, in denen die Interviewten im Kontext ihrer professionellen Tätigkeit verortet waren, bewegte sich in einer Spanne von zwischen 40 und 2000 Mitarbeiter_innen.

Organisiert waren die Wohngruppen zum Erhebungszeitpunkt in fünf eingetragenen Vereinen, einer Stiftung und einer GmbH.[80] Zum Interviewzeitpunkt bestanden die Vereine seit zwischen 16 und 156 Jahren. Die organisationale Verortung der Interviewten lässt sich dabei folgendermaßen konkretisieren: Die Vereine I bis IV befanden sich im Bundesland A, die Vereine V, VI und VII im Bundesland B. Die in die Untersuchung involvierten Vereine im Bundesland B verfügten über eine höhere Mitarbeiter_innenzahl als die Vereine im Bundesland A: Während der Verein I 150, der Verein II 40, der Verein III 75 und der Verein IV 90 Mitarbeiter_innen hatte, lag die angegebene Zahl der Mitarbeiter_innen bei den Vereinen V, VI und VII im Bundesland B bei 270 bzw. 450 bzw. 2000.[81]

Träger aller Vereine waren freie Träger der Wohlfahrtspflege: Zwei der Vereine aus dem Bundesland A und einer aus dem Bundesland B gehörten zum

---

78 Eine durchaus denkbare Benennung und damit erfolgende Differenzierung in ein Studium an einer Universität und ein Studium an einer Fachhochschule bzw. Hochschule erfolgte im Rahmen der Selbstauskunft der Interviewparter_innen nicht.

79 Gemäß der Daten von Sandra Fendrich und Jens Pothmann (2005: 100) scheinen sie damit einem bundesweiten Trend zu entsprechen. Denn den beiden Wissenschaftler_innen zufolge sind 45 % der Beschäftigten im Feld der Hilfen zur Erziehung zwischen 40 und 60 Jahren alt. Neuere Ergebnisse zeigen allerdings, dass der „personelle Zugewinn zwischen 2006 und 2010" (Fendrich et al. 2014: 115) dazu geführt hat, dass „Personal in den erzieherischen Hilfen jünger wird" (ebd.). Im Unterschied zu den bundesweiten Zahlen zur formalen beruflichen Qualifizierung (vgl. Fendrich/Pothmann 2005: 102) ist der Anteil der „einschlägig ausgebildeten" (Fendrich et al. 2014: 117) Akademiker_innen im Sample allerdings überraschend hoch. Dies gilt trotz des sich abbildenden „Anstieg[s] der Beschäftigten mit einer einschlägigen akademischen Ausbildung" (ebd.: 116).

80 Zur Gewährleistung der Anonymität wird im Folgenden jedoch durchgängig nur von Vereinen oder Trägern gesprochen.

81 Die im Kontext der Benennung der Interviewpartner_innen verwendeten Namen sind keine Original-, sondern Codenamen.

Paritätischen Wohlfahrtsverband, zwei aus dem Bundesland A und einer aus dem Bundesland B gehörten zum Diakonischen Werk und ein Verein aus dem Bundesland B gehörte zum Deutschen Caritasverband. Die dem Paritätischen Wohlfahrtsverband zugeordneten Vereine waren jünger als die dem Diakonischen Werk bzw. dem Deutschen Caritasverband angehörenden: Während diese schon seit Mitte bzw. Ende des vorletzten Jahrhunderts bestanden, waren die Vereine, welche dem Paritätischen Wohlfahrtsverband zugeordnet sind, zum Erhebungszeitpunkt zwischen 16 und 80 Jahren alt.

Alle Vereine bezeichneten sich als gemeinnützig. Die Angebotspalette der Vereine ist unterschiedlich: Drei Vereine offerierten verschiedene Angebote im Bereich der Kinder- und Jugendhilfe, ein Verein deckte die spezifischen Felder der Kinder- und Jugendhilfe wie Sucht, Wohnungslosigkeit und Flucht ab, drei Vereine boten Angebote an, die über das Feld der Kinder- und Jugendhilfe hinaus gingen – beispielsweise im Bereich der Behindertenhilfe – und zwei Vereine hatten ihre über die Kinder- und Jugendhilfe hinausgehende Angebotspalette auf unterschiedliche Bundesländer verteilt.

Tabelle 1: Tabellarische Übersicht der Interviewpartner_innen

Interviewte	tätig als	auf der Stelle tätig seit	tätig im Feld seit	Ausbildung	Alter	Träger-existenz	Trägermit-arb._innen	Bundes-land
Gisela Jäger	Päd. Gesamtleitung	1988	1981	Dipl.-Soz.päd.	54	1950	150	A
Birgit Illich	Wohngruppenbetreuerin	1996	1980	Dipl.-Rel.-päd.	53	1990	40	A
Frank Jung	Wohngruppenleiter	1998	1996	Dipl.-Soz.päd.	39	1950	150	A
Brigitte Uhlendorff	Wohngruppenbetreuerin	1995	1983	Dipl.-Soz.päd.	46	1850	75	A
Tatjana Fuchs	Wohngruppenbetreuerin	1993	1986	Dipl.-Päd.	50	1880	90	A
Lutz Timmermann	Wohngruppenbetreuer	1987	1987	Dipl.-Sozialwirt	50	1850	75	A
Nils Albrecht-Grimm	Fachbereichsleiter/ stellv. Geschäftsführer	2001	1988	Dipl.-Päd. / Dipl.-Betriebsw.	44	1925	450	B
Susanne Berger	Wohngruppenbetreuerin	1996	1992	Dipl.-Soz.päd.	46	1925	450	B
Harald Treunert	Wohngruppenleiter	1996	1984	Dipl.-Soz.päd.	48	1925	450	B
Jörg Huffner	Wohngruppenleiter	1985	1985	Dipl.-Soz.päd.	49	1925	450	B
Alfred Graf	Qualitätsbeauftragter	1996	1972	Dipl.-Soz.päd. / Sozialmanager	57	1900	2000	B
Fred Otto	Teamleiter, Fachbereichsl.r	1998	1993	Dipl.-Päd./ Dipl.-Superv.	52	1900	2000	B
Rolf Fischer	Einrichtungsleiter	1998	1998	Dipl.-Soz.päd.	54	1930	270	B
Dorothee Hoffmann-Berg	Wohngruppenbetreuerin	1999	1997	Dipl.-Soz.päd.	45	1950	150	A
Norbert Weber	Wohngruppenbetreuer	2002	1998	Heilerzieher	43	1850	75	A

Vereinsskizzen – zur lokalen Verortung der Interviewten

Wie die Tabelle verdeutlicht, waren die interviewten Expert_innen in sieben unterschiedlichen Vereinen, in neun Wohngruppen bzw. vier Geschäftsstellen und in zwei Bundesländern tätig. Ihre Verortung erfährt im Folgenden eine Explikation, um den Lesenden einen noch besseren Überblick über das Forschungsfeld zu vermitteln. Orientiert an Matthias Schilling (2002: 415ff.) sowie Rudolph Bauer, Heinz-Jürgen Dahme und Norbert Wohlfahrt (2012: 813ff.) werden an dieser Stelle Daten zu den Merkmalen Organisationsform, organisationale Einbindung, lokale Verortung, Mitarbeiter_innenzahl, Angebotspalette und Gründungsjahr aufgeführt. Dabei ist die Angabe des Gründungsjahres der im Kapitel 2.2 deutlich gewordenen Bedeutsamkeit historischer Entwicklungslinien in der stationären Kinder- und Jugendhilfe geschuldet.

Verein I
Drei der Interviewten sind im Verein I beschäftigt. Die interviewte Wohngruppenmitarbeiterin arbeitet in einer Wohngruppe mit vier Jugendlichen, die in zwei nebeneinander liegenden Wohnungen betreut werden. Die Wohngruppe ist an ein Jugendhilfezentrum angedockt, in welchem sich der Arbeitsplatz des interviewten Wohngruppenleiters befindet. Die befragte pädagogische Gesamtleitung des Vereins ist in dessen Geschäftsstelle in einem anderen Stadtteil von Bundesland A, einem Stadtstaat, tätig. Der Verein verfügt gemäß den Angaben der Interviewten über 150 Mitarbeiter_innen, er besteht seit 1950 und ist im Deutschen Paritätischen Wohlfahrtsverband organisiert. Seine Angebotspalette – lokalisiert an unterschiedlichen Orten innerhalb des Stadtstaats – deckt verschiedene Bereiche der ambulanten und stationären Kinder- und Jugendhilfe ab. Sie umfasst Hilfen zur Erziehung, Kinder- und Jugendsozialarbeit, Familienförderung sowie Trennungs- und Scheidungsberatung. Der Verein I wurde der Interviewerin vor der Kontaktaufnahme als besonderes engagiert im Zusammenhang mit der sogenannten Qualitätsdebatte vorgestellt.

Verein II
Eine interviewte Expertin (Wohngruppenmitarbeiterin) ist im Verein II in einer Wohngruppe mit zehn Jugendlichen tätig. Wie auch der Verein I befindet sich der Verein II im Bundesland A, in welchem er an unterschiedlichen Orten über soziale Einrichtungen verfügt. Er beschäftigt 40 Mitarbeiter_innen, die neben Angeboten im interkulturellen Bereich vor allem in der ambulanten und stationären Kinder- und Jugendhilfe tätig sind. Die Hilfeangebote umfassen z.B. ambulante Hilfen für Familien und Jugendliche und Wohngruppen für Kinder und Jugendliche. Der Verein existiert seit 1990 und ist im Paritätischen Wohlfahrtsverband organisiert.

Die Interviewte wurde der Interviewerin als eine der Debatte um Qualität eher kritisch gegenüberstehende Person vorgestellt.

Verein III
Zwei der interviewten Wohngruppenmitarbeiter und eine der interviewten -mitarbeiterinnen sind in zwei verschiedenen Wohngruppen, die beide zum Verein III gehören, beschäftigt. DieWohngruppen befinden sich in Einfamilienhäusern und nehmen zwischen sechs und neun Kinder und Jugendliche auf. Der evangelische Verein besteht seit 1850, seine Einrichtungen sind über das Bundesland A verteilt. Darüber hinaus sind seine über den Bereich der ambulanten und stationären Kinder- und Jugendhilfe hinausgehenden Angebote auch in den Nachbarbundesländern zu finden. Offeriert werden beispielsweise pädagogische Mittagstische, Gemeinwesenarbeitsprojekte, ambulante Betreuungen, sozialpädagogische Lebensgemeinschaften und Wohngruppen für Kinder und Jugendliche. Der Verein verfügt über 75 Mitarbeiter_innen, ist Mitglied des Diakonischen Werkes und die älteste Einrichtung im vorliegenden Sample. Der Verein wurde als wenig engagiert bezogen auf die sogenannte Qualitätsdebatte beschrieben.

Verein IV
Eine der interviewten Wohngruppenmitarbeiterinnen ist im Verein IV beschäftigt, in dessen Wohngruppen je sieben bis neun Kinder und Jugendliche zwischen sechs und 18 Jahren betreut werden. Der evangelische Verein befindet sich im Bundesland A, hat gemäß der Interviewten 90 Mitarbeiter_innen, besteht seit 1880 und ist im Diakonischen Werk organisiert. Der Verein verfügt über unterschiedliche Angebote in der ambulanten und stationären Kinder- und Jugendhilfe. Die Angebotspalette umfasst Wohngruppen für Kinder und Jugendliche, Sozialpädagogische Lebensgemeinschaften und Sozialpädagogische Einzelbetreuung. Die Kontaktaufnahme zur Interviewerin wurde durch die Interviewte selbst initiiert.

Verein V
Vier der Interviewten (eine Wohngruppenmitarbeiterin, zwei Einrichtungsleiter, ein Fachbereichsleiter/stellvertretender Geschäftsführer) sind im Verein V in zwei Wohngruppen und in dessen Geschäftsstelle tätig. Die Wohngruppen des Vereins sind sowohl auf spezifische Adressat_innengruppen (z.B. auf minderjährige unbegleitete Flüchtlinge) als auch allgemein ausgerichtet und befinden sich in einem Einfamilienhaus sowie einer Wohnung im obersten Stock eines Miethauses. Der Verein V befindet sich im Bundesland B in einer Großstadt und verfügt über 450 Mitarbeiter_innen. Als Gründungsjahr wird das Jahr 1925 genannt. Der Verein bietet stationäre und ambulante Angebote in der Kinder- und Jugendhilfe sowie Angebote in weiteren Feldern des Sozialen an. Er ist im Deutschen Paritätischen

Wohlfahrtsverband organisiert. Die interviewte Fachbereichsleitung wurde der Interviewerin als besonders engagiert im Kontext der Debatte um gute Arbeit vorgestellt.

Verein VI
Zwei der Interviewten sind im Verein VI, dessen Hauptsitz sich in einer Kleinstadt im Bundesland B befindet, tätig, und zwar als Qualitätsbeauftragter und Einrichtungsleiter. Der evangelische Verein besteht seit 1900 und gehört damit zu den vergleichsweise alten Vereinen im Sample. Mit 2000 Mitarbeiter_innen ist er zudem der im Vergleich größte. Seine Angebotspalette weist inhaltlich weit über ambulante und stationäre Angebote im Feld der Kinder- und Jugendhilfe hinaus. Lokalisiert sind die Angebote des Vereins über das Gebiet des Flächenbundeslandes B hinaus. Der Verein VI ist unter dem Dach des Diakonischen Werkes organisiert und wurde der Interviewerin als herausragend engagiert im Kontext der Debatte um gute Arbeit vorgestellt.

Verein VII
Ein interviewter Heimleiter ist im Verein VII, verortet im Bundesland B in einer Kleinstadt, tätig. Der katholische Verein verfügt über 270 Mitarbeiter_innen, besteht seit 1930 und ist im Deutschen Caritasverband organisiert. Er verfügt über unterschiedliche Angebote im Feld der ambulanten und stationären Kinder- und Jugendhilfe. Seine Angebotspalette umfasst verschiedene stationäre Angebote, welche in einem Haupthaus stattfinden, zentral sowie dezentral angesiedelte heilpädagogische Tagesgruppen, sozialpädagogische Familienhilfe und sozialpädagogische Einzelbetreuung. Der Heimleiter wurde der Interviewerin als aktiv und gleichzeitig kritisch gegenüber der Qualitätsdebatte eingestellt empfohlen.

3.2.4.4 Die Zugänge zum Forschungsfeld

Ursprünglich war angedacht gewesen, Interviewpartner_innen über den Berufsverband für Soziale Arbeit (DBSH) für die Untersuchung zu gewinnen. Aufgrund dessen war über den DBSH Landesverband ein Interviewpartner_ingesuch postalisch verschickt worden. Jedoch zeigte sich dieser ursprünglich geplante Suchweg lediglich in einem Fall – im Bundesland A – als erfolgreich: Eine Interviewpartnerin meldete sich in Folge dieser Anfrage bei mir, der Interviewerin. Ansonsten erfolgte, wie ich im Kapitel 3.2.4.2 schon angesprochen hatte, die Kontaktaufnahme andersherum und über Empfehlungen anderer. Dabei gestaltete sich der Zugang zum Feld in den Bundesländern A und B unterschiedlich: Im Bundesland A fand er, möglicherweise weil ich als Interviewerin dort im Bereich der offenen

Kinder- und Jugendhilfe tätig war und entsprechend noch über Kontakte verfügte, unmittelbarer statt: So sprach ich die Interviewten aus den verschiedenen Beschäftigtengruppen jeweils direkt an. Im Bundesland B hingegen vollzog sich der Feldzugang über die Gesamtleitung der Vereine, welche dann Interviewpartner_innen aus den anderen Statusgruppen vorschlugen bzw. z.t. auch benannten. In einem Verein zeigte sich eine Kontaktanbahnung zu Beschäftigten in Wohngruppen für Kinder und Jugendliche vor diesem Hintergrund als nicht durchführbar: Die Gesamtleitung lehnte die Initiierung eines Interviews mit diesen ab. Befürchtet wurde eine zu kritische Bewertung des eingeführten Qualitätsmanagementverfahrens. Auch der (dennoch durchgeführte) Versuch einer unmittelbaren Kontaktaufnahme mit den (Sozial-)Pädagog_innen aus einer der Wohngruppen des Trägers schlug fehl, da auf die Notwendigkeit der Erlaubnis durch die Gesamtleitung verwiesen wurde. In diesem Fall kam kein Interview mit dieser Beschäftigtengruppe zustande. Insgesamt zeigt sich die Verteilung der Beschäftigungsgruppen in den beiden Bundesländern als unterschiedlich, was auf die differente Zugänglichkeit zurückzuführen ist.

3.2.5 Die Datenerhebung: Die Interviewdurchführung

Nach der oben beschriebenen Erstkontaktaufnahme mit den Interviewpartner_innen galt es zunächst, diese für die Teilnahme an meiner Studie zu gewinnen. Nach einer per E-Mail oder telephonisch erfolgten Zusage der Beteiligung an der vorliegenden Untersuchung galt es der Vereinbarung eines Interviewtermins und -ortes. Dabei richtete ich mich sowohl beim Interviewtermin als auch beim Ort nach den Wünschen der Interviewten. Wunschgemäß fanden die Interviews überwiegend in zum Arbeitsbereich der Interviewpartner_innen gehörenden Räumlichkeiten statt. Konkret bedeutete dies zumeist: in den Räumen der jeweiligen Kinder- und Jugendwohngruppe oder der Geschäftsstelle des Trägers. Die Interviewten begründeten die Ortswahl hierbei mit einer Minimierung des organisatorischen Aufwandes für sie. Die Gespräche, die auf Wunsch außerhalb der Arbeitsräume der Interviewten erfolgten, fanden in meinem privaten Büro statt. Die Interviewten bevorzugten in diesen Fällen eine mit der jeweiligen Tätigkeit nicht verknüpfte Gesprächssituation.

Jedes Interview wurde mit wenigen Sätzen zur Anlage der Studie, mit kurzen technischen Hinweisen zum Interviewablauf und einer knappen Vorstellung von meiner Person eröffnet.[82] Die Interviews endeten alle mit der Frage nach evtl. zusätzlich zu Thematisierendem.

Die Erhebung der Interviewdaten erfolgte leitfadengestützt. Dieses Vorgehen wurde gewählt, um eine detailreiche Thematisierung des Untersuchungsgegenstandes sicherzustellen. Im Gegensatz zu offenen Erhebungsarten, wie z.B. narrativen Interviews, konnte durch die halbstrukturierte Form gewährleistet werden, dass alle für mich relevanten Fragestellungen im Interviewverlauf angesprochen wurden. Ergänzend füllten die Interviewten einen Sozialdatenfragebogen mit zentralen Eckdaten zur Person und zur beruflichen Tätigkeit aus.

Der innerhalb des Erhebungszeitraums – ich habe die Interviews im Verlauf des Jahres 2006 geführt – modifizierte Leitfaden beinhaltete zunächst Themenstränge, die auf Basis der recherchierten Literatur als potentiell relevant gelten konnten (vgl. Kapitel 2.1). Konkret umfasste der Leitfaden, stark verdichtet, die Themenbereiche:

- Gütevorstellungen der Interviewten,
- Situationen der Begegnung mit dem Qualitätsbegriff,
- ggf. praktizierte Verfahren der Regulierung von Güte,
- wahrgenomme Effekte der veränderten Gütekonzepte,
- eingeschätzte Chancen und Herausforderungen der veränderten Steuerungsweisen,
- Wünsche und Sorgen.

Er diente während des Gesprächs als Gedächtnisstütze, stellte jedoch kein starres Ablaufschema für die Interviewsituation dar. Im Gegenteil strukturierte sich diese entlang der von den Interviewten vorgenommenen Schwerpunktsetzungen. Da ich mich in Anlehnung an Jochen Gläser und Grit Laudel (2009: 143) darum bemühte, auf einen möglichst „natürlichen Gesprächsverlauf" abzuzielen, ging es in der Interviewsituation gerade nicht darum, an einer Chronologie orientiert vorformulierte Fragen zu stellen. Vielmehr wurde der Leitfaden als eine Art „Liste offener Fragen" (ebd.: 111) genutzt, die die Interviewten zum Erzählen anregen sollte.

Alle 15 Interviews wurden auf Tonband aufgezeichnet und umfassen jeweils eine Zeitdauer von 50-100 Minuten.

---

82   Vorgestellt habe ich mich als im Arbeitsbereich der Hochschule Verortete und aus der praktischen Arbeit der offenen Kinder- und Jugendhilfe Kommende.

3.2.6 Die Aufbereitung und Auswertung der Daten

3.2.6.1 Die Erstellung der Interviewtexte – Transkription und Anonymisierung

Um analysierbare Texte zu erhalten, wurden die aufgezeichneten Interviews vollständig transkribiert. Die Transkripte basieren auf einem dreimaligen Abhördurchlauf der Tonbandaufnahmen. Auf diese Weise entstanden 15 zwischen zehn und 27 Seiten lange Texte.

Die gewählte Transkribiermethode orientiert sich an der Verfahrensweise der Diskurstranskription nach John W. Du Bois und anderen (1992, 1993). Diese Transkriptionsweise ermöglicht die Produktion von gut lesbaren Texten. Die vorgeschlagenen Transkriptionszeichen helfen bei der Bezeichnung von sprachlichen und außersprachlichen Elementen der Interviewsituationen. In Anlehnung an das Verfahren von Du Bois und seinen Mitautor_innen erfolgte die Transkription gemäß dem Wortlaut, im internationalen phonetischen Alphabet und unter Beachtung von Ausspracheeigenschaften, Verlegenheitswörtern und Dialektfärbungen. Eine grammatische Anpassung wurde entsprechend nicht vorgenommen (vgl. Du Bois et al. 1993: 45ff.). Die auf diese Weise entstandenen Texte werden im Folgenden als Expert_innentexte bezeichnet.

Selbstverständlich wurden die Namen der Interviewpartner_innen sowie alle Angaben, die auf ihre Person und auf die sie beschäftigende Organisation verweisen könnten, anonymisiert. Die Anonymisierung erfolgte nach der Transkription. Die im Folgenden in den Texten auftauchenden Namen entsprechen also nicht den Originalnamen. Die namentliche Markierung impliziert keinen Verweis auf die Annahme des Vorhandenseins eines vorgängigen und konsistenten Subjekts, jedoch auf ein Individuum als Konzeptträger_in. Entsprechend verweisen die im Kontext der Ergebnispräsentation verwendeten Namen nicht auf die Annahme eines autonomen Subjekts – das Konzept des dezentrierten Subjekts zieht sich durch die Studie –, ihre Verwendung dient lediglich einer besseren Lesbarkeit. Genannte Orte wurden durchgehend durch Platzhalter, wie etwa M-Stadt, ersetzt.

3.2.6.2 Die Auswertung der Interviewtexte

Meine Vorgehensweise bei der Datenanalyse lehnt sich an die Vorschläge der Kodierverfahren der Grounded-Theory-Methodologie an (Strauss/Corbin 1996: 43ff.; Strübing 2008: 19ff.).[83] Diese steht für eine spezifische Forschungsstrategie

---

83 Entwickelt wurde die Grounded-Theory-Methodologie Ende der 1960er Jahre von den US-amerikanischen Soziologen Barney G. Glaser und Anselm L. Strauss. Mit der Entwicklung zielten

wie auch für ein „Bündel von Konzepten und Vorgehensvorschlägen", um mit Günter Mey und Katja Mruck (2009: 108) zu sprechen. So offeriert die Grounded-Theory-Methodologie neben einem Theoriegeneserahmen spezifische Instrumente und Verfahrensvorschläge für die Entwicklung profunder, facettenreicher, „datennah[er] Kategorien" (ebd.: 148). Letzteres war im Rahmen der vorliegenden Studie von großer Bedeutung: Für die Vorgehensweise bei der Datenanalyse waren die Verfahrensvorschläge des Forschungsansatzes ausschlaggebend. Eine Entwicklung datennaher, facettenreicher Kategorien, die im Rahmen dieser Arbeit unter dem Begriff Thematisierungsfelder verhandelt werden, versprach gute Möglichkeiten, die von den Befragten thematisierten Verhaltensweisen in den Blick zu nehmen. Auch harmonisiert das zur Grounded-Theory-Methodologie gehörende Ziel der Entwicklung interviewtextübergreifender Thematisierungsfelder mit dem vorgestellten Subjektverständnis. Die Idee eines nicht über eine konsistente Form verfügenden Subjekts passt zu den Analyseverfahrensvorschlägen, welche insbesondere Ähnlichkeiten, aber auch Unterschiede zwischen den unterschiedlichen Texten fokussieren. Dabei konnte berücksichtigt werden, dass jedes Subjekt den jeweils Text produziert hat, von diesem jedoch selbst auch produziert wird (vgl. Kapitel 3.2.2.1). Denn die den Interviewtext auflösende Vorgehensweise des Analyseverfahrens konzipierte keine Subjekte, die im Kontext des erkenntnistheoretischen Rahmens als nicht gegeben bestimmt wurden.

Handlungsleitend für die Analyse waren insbesondere die Verfahrensvorschläge von Anselm L. Strauss und Juliet Corbin (1996), welche präzise Verfahrenshinweise beinhalten. Konkret heißt dies, dass die Hinweise zum offenen und axialen Codieren als Leitfaden für die anvisierte, nahe am empirischen Material orientierte Rekonstruktion des von den Interviewten Thematisierten fungierten. So wurden die Daten thematisch verdichtet und sukzessive modifizierten und verfeinerten Kategorien bzw. Thematisierungsfeldern zugewiesen.

Der konkrete Ablauf der Datenanalyse präsentiert sich wie folgt: In einem *ersten Schritt* erfolgte, angeregt durch die Verfahrensvorschläge zum offenen und axialen Codieren, die Analyse der ersten drei erhobenen Interviewtexte entlang

ihre Begründer darauf ab, einen Forschungsansatz zur Verfügung zu stellen, der eine datenbasierte Theoriegenerierung ermöglicht. Gestärkt werden sollte auch die Position qualitativer Forschung gegenüber quantitativen Erhebungsverfahren, wie Strauss in einem Interview anmerkte (Legewie/Schervier-Legewie 2011). In den letzten vierzig Jahren hat die Grounded-Theory-Methodologie unterschiedliche Modifikationen erfahren (Mey/Mruck 2011b). So stehen Glaser und Strauss inzwischen für verschiedene Gewichtungen unterschiedlicher Elemente des Forschungsansatzes (vgl. dazu Strübing 2008: 65). Mit den Publikationen von Kathy Charmaz (z.B. 2011) etabliert sich langsam auch im deutschsprachigen Raum eine konstruktivistische Lesart und Ausgestaltung des Ansatzes. Dennoch vertreten Günter Mey und Katja Mruck (2011b: 11ff.) die Position, dass nach wie vor von *der* Grounded-Theory-Methodologie zu sprechen sei.

sehr kleiner Segmente (vgl. Strauss/Corbin 1996: 44ff.; vgl. dazu auch Mey/Mruck 2009: 119ff.). Während dieser Analysephase wurde das Interviewmaterial immer wieder gelesen, um auf diese Weise den Blick für die im Material enthaltenen Themen und Begrifflichkeiten zu öffnen. Als Resultat der intensiven Auseinandersetzung mit den Texten wurden erste vorläufige Codes vergeben. Um das Material sprechen zu lassen, wurde dabei insbesondere mit In-vivo-Codes gearbeitet (vgl. zu dieser Codeform auch Charmaz 2011: 196). In einer ersten Zusammenschau wurde anschließend sowohl innerhalb der Interviewtexte als auch interviewtextübergreifend nach Ähnlichkeiten und Gemeinsamkeiten zwischen den vergebenen Codes gesucht. Im *zweiten Schritt* wurde mit den nächsten drei Interviewtexten gleichermaßen verfahren, wobei auch auf Weisen der Präsentation von Themen geachtet wurde.[84] Die Zusammenschau erfolgte unter Berücksichtigung des aus den ersten drei Interviewtexten Entwickelten. In einem *dritten Schritt* wurden die auf der Basis der nächsten erhobenen Interviews entstandenen Texte segmentweise codiert. Die nach wie vor kleinteiligen Segmente wurden ebenfalls daraufhin betrachtet, was wie thematisiert wurde. Die induktiv vergebenen Codes wurden sowohl untereinander als auch mit den ersten sechs bereits codierten Interviewtexten abgeglichen, um eventuell bestehende Ähnlichkeiten zu ermitteln. Auf diese Weise konnten erste vorläufige Konzepte mit sich thematisch überschneidenden Codes gebildet werden. Auch die aus der *vierten Interviewrunde* entstandenen Texte wurden kleinteilig codiert.

In der Zusammenschau der Codes der ersten drei Interviewrunden und der ersten vorläufigen Konzepte interessierten sowohl Ähnlichkeiten als auch Unterschiede. Neue Konzepte wurden gebildet, bestehende modifiziert, verschoben, ergänzt und ausdifferenziert. Im Voranschreiten des Codierprozesses konnten unterschiedliche Facetten und Bestandteile der sich zeigenden, aber immer noch vorläufigen Kategorien bzw. Thematisierungsfelder herausgearbeitet werden. Dabei wurden für jeden Interviewtext Notizen verfasst, in denen nicht zuletzt die Entwicklung der Codes und der Thematisierungsfelder festgehalten wurde.

Parallel und zusätzlich zu diesen Schritten wurden drei Interviewtexte – die Interviews von Birgit Illich, Norbert Weber und Alfred Graf – in der Forschungswerkstatt von Marianne Pieper am Institut für Soziologie der Universität Hamburg mit den Werkstatt-Teilnehmer_innen gemeinsam verschlagwortet.[85] Der Prozess

---

84   Ein Teil der, auf der Basis der Analyse der ersten Expert_inneninterviewtexte entwickelten, vorläufigen Konzepte lässt sich meinem Beitrag über Aneignungsweisen der Qualitätsdebatte entnehmen (Herrmann 2007: 295 ff.). Im Vergleich zwischen den damaligen Konzepten und den im Kapitel 4 entfalteten werden die Verschiebungen deutlich, die sich im Laufe des Rekonstruktionsprozesses ergeben haben.

85   Ich möchte mich an dieser Stelle nochmals für die Unterstützung und die Anregungen aus diesem kollektiven Bearbeitungsprozess bedanken.

der gemeinsamen Codevergabe ermöglichte es, der Vieldimensionalität der Daten gerecht(er) zu werden. Auch konnten die Verstrickungen der Forscherin in orts- und zeitgebundene Praktiken durch die Einbindung anderer – ebenfalls, aber nicht identisch – Verstrickter phasenweise durchbrochen werden (Haraway 1995).[86] Daneben wurde der Expert_inneninterviewtext von Susanne Berger mit dem Bestreben der Berücksichtigung außeruniversitärer Lesarten mit der Bitte zur Vergabe von Codes an eine Diplom-Sozialpädagogin, eine ehemalige Kollegin, gegeben.[87] So gelang – wenn auch lediglich an dieser Stelle – die Einbeziehung von Analyseperspektiven jener Berufsgruppe, deren Thematisierungsweisen rekonstruiert werden sollten.

Vor dem Hintergrund der so gesammelten Ergebnisse wurden die bereits ver- gebenen Codes und die entwickelten vorläufigen Konzepte kritisch gegengelesen. Mit dem Ziel der Verfeinerung, Fundierung und Präzisierung der gebildeten Thematisierungsfelder wurden zudem die bereits codierten Interviewtexte nach einem zeitlichen Abstand von einem halben Jahr einem zweiten Codierungsdurch- lauf unterzogen (vgl. zu diesem Vorgehen Charmaz 2011: 190). Vor dem Hinter- grund der Forschungsfrage wurde sich dabei auf Themen, Beschreibungen, Begriffe und Argumentationsfäden konzentriert, wie Kathy Charmaz (2011: 195) es vorschlägt. Gemäß meiner Forschungsperspektive stand dabei primär die Frage nach dem Was und Wie im Vordergrund. Die Ergebnisse dieses Codierprozesses wurden zur Veranschaulichung und Reflexion zusätzlich auf einem Poster visua- lisiert. Auf der Basis des zuletzt erfolgten Codierprozesses wurden die Themati- sierungsfelder erneut verfeinert.

Insgesamt zielte die prozesshafte Datenanalyse nicht auf eine Interpretation des Sinns der Daten, sondern auf eine Rekonstruktion der Weisen der Thematisie- rung von Gestaltungs- und Verhaltensweisen. Damit unterscheidet sich der Fokus der vorliegenden Forschungsarbeit von der Perspektive der Grounded-Theory- Methodologie, die nach den Bedeutungen menschlicher Erfahrungen fragt, welche in sozialen Strukturen konstruiert werden (vgl. Mey/Mruck 2009; Charmaz 2011: 181ff.). Denn diese Arbeit ist nicht als interpretatives Werk, sondern als (Re-)

---

86 Diese Perspektive verweist auf Donna Haraways (1995) Konzept des „Situierten Wissens", wel- ches in dem Bestreben einer kritischen Distanzierung von einem als objektiv vorgetragenen Wissenschaftsverständnis für die Einnahme und Deklaration partieller Perspektiven plädiert, welche es Haraway zufolge stets transparent zu machen gilt. Dieses Konzept spielt selbstver- ständlich nicht nur – jedoch hier verstärkt – im Zusammenhang mit der Analyse von Daten eine Rolle, sondern auch bezogen auf die konzeptionelle Anlage und Ausgestaltung der Arbeit. Deswegen wurden die Daten durch die Präsentation in unterschiedlichen Kontexten immer wie- der einer kritischen Befragung durch andere ausgesetzt.

87 Auch für die Bereitschaft zur Codierung des Expert_inneninterviewtextes möchte ich mich an dieser Stelle herzlich bedanken. Aus der Bearbeitung konnten wichtige Anregungen für die Rekonstruktion der Daten gewonnen werden.

Konstruktion von sich an der Oberfläche abbildenden Praktiken der Erfindung und des Sich-ins-Verhältnis-Setzens zu verstehen. Auch dient das sukzessive, die Grounded-Theory-Methodologie kennzeichnende methodische Vorgehen im vorliegenden Fall – anders als in der Grounded-Theory-Methodologie – nicht der analytischen Entfaltung der Daten in der Interaktion mit der Forschenden, sondern der möglichst detailreichen Rekonstruktion von Thematisierungsfeldern unterschiedlicher und widersprüchlicher Weisen thematisierten Verhaltens. Im Unterschied zur Grounded-Theory-Methodologie, deren Ziel die Entdeckung relevanter Variablen und die Herstellung ihres Bezugs zum Phänomen ist, wurde, orientiert an der dargelegten Forschungsperspektive, auf die Rekonstruktion von Regelmäßigkeiten, die die Verhaltensweisen der Interviewten im Kontext der sogenannten Qualitätsdebatte kennzeichnen, und auf das diese Debatte Durchquerende abgezielt. Gemäß der zugrunde gelegten Forschungsperspektive und übereinstimmend mit der Annahme der Grounded-Theory-Methodologie, dass die Bedeutung von Daten nicht unmittelbar zu entschlüsseln ist, wurde vielmehr davon ausgegangen, dass sich Praktiken der Gestaltung und Neuerfindung erst im Prozess der analytischen Rekonstruktion der Interviewtexte zeigen.

Wie ich bereits angesprochen habe, stellte sich im Verlauf des Forschungsprozesses heraus, dass eine zusätzliche sequenzanalytische Relektüre ausgewählter Textstellen zur Vertiefung der Analyseergebnisse – und insbesondere zur Herausarbeitung durchquerender Praktiken und sich zeigender Neuformatierungen – hilfreich sein könnte. Diese Vorgehensweise wurde vor allem während der Analyse der Interviewtextausschnitte der letzten beiden Thematisierungsfelder angewandt. Für mein Forschungsvorhaben war dieses Vorgehen gewinnbringend, generierte es doch zentrale zusätzliche Ergebnisse: Über dieses Verfahren präsentierte sich beispielsweise die Figur der ‚schwierigen Person‘ in ihrer Deutlichkeit (vgl. Kapitel 4.4).[88] In dieser Phase wurden fünf Interviewtextausschnitte (Birgit Illich Z 170-207, Frank Jung Z 857-896, Alfred Graf Z 11-60, Rolf Fischer Z 11-61, Z 95-121) mit den Teilehmer_innen einer Forschungswerkstatt des Fachgebiets Erziehungswissenschaft mit dem Schwerpunkt Soziale Arbeit und außerschulische Bildung der Universität Kassel sequenzanalytisch rekonstruiert.[89] Dabei galt es (nicht nur), „die Standortgebundenheit der eigenen Wissensproduktion" (Pieper/Panagiotidis/Tsianos 2011: 206) abzumildern.

---

88   Damit wird die Empfehlung von Udo Kelle (2011: 256) zur Relektüre von mittels der Grounded-Theory-Methodologie erhobenen Ergebnissen beispielsweise über eine sequenzanalytische Analyse aufgegriffen.

89   Auch an dieser Stelle möchte ich nochmals meinen herzlichen Dank für die Unterstützung und die Anregungen aus diesem kollektiven Bearbeitungsprozess ausdrücken.

Die sich in einem Wechselprozess zwischen der Materialerhebung und -codierung und dem Vergleich der erhaltenen Codes herauskristallisierenden Thematisierungsfelder werden im nächsten Kapitel im Rückgriff auf exemplarische Interviewtextstellen im Einzelnen entfaltet. Die Verschriftlichung der Rekonstruktionsergebnisse, in deren Zuge es zu einer erneuten theoretischen Verdichtung kam, muss dabei als ein eigener Analyseschritt begriffen werden (Nohl 2006: 56ff.).

4 Thematisierte Verhaltensweisen im Kontext der Debatte um gute Arbeit im empirischen Blick

Im Folgenden werden die Ergebnisse der Rekonstruktion der empirischen Daten dargelegt. Die Präsentationsweise ist den im Kontext des Forschungsdesigns bereits skizzierten theoretischen Annahmen (vgl. Kapitel 3.2.2) und der Auffassung geschuldet, mit der gewählten Darstellungsweise eine nachvollziehbare Form der Vermittlung gefunden zu haben. Das anhand des Thematisierten Rekonstruierbare wird deshalb entlang von vier sich abbildenden Thematisierungsfeldern und den zu diesen gehörenden Thematisierungsweisen dargestellt. Die Thematisierungsfelder sind „Gute Arbeit – Praktiken der Unterwerfung und Gestaltungen" (Kapitel 4.1), „Gute Arbeit – Marktpraktiken und deren kritische Kommentierung" (Kapitel 4.2), „Gute Arbeit – Standardisierende Praktiken und deren Begrenzung" (Kapitel 4.3) sowie „Gute Arbeit – Praktiken der Orientierungen am ‚Individuum'" (Kapitel 4.4). Entfaltet werden die Ergebnisse entlang ihrer Zuordnung zu den vier Thematisierungsfeldern. Die rekonstruierten Praktiken werden dabei in ihren unterschiedlichen Bestandteilen, Facetten und Implikationen vorgestellt. Fokussiert werden auch die sich in diesem Zusammenhang zeigenden Darlegungsweisen. Die Leitfragen der Darstellung sind also:

- Welche Praktiken und mit diesen verknüpften Logiken zeigen sich in den Texten?
- Wie präsentiert sich die Textoberfläche? Zeigen sich Brüche und/oder Verschiebungen?
- Was zeigt sich nicht, wäre aus Sicht der Autorin jedoch denkbar gewesen?

Am Ende der Präsentation jedes Thematisierungsfeldes erfolgt ein Zwischenresümee, in welchem die Ergebnisse auch mit sich inhaltlich aufdrängenden, theoretischen Konzepten aus dem Bereich der Sozial- und Erziehungswissenschaften relationiert werden.

4.1 Gute Arbeit – Praktiken der Unterwerfung und Gestaltungen

Wie ein roter Faden zieht sich die Thematisierung von Akten der Unterwerfung durch das empirische Material. Strukturieren lässt sich das in diesem Zusammenhang Thematisierte unter den Überschriften „Verpflichtung", „Druck" und „Kontrolle", weshalb auf die drei Aspekte jeweils in einem separaten Unterkapitel eingegangen wird (Kapitel 4.1.1 – 4.1.3). Das heißt, es werden die drei Bestandteile der Unterwerfung mit ihren unterschiedlichen Facetten und Implikationen vorgestellt. Die analytische Trennung in Praktiken der Verpflichtung, des Drucks und der Kontrolle ist, ebenso wie ihre Präsentation in der gewählten Reihung, insbesondere einer besseren Darstellbarkeit geschuldet. Überschneidungen, Schnittstellen und gegenseitige Einflussnahmen sollen durch die Präsentationsweise nicht nivelliert werden.

4.1.1 Verpflichtung und Gestaltung produktiver Verhältnisse[90]

Im empirischen Material präsentiert sich die Figur des Verpflichtet-Seins als durch thematisierte Verhältnisse der Unterwerfung geprägt. Konstatiert wird die Verpflichtung, auf eine bestimmte Art und Weise zu handeln, insbesondere im Kontext der Einführung und Etablierung von Verfahren, die mit Qualitätsentwicklung und/oder Qualitätsmanagement in Verbindung gebracht werden. Der Thematisierungsfeldbestandteil der Verpflichtung umfasst drei, im Folgenden dargestellte Facetten.

Die erste Facette lässt sich anhand eines Ausschnitts aus dem Expert_innen-interviewtext von Harald Treunert, Einrichtungsleiter einer Kinder- und Jugendwohngruppe, verdeutlichen.[91] Im Text stellt sich der Hintergrund der Auseinandersetzung mit dem Phänomen „Qualitätsentwicklung" (Z 25)[92] in „der Einrichtung" (Z 114), in der Harald Treunert tätig ist, wie folgt dar:

---

90 Der Begriff ‚produktiv' impliziert im Folgenden keine positive Wertung. Die Verwendung des Begriffes im Rahmen der Studie geht vielmehr auf das Verständnis Michel Foucaults zurück (Foucault 1983, 1994).

91 Von einer Verwendung des Gender Gap wird abgesehen, wenn eigene Geschlechtszuweisungen getätigt wurden – beispielsweise in den zum Expert_inneninterview gehörenden Sozialbögen.

92 Im Kontext der Illustration der empirischen Ergebnisse mithilfe von Ausschnitten aus den Expert_inneninterviewtexten dient die Markierung von Begriffen mit doppelten Anführungszeichen dem Verweis auf ihre Verwendung im jeweiligen Textausschnitt. Verdeutlicht werden soll damit nicht zuletzt die Breite der Begriffsverwendung in den vorliegenden Expert_inneninterviewtexten. Der Buchstabe Z steht im Folgenden für Interviewtextzeile. Im Anschluss an Z erfolgt die bezifferte Angabe der Textzeile(n) aus dem jeweiligen Interview.

„Also das war, würd ich sagen -- wir standen auf der einen Seite in Verhandlung mit der Stadt. Äh, . Und auf der anderen Seite, äh, waren unsre Verhandlungspartner wie gesagt genau in diesem Diskussionsprozess [über die landesspezifischen Rahmenvereinbarungen, C.H.]. Also das war glaube ich keine, das war keine, das war keine freiwillige Sache, sondern wir mussten, ähm, um zu einem Abschluss zu kommen, mussten wir diesen Weg schon en bisschen mit ihm gehen. Man hat uns da ein bisschen genötigt auch. Ja? Also es war keine freiwillige Sache, das kann ich nich sagen. (…) also das ham wir nich freiwillig gemacht. Nein. Da war schon, da sind wir von unserm Kostenträger genötigt worden" (ebd.: Z 250-265).

Im Text wird die Einführung von Qualitätsentwicklung als durch Aspekte der ‚Unfreiwilligkeit‘ und ‚Nötigung‘ bestimmt markiert.[93] Die Einführung präsentiert sich damit als nicht gewollt: Ihr sei in einer Art Zwangslage zugestimmt worden. Die Situation wird also als durch die Abwesenheit von Handlungsalternativen geprägt dargestellt. Es scheint, als habe das Streben eines unter „wir" eingeführten kollektiven Handlungszusammenhangs nach einem Vertragsabschluss der „Entgeltverhandlungen" (Z 50) diesen dazu gebracht, der Einführung von Qualitätsentwicklung zuzustimmen.[94] Die Zustimmung scheint dabei darauf zurückzuführen zu sein, dass ohne sie ein Vertragsabschluss nicht zustande gekommen wäre.

Im Text präsentieren sich damit unterschiedliche Positionierungen innerhalb eines institutionsübergreifenden Beziehungsgefüges: Der mit der Bezeichnung „wir" als kollektiv markierte Handlungszusammenhang und der „Kostenträger" werden zwar beide als „Verhandlungspartner" eingeführt, doch scheint diese Partnerschaft keine gleichberechtigten Positionen zu implizieren. Die Unterschiedlichkeit der Positionierung offenbart sich als für den kollektiven Handlungszusammenhang, welcher über seine Thematisierung als „wir" hinaus unbestimmt bleibt und über keine festen Umrisse verfügt, die Notwendigkeit implizierend, einer Sache zuzustimmen, die als nicht in seinem Interesse liegend präsentiert wird, um in einer anderen Sache erfolgreich zu sein, die dem Interesse des Kollektivs entspricht. Als situativer Kontext der unterschiedlichen Positionierung innerhalb des

---

93 Mit den verwendeten einfachen Anführungszeichen soll hier und im Folgenden darauf hingewiesen werden, dass die auf diese Weise markierten Begriffe dem empirischen Material entstammen. Die Zeichen weisen jedoch (anders als die doppelten Zeichen, die ein unverändertes Zitat anzeigen), darauf hin, dass die Begriffe leicht umformuliert wurden. So sind Nominalisierungen oder Herleitungen von Nomen sowie grammatikalische Anpassungen der aus dem Material stammenden Begriffe vorgenommen worden. Parallel wird das einfache Anführungszeichen in der üblichen Weise als Markierung einer Distanzierung der Autorin vom verwendeten Wort, zugleich jedoch auch zur Hervorhebung von Begriffen genutzt.

94 Der hier und im Folgenden verwendete Begriff des Kollektivs verweist nicht auf die Annahme des Vorhandenseins eines – zumindest dem Anspruch nach – hierarchiefreien Zusammenschlusses von (politisch) Gleichgesinnten, sondern dient der Benennung einer im empirischen Material in ihren Umrissen nicht genauer bestimmten Figur eines „kollektive[n] Handlungszusammenhang[s]" (Rosenbauer 2011: 115) – eines wie es scheint nicht benennungsbedürftigen Raums gemeinsamen Handelns von (Sozial-)Pädagog_innen also.

institutionsübergreifenden Beziehungsgefüges wird ein parallel stattfindender „Diskussionsprozess" über die Umsetzung von Qualitätsentwicklung präsentiert, in den der Kostenträger, nicht jedoch das thematisierte Kollektiv, eingebunden ist. Die Kommunikationsfigur der Diskussion – des Austausches von Argumenten – markiert hier somit einen Austausch zwischen Anderen.

Eine deutliche Bezeichnung der beschriebenen Facette der Verpflichtung erfolgt dabei erst im Verlauf des zitierten Ausschnitts. Zunächst zeigt sich eine vorsichtige Annäherung über die Formulierungen „glaube ich" und „ein bisschen". Erst am Ende der Äußerung fallen diese Relativierungen weg. Die Beschreibung von als bestehend bestimmten interinstitutionellen asymmetrischen Verhältnissen erfährt somit eine langsame Steigerung.

Eine zweite Textstelle von Harald Treunert verweist auf den hervorbringenden Aspekt der geschilderten Verhältnisse. Diese zeigen sich über die errungene Zustimmung hinaus als folgenreich, denn im thematisierten, nicht genauer umrissenen kollektiven Handlungszusammenhang werden Verfahren der Qualitätsentwicklung konzipiert und etabliert. Dies liest sich folgendermaßen:

> „parallel dazu -- weil im Land gabs über die Landesjugendämter ne Arbeitsgruppe, die da gearbeitet hat zu diesem Thema. Die landesspezifischen Rahmenvereinbarungen -- und, äh, . Parallel dazu, äh, warn wir dann als sozusagen auch en Stück weit, äh, . ja ich würde sagen, . en Versuchs- . -ballon, das so konkreter zu fassen, parallel zu dieser Arbeitsgruppe. Und, ja da ham wir gearbeitet danach. Also es war -- wir ham Ausarbeitungen gemacht und ham versucht, das zu definieren. Was is sozusagen, was sind diese Schlüsselprozesse" (Treunert: Z 53-59).

Laut dem Zitierten bestimmt und beschreibt das nicht konkretisierte Kollektiv im Kontext der thematisierten ‚Unfreiwilligkeit' und ‚Nötigung' die in seinem Arbeitsbereich zentralen Handlungsabläufe – sogenannte „Schlüsselprozesse". Damit setzt es in der „Arbeitsgruppe" Vereinbartes um und füllt es aus. Deutlich wird, dass die thematisierten interinstitutionellen Verhältnisse zwar Ungleichheit implizieren, aber auch schöpferisch im Sinne von hervorbringend sind. So präsentiert der Text das thematisierte Kollektiv zwar als Testobjekt für andere, im Kontext der beschriebenen Verhältnisse verändert sich dessen Objektstatus jedoch: Das Kollektiv konzipiert und entwickelt aktiv Momente der Qualitätsentwicklung.

Deutlich wird die zeitliche und inhaltliche Verquickung zwischen den Verhandlungen mit dem „Kostenträger", den Ausarbeitungen in der „Arbeitsgruppe" der „Landesjugendämter" sowie der Konkretisierung der Arbeitsgruppenergebnisse durch den kollektiven Handlungszusammenhang.

Asymmetrische Verhältnisse innerhalb des über keine festen Ränder verfügenden kollektiven Handlungszusammenhangs von (Sozial-)Pädagog_innen lassen sich anhand eines Ausschnitts aus dem Expert_inneninterviewtext von Fred Otto, Teamleiter einer Hilfe nach § 34 SGB VIII, zeigen. Die ‚Entscheidung',

„Qualitätsmanagement" zu betreiben, sei auf den Vorstand zurückzuführen: „Das is ne Vorstandsentscheidung gewesen, ähm, dass überhaupt Qualitätsmanagement, auch dieses, was wir jetzt haben, eingeführt wird" (Otto: Z 694-696). Die ‚Einführung' präsentiert sich hier als auf der Entscheidung eines Teils des kollektiven Handlungszusammenhangs basierend. Das Kollektiv umfasst also unterschiedliche Subjektpositionierungen. Hintergrund der Entscheidung seien „gesetzliche Vorgaben" und die ‚finanzielle Situation': „[E]s gibt gesetzliche Vorgaben, dass das eingeführt werden musste. Und ähm .. das hat mit Sicherheit mit der finanziellen Situation was zu tun" (ebd.: Z. 1041-1043). Damit präsentiert sich der aktive Akt des Entscheidens als ein Muss, welches durch gesetzliche Vorgaben bedingt sei. Für die „Praxis" hieße dies:

> „Und da entsteht bei, jetzt bei, bei den Mitarbeitern oft so der Eindruck entstanden: Mensch ihr werft uns mit Formularen zu, was soll das. Das hat zu unsrer Praxis wenig Bezug. Die läuft anders. (…) Dementsprechend ungeliebt is das. Dementsprechend müssen wir auch als Teamleitung immer wieder drauf achten, dass diese Sachen eingehalten werden. Oder den Mitarbeitern auch deutlich machen, also es is eben anders als z.B. ne Pflegestelle. Es is ne Einrichtung, dazu gehörn bestimmte Abläufe, gehörn bestimmte Strukturen und das erwarten wir einfach auch, dass ihr das einhaltet, nech. Aber das immer wieder so en . Kampfthema, so von Zeit zu Zeit" (ebd.: Z 164-173).

Die Effekte der Entscheidung präsentieren sich für die ‚Mitarbeiter_innen' als lediglich bedingt mit ihrer „Praxis" kompatibel. So zeigen sich die gewählten Verfahren als nur unter dem Verweis auf die unterschiedliche Positionierung innerhalb innerinstitutioneller Beziehungskonstellationen aufrechtzuerhalten. Zugleich wird deren Wirksamkeit deutlich: In Folge interner Entscheidungen im Kontext externer „Vorgaben" materialisieren sich Qualitätsmanagementverfahren im kollektiven Handlungszusammenhang. Über die Wirksamkeit interner Hierarchien werden Qualitätsmanagementverfahren, jenseits der Erzeugung von Unwillen auf Seiten der Mitarbeiter_innen, von diesen umgesetzt. Innerinstitutionell ungleiche Kräfteverhältnisse verknüpfen sich hier mit übergreifenden – gesetzlichen – Vorgaben und einer thematisierten finanziellen Situation. So zeigen sich innerinstitutionelle Kräfteverhältnisse als in Relation zu rechtlichen und ökonomischen Prozessen stehend. Deutlich wird jedoch zugleich, dass die ungleichen Kräfteverhältnisse auch Widerspruch hervorrufen, worauf der Begriff „Kampfthema" verweist. Die verpflichtende Umsetzung präsentiert sich damit als produktiv und als widerständige Verhaltensweisen umfassend.

Die Umsetzung der Vorgabe wird auch im Expert_inneninterviewtext von Gisela Jäger, einer pädagogischen Gesamtleitung eines Jugendhilfeträgers, angesprochen. Dem Text zufolge vollzieht sie sich im ‚Verein'in einem gemeinsamen Prozess und dient der Reduktion von ‚Widerstand'.

„Äh, wir haben es nicht so gerne, Sprechblasen und Hochglanzbroschüren zu haben, äh, die von der, von den obersten Etagen sozusagen fabriziert werden. Sondern unsre Art ist es, äh, über Qualitätszirkel in ein hohen Abstimmungsprozess zu gehen, sodass ich, ähm, äh, meine Arbeit im Vorwege viel Arbeit ist, viele Stunden. Wenn es dann aber verabschiedet ist, ich keine Widerstände mehr hab und es dann auch umgesetzt wird" (Jäger: Z 106-111).

So zeigt sich die ‚Umsetzung' der Vorgabe als Verhaltensweisen hervorrufend, die dazu dienen sollen, mögliche „Widerstände" zu regulieren.

Neben dem Versuch der Durchsetzung der Verpflichtungen im Rahmen ungleicher Kräfteverhältnisse impliziert dieser Bestandteil des Thematisierungs-feldes aber auch Möglichkeiten der Gestaltung, wie sich an einem Auszug aus dem Expert_inneninterviewtext von Rolf Fischer, einem Einrichtungsleiter eines Heims für Kinder, zeigen lässt.

„Na die Entscheidung war ja, äh, en Muss. Wir müssen Qualitätsentwicklungsvereinbarung mit dem Kostenträger verabschieden. Übrigens, wir haben sie noch nicht verabschiedet. Weil der Kostenträger sacht: „Wir ham doch Zeit. Wir ham Zeit". Äh, der Kostenträger hat sich mit uns ins Benehmen gesetzt, hat gesacht: „Guckt ma en bisschen da drauf, guckt ma en bisschen hier drauf und des interessiert mich". Aber der Kostenträger (…) hat an verantwortlicher Stelle nicht so das große Interesse an Produktion von Papier" (Fischer: Z 99-106).

Erneut wird hier die ‚Unfreiwilligkeit' bezüglich der „Entscheidung", solche „Qualitätsentwicklungsvereinbarungen mit dem Kostenträger" abzuschließen, welche gemäß dem Gesetz Einrichtungen der stationären Kinder- und Jugendhilfe dazu verpflichten, sogenannte Qualitätsentwicklungsverfahren einzuführen, deut-lich. Der Abschluss von ‚Vereinbarungen' zeigt sich damit weiterhin als sich in einer asymmetrischen Beziehung vollziehend. Deutlich wird aber auch, dass zwar die Erfordernis besteht, Vereinbarungen abzuschließen, dass es jedoch auch von dem lokalen Zusammenspiel der Kräfte abhängt, ob und wie diese umgesetzt wer-den: Im Zitierten zeigt sich der örtliche ‚Kostenträger' als (noch) nicht willens, die Vorgabe umzusetzen. So erfährt die Vorgabe eine Modifikation – nach dem Motto: „Guckt ma en bisschen da drauf, guckt ma en bisschen hier drauf und des intressiert mich". Sie wird damit zwar nicht ignoriert, wird aber interessenorien-tiert wahrgenommen, d.h. in diesem Falle den Interessen des ‚Kostenträgers' an-gepasst. Hier zeigen sich Aspekte der Freiheit – also Möglichkeiten der Modifika-tion und zeitlichen Aussetzung des geforderten Handelns – innerhalb der skizzier-ten Kräfteverhältnisse, auch wenn diese Freiheit nicht allen Prozessbeteiligten gleichermaßen zur Verfügung zu stehen scheint.

Neben der Möglichkeit der modifizierten Umsetzung bei den Kostenträgern zeigen sich in diesem Zusammenhang im Alltagshandeln der ‚Vereine' Beharrungstendenzen. Dieses Phänomen wird an einem Ausschnitt aus dem

Expert_inneninterviewtext von Lutz Timmermann, Betreuer in einer Kinder- und Jugendwohngruppe eines Vereins, deutlich:

„es gibt eigentlich gar keine Veränderung. Es es ist ein standardisierter Bericht und den gibt man sozusagen an ASD. Und, ähm .. das was daraus folgt, also das, nämlich geguckt wird, ähm, dass die Johanna [Name der Qualitätszuständigen im Verein, C.H.] das zusammenfasst und geguckt wird, was, ähm, für, für Hilfen gelaufen sind und was man daraus schließen kann, was man verändern kann . im, im Angebot oder so. So weit sind wir eben noch nich. Das ist, äh .. das ist. Es geht eben im Moment im Alltagsgeschäft immer unter. Es (sieht), da gibts noch keine Standardisierten. Und ich glaub den ersten Qualitätsentwicklungsbericht hat sie selber jetzt noch nich geschrieben, glaub ich. Da muss ich abwarten, bis er kommt. Aber .. es ist schon so .. muss man einfach sagen, es ist einfach ne Anforderung, die glaub ich gestellt wird von der Behörde. Und man arbeitet sie so ab, aber es ist nichts .. das trägt .. so, in in der Entwicklung" (Timmermann: Z 217-227).

Die ‚Behördenanforderung' wird als im Verein umgesetzt beschrieben. Durch ‚standardisierte Berichte' werde die „Anforderung" erfüllt. Doch die im Verein geplante Anfertigung von „standardisierten" „Qualitätsentwicklungsberichten" scheitert gemäß dem Zitierten an den Herausforderungen des Arbeitsalltags. Damit fehlt es an einer Rückkopplung der Ergebnisse der im Verein umgesetzten Qualitätsentwicklung an die Einrichtung – ein Bereich, der von außen nicht gefordert zu sein scheint, aber moniert wird. So zeigen sich die Anforderungen zwar als folgenreich, zumindest was die Einführung standardisierter Berichte für die Behörde angeht, gleichzeitig jedoch als folgenlos, was nachhaltige Effekte einer Weiterentwicklung der „Hilfen" im Verein betrifft. Darauf verweist Timmerman mit der Formulierung „es ist nichts .. das trägt". Anders formuliert bedeutet dies: Während die Anforderungen umgesetzt werden, fehlt bis dato die Erfüllung der Erwartung der Mitarbeiter_innen. Deutlich wird in dem Textausschnitt auch, dass eine Erfüllung von Anforderungen und eine kritische Kommentierung von damit Verknüpftem sich nicht auszuschließen scheinen.

Überdies zeigt sich die Möglichkeit zur Gestaltung der „Vorgaben" an einer Textstelle des Expert_inneninterviews mit Gisela Jäger, einer pädagogischen Gesamtleiterin in einem Verein im Bereich der Kinder- und Jugendhilfe.

„Das heißt, ich würde das, was meine gesetzliche Vorgabe ist, wieder umdeuten mit meinen Mitarbeitern, um zu etwas Sinnstiftendem zu kommen, was, äh, für uns eine Aussage, äh, äh, produziert" (Jäger: Z 236-238).

Hier wird deutlich, dass die ‚rechtlichen Vorgaben' für die Vereine verschiedene Herausforderungen implizieren, wie die Füllung mit einem aus Jägers Sicht fehlenden ‚Sinn'. So werde die Vorgabe zwar umgesetzt, bedürfe jedoch einer ‚Umdeutung', da sie ohne diese zwecklos sei. Damit verdeutlicht das Zitat die – wenn auch nicht ganz einfache, so doch gegebene – Möglichkeit der Gestaltung, auch wenn diese an Grenzen stößt: Bezüglich der Inhalte der ‚Qualitätsentwicklungsvereinbarungen' hat „die entsprechende Fachabteilung, ähm, sehr dezidierte Vorgaben [ge]macht, äh, wie das sein soll" (Jäger: Z 211-213). Darüber hinaus umfasst die damit angesprochene Verpflichtung, „dass man eben auch gezwungen is, äh, die Qualität der Arbeit nach außen hin darzustelln" (Berger: Z 171-172).[95] Hier materialisiert sich die Verpflichtung in dem Wort ‚Zwang', womit der Zwang zur ‚Darstellung nach außen' gemeint ist. Thematisiert wird in diesem Zusammenhang insbesondere die „Normierung" von und über Hilfepläne(n): Da „wir da eben auch zur Qualitätssicherung eben einfach eine, äh, ja so ne bestimmte Normierung haben müssten" (ebd.: Z 157-159). Die Verpflichtung zu einer standardisierten Außendarstellung umfasst an dieser Stelle allerdings auch Potentiale für die Einrichtung. So impliziere die Normierung der Hilfepläne die Möglichkeit, „uns klarer zu positionieren, um eben klarer zu sagen: Das is der Hilfeplan vom Gelben Haus [Name der Kinder- und Jugendwohngruppe, C.H.]. Da steht auf jeden Fall ma zu diesen Punkten was drin" (ebd.: Z 160-161). Das Potential der Positionierung liege dabei darin, dass: „also wenn ich eine qualitativ gute Arbeit, ähm, .. erbringe, und das von außen auch Beachtung findet. Dann sichert das zum einen das Verbleiben der Kinder hier in der Einrichtung, weil sie nich geschlossen wird, und zum anderen sicherts auch mein Arbeitsplatz" (ebd.: Z 181-184). Der positive Aspekt der Umsetzung der Verpflichtung liegt hier in der ‚Absicherung' und im Schutz des Überlebens der „Einrichtung". So wird Verpflichtung an den Aspekt der Existenzbedrohung geknüpft. „Qualitätssicherung" zeigt sich dementsprechend als Möglichkeit, die Bedrohung abzuwenden. Dieses Schutzpotential impliziert den Zwang der Umsetzung von Qualitätssicherung. Die Macht der Verpflichtung liegt damit auch in der angenommenen Wirksamkeit des Schutzes.

Aspekte der notwendigen, aber zugleich auch möglichen Aneignung der Verpflichtung zeigen sich an einer Stelle des Expert_inneninterviewtextes von Birgit Illich, einer Mitarbeiterin in einer Kinder- und Jugendwohngruppe: Während der Umgang mit der Verpflichtung ‚Qualitätsentwicklung' umzusetzen, zunächst – dem Zitierten zufolge – darin bestand, eine Widerstandshaltung einzunehmen, betreiben die Mitarbeiter_innen, so Illich, heute „selber" aktiv „Qualitätsentwicklung" im „Träger":

> „ganz interessant, wie sich das so entwickelt, wogegen wir uns noch so gewehrt haben. Und mittlerweile machen wir selber Qualitätsentwicklungsgruppen, also vom Träger, hatte ich dir ja gesagt. Wo wir selber so sagen: „Okay, dann lass uns doch mal selber gucken, was wir eigentlich als Qualität empfinden, und wo wir auch damit hinwollen" (Illich: Z 727-730).

---

95   Susanne Berger ist Mitarbeiterin in einer Kinder- und Jugendwohngruppe.

Die Entscheidung, Qualitätsentwicklung zu betreiben, sei zwar nicht freiwillig erfolgt, dennoch zeige sich diese inzwischen als Teil des Arbeitsalltags und diene der Reflexion und Weiterentwicklung der Arbeit des Trägers. Damit durchläuft der Umgang mit Qualitätsentwicklung hier einen Aneignungsprozess: Die erzwungene Qualitätsentwicklung wird inzwischen so betrieben, dass sie laut der Befragten einen ‚Nutzen' für die Arbeit des Trägers mit sich bringt:

> „Also das ist so etwas, wo du sagen kannst: „Okay, aus der Not geboren ist es sowieso, was, und lass uns das kreativ nutzen, ne". Äh, weil der Zug ist abgefahrn, dass wir sagen können: „Wir als einzelner kleiner Träger, wir machen diese ganze Scheiße nicht mit". Das kann man also, das ist unrealistisch, denk ich mittlerweile" (ebd.: Z 82-86).

Die ‚kreative Nutzung' von Qualitätsentwicklung – wobei Qualitätsentwicklung als „diese ganze Scheiße" bezeichnet wird – zeigt sich als Weise des Handelns vor dem Hintergrund der thematisierten Einschätzung einer bestehenden Unmöglichkeit, das Geforderte nicht zu erbringen. Entsprechend wird versucht, Spielräume im Veränderungsprozess zu nutzen, um Bereiche, die der Arbeitsweise des ‚Teams' entsprechen, auszubauen:

> „Mhm, und zwar so ne eigene Qualitätsentwicklung, sag ich mal, die ja durchaus, also natürlich immer als Reaktion auch, ne, auf etwas. Aber, äh, du kannst es auch versuchen zu drehen, also auch, was weiß ich, denn auch tatsächlich zu sagen: „Okay, dann entwickeln wir hier en eigenes Beschwerdeverfahren für Jugendliche, die über die Geschichten hinausgehen, ne. Dann machen wir eben Meetings und ganz super gut protokolliert und das hängen wir aus und da können sich Jugendliche wieder drauf beziehen: Ey habt ihr immer noch nicht gemacht und wat is'n jetzt eigentlich?" Und so, ne. Also zu den üblichen Geschichten, also da versuchen wir was zu entwickeln" (ebd.: Z 114-121).

Experimentiert wird mit der Entwicklung von ‚eigenen' Varianten der Qualitätsentwicklung – Varianten, die als den ‚eigenen' Vorstellungen guter Arbeit entsprechend vorgestellt werden.

Damit zeigt sich das Feld der Verpflichtung im Interviewmaterial als vieldimensional und neben Akten der Unterwerfung auch durch die Gestaltung des Gesollten, durch Praktiken der Umdeutung und Umschreibung strukturiert.

Die dargelegten Analyseergebnisse lassen sich mit dem Verweis auf den Machtbegriff des späten Foucault (vgl. Foucault 1983, 1989a, 1989b, 2004a, 2004b, 2005), welcher im Folgenden expliziert wird, theoretisch fundieren.

Macht lässt sich in Anlehnung an Michel Foucault als Versuch der Einflussnahme auf „die Wahrscheinlichkeit von Verhalten" (Foucault 2005: 286) verstehen, oder genauer: auf das Verhalten von anderen und das eigene Verhalten (vgl. ebd.). Dieser Aspekt zeigt sich beim Bestandteil des Thematisierungsfeldes ‚Verpflichtung' deutlich, z.B. beim Versuch der Beeinflussung von Handlungen über die Nötigung der Jugendhilfevereine zum Abschluss von Qualitätsentwicklungsvereinbarungen, die die Verpflichtung zum Betreiben von Qualitätsentwicklung beinhalten (vgl. Expert_inneninterviewtexte von Harald Treunert, Rolf Fischer und Birgit Illich).

Dabei umfasst Macht stets unterschiedliche Handlungsoptionen bzw. „ein ganzes Feld möglicher Antworten, Reaktionen, Wirkungen und Erfindungen" (Foucault 2005: 285). Dieser Gesichtspunkt zeigte sich bei der Freiheit zur Gestaltung im Feld der Macht (vgl. dazu die oben zitierten Textausschnitte von Rolf Fischer, Gisela Jäger und Birgit Illich). Die dargestellten Formen der Umsetzung der Verpflichtung unterscheiden sich dabei, wie gezeigt wurde, vor dem Hintergrund lokaler Machtkonstellationen. Damit stellt Macht einen Versuch der Einflussnahme dar, dessen Ergebnis nicht unmittelbar vorhersehbar ist. Macht bezeichnet zudem keine feste und universelle gesellschaftliche Größe, sondern ist „eine Form der handelnden Einwirkung" (Foucault 2005: 285) auf andere und sich. Macht im foucaultschen Sinne verweist damit weniger auf die Position des Gesetzgebers als auf die Wirkung des Gesetzes. Die Art dieser „handelnde[n] Einwirkung auf Handeln" (ebd.: 286) kann von der Ausübung eines „mehr oder weniger strengen Zwang[s]" (ebd.) – als welche sich die thematisierte Nötigungssituation präsentiert – bis zum Streben, „sich (gut oder schlecht) (…) in einem mehr oder weniger offenen Handlungsfeld" (ebd.) aufzuführen, reichen. Dies spiegelt sich in dem Nutzen und Gestalten von Spielräumen in den Texten von Birgit Illich, die auf das Bestreben zurückzuführen sind, gute Arbeit für „die Jugendlichen" zu leisten. Macht ist somit:

> „ein Ensemble aus Handlungen, die sich auf mögliches Handeln richten, und operiert in einem Feld von Möglichkeiten für das Verhalten handelnder Subjekte. Sie bietet Anreize, verleitet, verführt, erleichtert oder erschwert, sie erweitert Handlungsmöglichkeiten oder schränkt sie ein, sie erhöht oder senkt die Wahrscheinlichkeit von Handlungen, und im Grenzfall erzwingt oder verhindert sie Handlungen" (Foucault 2005: 286).

Für die Interviewten zeigt sich, folgt man dem Gedankengang Foucaults, Macht somit nicht nur direkt über den Ausschluss von Handlungsmöglichkeiten, sondern insbesondere indirekt über Anreize, über den Versuch der Einflussnahme auf ihr Handeln (vgl. ebd.: 285), d.h.:

> „Macht existiert nur als Handlung, auch wenn sie natürlich innerhalb eines weiteren Möglichkeitsfeldes liegt, das sich auf dauerhafte Strukturen stützt. (…) Machtbeziehungen [sind, C.H.] definiert durch eine Form von Handeln, die nicht direkt und unmittelbar auf andere, sondern auf deren Handeln einwirkt. Eine handelnde Einwirkung auf Handeln, auf mögliches oder tatsächliches, zukünftiges oder gegenwärtiges Handeln" (ebd.).

Dieser Aspekt wurde auch unter dem Stichwort der Produktivität von Macht – hier sichtbar an der vollzogenen Entwicklung und Etablierung von Qualitätsentwicklungsverfahren – deutlich.

Ausgehend von dem Verständnis von Macht als Versuch der Einflussnahme auf die Handlungen anderer Menschen wie auch von sich selbst zeigen sich Machtbeziehungen als „tief im sozialen Nexus verwurzelt" (ebd.: 288). Sie sind damit „keine zusätzliche Struktur oberhalb der ‚Gesellschaft', von deren Beseitigung wir träumen können" (ebd.: 289). Diese Form der Macht greift „auf ganz unterschiedliche Verfahren oder Techniken zurück (…), welche mit der Zeit, den sozialen Gruppen und dem institutionellen Rahmen variieren, in dem sie sich entwickeln" (ebd.: 260). Dementsprechend ist die Qualitätsdebatte als eine Technik der Macht – neben zahlreichen anderen, sich in Bewegung befindenden Techniken – zu bezeichnen.

In Anlehnung an Foucault wird Macht im Rahmen dieser Studie also nicht als Gewalt, Zwang oder (rechtliche) Übereinkunft definiert. Zwar können sowohl Gewalt und Zwang als auch Prozesse rechtlicher oder persönlicher Übereinkunft Instrumente oder Wirkungen von Macht sein – wie die § 78a-g SGB VIII und die in seiner Folge abzuschließenden Vereinbarungen –, jedoch kennzeichnen sie nicht das Machtbeziehungen zugrunde liegende Wesen (vgl. ebd.: 282ff.):

> „Macht ist nichts anderes als eine bestimmte Art von Beziehungen zwischen Individuen. Und diese Beziehungen sind eigentümlicher Natur: Mit anderen Worten, sie haben nichts mit dem Tausch, der Produktion und der Kommunikation zu tun, auch wenn sie damit verbunden sind. Das unterscheidende Merkmal der Macht besteht darin, dass bestimmte Menschen mehr oder weniger das Verhalten anderer Menschen völlig bestimmen können – jedoch nie erschöpfend und zwingend" (ebd.: 197).

Dieser Aspekt verweist darauf, dass widerständige oder subversive Verhaltensweisen ein Teil von Macht sind. Dies legen Interviewtexte von Fred Otto und Gisela Jäger nahe.

Die skizzierte Form der Macht wird von Foucault (ebd.: 286) als „Führung" bezeichnet. Er schlägt den Begriff vor, um auf diese Weise beide Dimensionen von Macht – Fremd- und Selbsttechniken – hervorzuheben.

> „Der Ausdruck ‚Führung' (conduite) vermag in seiner Mehrdeutigkeit das Spezifische an den Machtbeziehungen vielleicht noch am besten zu erfassen. ‚Führung' heißt einerseits, andere (durch mehr oder weniger strengen Zwang) zu lenken, und andererseits, sich (gut oder schlecht) aufzuführen, also sich in einem mehr oder weniger offenen Handlungsfeld zu verhalten. Machtausübung besteht darin, ‚Führung zu lenken', also Einfluss auf die Wahrscheinlichkeit von Verhalten zu nehmen" (ebd., Hervorhebung im Original).

Zu beachten ist, dass Foucault dabei von einer „relativen Autonomie" (Lemke 1997: 263) der Selbst- und Fremdtechniken spricht. Gemeint ist damit allerdings nicht, dass zwischen beiden keine Beziehung besteht, vielmehr sind die Beziehungen laut Foucault (1984: 80) „veränderlich", nicht „notwendig" und determiniert.

Wie die Analyseergebnisse verdeutlichen, zeigt sich dieser Machtbegriff als geeignet für die theoretische Verortung von Verhaltensweisen im Kontext gewandelter Güte- und Steuerungskonzepte, welche sich als Versuch der Einflussnahme auf die Handlungen der Interviewten gezeigt haben. Die Veränderungen, welche sich z.B. in den novellierten Paragraphen und den mit ihnen verknüpften Bestimmungen materialisieren, fordern also die (Sozial-)Pädagog_innen in Kinder- und Wohngruppen zum Handeln auf. Wie genau die Interviewten jedoch handeln, das ist deutlich geworden, ist vor dem Hintergrund der lokalen Machtverhältnisse durchaus unterschiedlich. Unter der Berücksichtigung des foucaultschen Machtbegriffs erscheinen die indirekte Wirkung und die Produktivität der Unterwerfungverhältnisse jedoch als augenscheinlich.

4.1.2 *Druck und widerständige Verhaltensweisen*

Neben der Verpflichtung zeigt sich mit der Figur des Unter-Druck-Stehens ein weiterer Bestandteil des ersten Thematisierungsfeldes im empirischen Material. Deutlicher noch als die Verpflichtung bildet Druck eine Beziehung zu Aspekten seiner Regulation, der Produktivität und Aneignung und insbesondere zur Verweigerung. Darüber hinaus umfasst das Unter-Druck-Stehen aber auch die Zuschreibung letztlich positiver Effekte.

Druck in seinen unterschiedlichen Relationen zur Verweigerung lässt sich anhand von vier Ausschnitten aus drei Expert_inneninterviewtexten zeigen. In der ersten Textstelle von Fred Otto, Teamleiter einer Hilfe nach § 34 SGB VIII, wird Verweigerung mit der Art und Weise der Führung von Mitarbeiter_innen durch „Qualitätsmanagement" und mit parallel stattfindenden Arbeitsverdichtungsprozessen verknüpft.

> „Wenns ne Arbeitshilfe ist und bleibt, dann hab ich gar nichts dagegen, dass das Qualitätsmanagement auch ausdifferenziert wird, ne. Aber wenn es dazu benutzt wird, . äh, Herrschaftsinstrument zu sein und Mitarbeiter unter Druck zu setzen, oder auch Mitarbeitern immer mehr Arbeit zuzuschieben, dann denk ich, wärn wir in ner sehr unguten Entwicklung. Ja, denn, äh, denk ich, würden die Mitarbeiter, sie würdens mitmachen, ähm, aber die würden dann .. wahrscheinlich gesundheitlich reagieren. Also ne Zeitlang hatte ich den Eindruck, dass es eine Reihe von Mitarbeitern gab, die aufgrund der Veränderungen und des, der zunehmenden Verlagerung der Arbeit nach unten (…). Ähm, dass manche Mitarbeiter das nich, äh, das nich verkraftet haben und schlicht und einfach krank geworden sind. (…) Und ja nachdem, wie sehr dann auch damit [also mit der Entwicklung von Qualitätsmanagement, C.H.] Druck ausgeübt wurde, . denk ich, hat das auch dazu beigetragen, dass wir ne Zeitlang so enorme Verweigerungshaltung hatten dem Ganzen gegenüber" (Otto: Z 1014-1030).

Im Zitierten zeigt sich die Ausrichtung von Qualitätsmanagement als offen. Denkbar sei der Einsatz als „Arbeitshilfe" ebenso wie als ‚Druck-‘ und ‚Herrschaftsmittel' bzw. als Verfahren der Unterstützung oder als Methode der Unterwerfung. In Abhängigkeit von der Auslegung von Qualitätsmanagement zeigen sich dabei Otto zufolge Positionierungen der Verweigerung. Auch hätten vor dem Hintergrund des ‚ausgeübten Drucks' Mitarbeiter_innen in der Vergangenheit mit Krankheit reagiert. Damit erfährt Qualitätsmanagement Kritik – jedoch keine grundsätzliche und, abhängig von seiner Ausgestaltung, differente. Otto kritisiert und bringt dies in Verbindung mit verweigernden Verhaltensweisen, wenn Qualitätsmanagement dazu genutzt werde, Mitarbeiter_innen ‚zu beherrschen' und „unter Druck zu setzen".[96]

An einer weiteren Stelle dieses Expert_inneninterviewtextes wird die Beziehung zwischen den verschiedenen Variablen eines Verfahrens des Qualitätsmanagements, der Druckausübung, des Setzens eines begrenzten Zeitfensters, der Anforderung, Neues einzuführen, sowie der Entwicklung von „passive[m] Widerstand" und der Modifikation von Entscheidungen sichtbar.

> „Zertifizierung, das war auch ne Zeitlang Thema, aber da is auch en ziemlicher Druck mit ausgeübt worden, weil man ursprünglich die Zertifizierung innerhalb von zwei Jahren haben wollte. Da is man aber im Geschäftsbereich inzwischen von abgerückt. (…) Und das hat nen enormen Druck ausgeübt, weil da, äh, ja sehr viel initiiert werden musste. Und es hat, aus meiner Sicht auch dazu geführt, dass, äh, es am Anfang auch sehr, sehr viel passiven Widerstand gegeben hat. Also die Einführung war sehr unglücklich" (Otto: Z 702-713).

So habe der Entschluss, sich den „Geschäftsbereich" innerhalb von zwei Jahren zertifizieren zu lassen, aufgrund der damit einhergehenden anfallenden Arbeiten „enormen Druck" erzeugt. Dies habe zu Widerstand – „sehr, sehr viel passivem Widerstand" – geführt. Aktiven Widerstand hingegen scheint es nicht gegeben zu haben. Berichtet wird zudem, dass von dem Vorhaben, sich innerhalb der geplanten Zeit zertifizieren zu lassen, „inzwischen" „abgerückt" (ebd.: Z. 705) worden sei, doch bleibt die Relation des Widerstandes zur Modifikation der Entscheidung der Geschäftsführung im Dunkeln. Damit scheint die Auswahl eines spezifischen Qualitätsmanagementverfahrens keine grundsätzliche Kritik zu erfahren. Kritisiert wird hingegen der geplante (enge) Zeitraum der Etablierung des Verfahrens. Dieser habe Druck erzeugt und Widerstand hervorgerufen. Das Zitierte legt nahe, dass die Einführung bei einer anderen Zeitplanung nach Ansicht Ottos weniger „unglücklich" verlaufen wäre und weniger Verweigerung erzeugt hätte. Damit

---

96   Ein möglicher Zusammenhang zwischen der im Text eingenommenen Position des Sprechens für Andere – „die Mitarbeiter" – und der erfolgten Problematisierung lässt sich anhand des vorliegenden Materials nicht fundieren, muss also offen bleiben.

zeigt sich die Thematisierung von Druck hier als Folie der – wenn auch einge-schränkten – Problematisierung.

Daneben fungiert Druck als Mittel des Umgangs mit aus den Neuerungen resultierenden Verweigerungen, wie sich aus dem Expert_inneninterviewtext von Tatjana Fuchs, Wohngruppenmitarbeiterin, herauslesen lässt:

> „Was sich verändert hat, is, dass einfach ne gewisse Angespanntheit sich in den Beziehungen [zur Leitung, C.H.] festmacht, nech. Weil eben gesacht wird: „Wir erwarten genau das Gleiche, was wir vorher erwartet haben, eigentlich noch mehr, zu schlechteren Arbeitsbedingungen". Und (…) dann schnell die Gefährdung der Arbeitsplätze ins Gespräch gebracht wird und gesacht wird: „Wenn ihr nich bereit seid zum Beispiel pauschalisiert zu arbeiten, dann isses klar: Wir können das nicht bezahlen und dann .. wars das". (…) Also wir haben ne Situation gehabt, wo einzelne Mitarbeiter, äh, gesacht haben: „Nein, ich bin nicht bereit, in diese pauschalisierte Ver-tragslage einzuwilligen". Und, ähm, die sind dann . nich besonders freundlich behandelt worden" (Fuchs: Z 145-163).

Als Instrument der Anpassung an Phänomene des Wandels zeigt sich im vorlie-genden Text die Ausübung von Druck über eine Drohung. Dort, wo Mitarbei-ter_innen Verschlechterungen der Arbeitsbedingungen kritisierten und sich ihnen verweigerten, seien sie von der „Leitung" mit dem Hinweis auf die drohende „Gefährdung der Arbeitsplätze" unter Druck gesetzt worden – als Kontext des Drucks erscheint dabei die Form der Finanzierung der Wohngruppe. Die Aus-übung von Druck zeigt sich hier damit als Mittel der Regulation widerständiger Verhaltensweisen gegenüber Veränderungsprozessen im Zuge eines neuen Finan-zierungssystems.

In einem Ausschnitt des Expert_inneninterviewtextes von Lutz Timmer-mann, Mitarbeiter in einer Wohngruppe, zeigt sich Druck in seiner Relation des Umschlags von Widerstand in Befürwortung, wobei sich Druck hier im Kontext der Modifikation eines Einrichtungskonzeptes materialisiert:

> „also ich hab angefangen, da waren wir eine Wohngruppe mit sechs Kindern . und wir mussten aus finanziellen Gründen auf neun erhöhen, (…). Das ist aber . meines Erachtens positiv, (…). Denn wir nehmen ja auch ältere Kinder, ähm und äh, mehr sonne Art, es is keine Wohngruppe mehr, wo man ganz viel mit, mit Gruppe macht, sondern das ist mehr sone Art Schülerwohnheim (…). Also, das, das war der Kostendruck … Aber für mich, aber, ähm, sehr positiv, weil sozu-sagen diese Konkurrenz zur Familie wegfällt dadurch. Und dadurch ist das sehr viel entspannte-res Arbeiten (…) find ich. Also fand ich erstaunlich. Ich hab mich auch lange dagegen gewehrt, immer mit so vielen Kindern und so. Aber wenn man die (…), find das sehr, also das hat sich sehr positiv entwickelt" (Timmermann: Z 163-195).

Druck entstand laut dem Zitat durch die Reduktion der zur Verfügung stehenden finanziellen Ressourcen. Aufgrund des Drucks hätte sich die Arbeitsform von einer familienersetzenden zu einer in Lebensphasen unterstützenden und damit eher familienergänzenden gewandelt. Bspw. werde weniger Gewicht auf gemeinsames Handeln in der „Gruppe" gelegt. Diese Veränderung sei zwar kostenbedingt entstanden und habe zunächst Widerstand hervorgerufen, habe sich aber letztlich als „positiv" herausgestellt. Auf diese Weise erfährt diese zunächst auf Widerstand gestoßene Auswirkung von Druck laut Timmermann letztlich eine positive Wertung.

Im Anschluss an die Nachzeichnung von Elementen des Drucks und der Verweigerung, des Drucks und der Regulation widerständiger Verhaltensweisen sowie des Drucks und des Umschlags von Widerstand in Zustimmung werde ich nun die Beziehungen von Druck und weiteren Formen seiner Regulation in den Blick nehmen. Dazu wird zunächst auf ausgewählte Textausschnitte der Expert_inneninterviews mit Alfred Graf und Dorothee Hoffmann-Berg zurückgegriffen.

Bei Graf und Hoffmann-Berg zeigt sich Druck im Kontext der Neubelegung von Wohngruppen mit Kindern beziehungsweise Jugendlichen. In beiden Texten wird die Neuaufnahme von Kindern/Jugendlichen als ein Bereich bestimmt, in dem durch die zunehmende Relevanz finanzieller Fragen ein hoher Druck – konkret: ein „Belegungsdruck" – besteht. Auf diesen wird, darauf verweisen beide Texte, in unterschiedlicher Weise reagiert. So berichtet Alfred Graf, Qualitätsmanagementbeauftragter eines Jugendhilfevereins, dass entschieden worden sei – von wem bleibt unklar –, Mitarbeiter_innen aus nicht komplett belegten Wohngruppen in ‚volle' Gruppen zu versetzen:

> „auf dem Hintergrund der Kostenersparnisse der Jugendämter haben wir Belegungsdruck. Das heißt, Gruppen werden nich mehr genügend belegt, ihre Sollstärke. Das heißt, wir reagieren mit Mitarbeiter- äh -veränderung. Das heißt, Gruppen, wos Belegungsschwankungen gibt, werden wir Mitarbeiter zwar nich entlassen, aber sie werden eventuell in andre Gruppen gebracht und sie müssen denn ein, ein Arbeitswechsel, ein Arbeitsplatzwechsel vornehm. Und da neigen Gruppen im Moment dazu, auf dem Hintergrund ihrer, ihrer Gesamtstruktur zu sagen: „Wir wollen voll belegt sein. Damit wir den Mitarbeiterstab behalten, damit wir unsre Rahmenbedingungen halten". Und da wünsch ich den Gruppen, dass sie die Fähigkeit entwickeln, nicht alles aufzunehmen, was nicht schnell genug auf die Bäume kommt (…). Ähm, denn dieser eine, der fehlbelegt ist, wird die gesamte Gruppendynamik so sprengen, dass ihnen natürlich die gesamte Gruppe auseinanderknallt. Und dass sie nachher noch nen viel größeren Belegungsdruck haben" (Graf: Z 1556-1573).

Der Text thematisiert kollektive Weisen des Handelns zur Vermeidung eines „Arbeitsplatzwechsels" über eine möglichst schnelle Neuaufnahme von Kindern und Jugendlichen. Diese werde getätigt, um die Stabilität der Mitarbeiter_innenteams und der Rahmenbedingungen zu erhalten. Das Streben nach Stabilität in diesen Bereichen könne jedoch zu Lasten der Stabilität der Wohngruppen gehen.

Die vorgestellten Verhaltensweisen der ‚Gruppen' erfahren somit eine Problematisierung – würden sie doch letztlich zu nicht mehr als einer Druckverstärkung führen. Jenseits dieser Positionierung zeigt sich Druck als Handlungsweisen evozierend.

Auch Dorothee Hoffmann-Berg, pädagogische Mitarbeiterin einer Jugendwohngruppe, thematisiert Druck, der ihr zufolge durch eine drohende Unterbelegung einer Wohngruppe entsteht. Doch zeigt sich hier eine andere Verhaltensweise als die oben von Graf beschriebene: Zur Gewährleistung der Wohngruppenstabilität und der ‚Güte der Arbeit' würde ein nicht konkretisiertes, professionelles Kollektiv einen Teil seiner Arbeitszeit umwidmen und für die Bearbeitung „ambulanter Fälle" nutzen:

> „Das wäre, das wäre für uns ganz, ganz hochgradig problematisch, weil wir eben, äh, nur wenige Plätze haben, die wir, die wir belegen .. Und wenn einer ausfällt, dann ist das ein erheblicher Teil der Einnahmen, die ja letztlich dann auch, äh .. sehr, sehr kratzen können, ja. Und, also, so was da, da ist natürlich denn für uns auch der Druck, in Anführungsstrichen, Druck da, äh, schnell nachzubesetzen, klar ... Wobei wir, äh, grundsätzlich ja, äh, keine Ausschlusskriterien haben für Jugendliche … Äh, es sei denn, wir haben das Gefühl, es geht nicht, dass wir den zu dem anderen, der da grad wohnt in der Wohnung, dazu setzen, das kann nicht, das kann nicht funktionieren .. Und ne, ob man da denn unter Umständen an manchen Punkten anders entschieden hätte, weiß ich nicht. Bisher, äh, denke ich mal, haben wir uns immer noch ganz gut gegen gewehrt. Und dann, sind denn lieber mit, mit unseren Stunden, mit in ambulante Fälle dann eingesprungen für die Zeit und haben da unterstützt, da unterstützt. Damit, äh, wir dann hier auch weiterhin ne gute Arbeit machen können und was, was Sinnvolles da an Belegung zustande bringen" (Hoffmann-Berg: Z 702-715).

Damit wird sowohl in dem Text von Graf als auch in jenem von Hoffmann-Berg im Kontext des thematisierten Belegungsdrucks eine sich präsentierende Notwendigkeit der Druckregulation deutlich. In Abhängigkeit von den unterschiedlichen Positionierungen der Interviewten in einem Feld der Macht innerhalb der Träger zeigen sich dabei jedoch unterschiedliche Regulationsweisen: Bei Dorothee Hoffmann-Berg, Wohngruppenmitarbeiterin, impliziert die Regulation Momente des ‚Sich-Wehrens' gegen Konsequenzen des Belegungsdrucks und dabei vor allem gegen eine ihr nicht ‚sinnvoll' erscheinende „Belegung". In der Textstelle von Alfred Graf, einem Mitarbeiter auf Leitungsebene, zielt dagegen die thematisierte Regulation der Wohngruppenmitarbeiter_innen auf den Umgang mit einem evtl. drohenden, angeordneten Arbeitsplatzwechsel im Kontext des Belegungsdrucks ab.

Momente der Aneignung von mit Druck Verknüpftem werden an zwei Ausschnitten aus dem Expert_inneninterviewtext von Birgit Illich, Mitarbeiterin einer Kinder- und Jugendwohngruppe, sichtbar, die im Zusammenhang der Begegnung mit ‚Qualitätsentwicklung' stehen:

„die Geschichten, die danach kamen. Also dieser Druck, alles zu dokumentieren. Der Druck, ähm, äh - diese Partizipationsgeschichte, also was wir ja so, was ja immer eingefordert wird: Die Jugend oder die Betreuten sollen mitpartizipieren. Die meinen es natürlich anders als das, was wir meinen. Beschwerdegeschichten und so weiter und so fort (…) Und natürlich noch ein anderer Druck, äh, ständig natürlich auch immer die Informationspflicht" (Illich: Z 29-37).

Im Zusammenhang mit der Frage nach einer ersten Begegnung mit „Qualität" wird insbesondere und wiederholt die Bezeichnung „Druck" genannt. Als neu wird der „Druck alles zu dokumentieren" sowie der Druck im Zusammenhang mit ‚Partizipation' und einer stetigen ‚Pflicht zur Information' markiert. In enger Relation mit dem thematisierten Druck offenbart der Text die Möglichkeit der Aneignung von Veränderungen im Sinne ihrer ‚Nutzung':

„also so bestimmte Dinge, die wir, äh, schon gemacht haben, die Partizipation, wurden jetzt festgeschrieben, festgelegt. Zwar in einer anderen Form, also. Und ich sag denn immer: „Gut, das finde ich, sind die Spielräume, die wir haben". Du kannst das positiv wenden, ne, oder auch nutzen. Beschwerdeverfahren find ich gut, Jugendliche müssen, äh, darüber informiert sein, äh, wenn sie blöde Betreuer haben, an wen sie sich eigentlich wenden können, ne. Das finde ich gut. Und denen das auch mitzuteilen, also dass sie nicht unseren, unserer Willkür, äh, äh, da ausgeliefert sind. Find ich erst mal ganz gut, so was zu haben und denen das auch mitzuteilen, welche Rechte sie auch haben so" (ebd.: Z 50-58).

D.h., Druck beschreibt im Zitierten zwar die Art und Weise der Konfrontation mit Momenten der Veränderung im Zuge der Einführung von Qualitätsentwicklung. Als zu dieser Form der Konfrontation dazugehörend erweisen sich aber auch Aspekte der Aneignung und Gestaltung des mit dem Druck Verknüpften.

Neben der bereits angesprochenen Verweigerung und weiterer Druckregulationsformen zeigt sich Produktivität als Facette des Thematisierungsfeldbestandteils Druck. Verdeutlichen lässt sich dies anhand von Ausschnitten aus den Experten_inneninterviewtexten von Harald Treunert, Dorothee Hoffmann-Berg und Susanne Berger.

So zeigt sich in den Ausschnitten von Harald Treunert, Einrichtungsleiter, der bestehende „Druck der Legitimation" als mit der Einführung und Ausdifferenzierung von „Qualitätsentwicklung" verknüpft:

„in den 90er Jahren war es zunehmend so, dass also die Diskussion, die Kostendiskussion, äh, ne Rolle spielt, dass man sagt: „Heimerziehung is zu teuer, kostet zu viel Geld und wozu, äh, is das sinnvoll, was, äh -- wozu brauchen die so viel Geld, äh". Und es war also damit, äh, parallel dazu, also dass die Kommunen, also die Kommunen und auch der Kostendruck sich erhöht hat. War halt, äh, schon immer ne Frage auch zunehmend, die, dass man gesagt hat: „Wozu ist das Geld, was da, äh, von den Kommunen eingesetzt wird, wozu wird das eigentlich verwendet?" Und damit entstand natürlich auch für die Einrichtung zunehmend Legitimationsdruck, nachzuweisen, was sie mit dem Geld tun" (Treunert: Z 124-132).

Hier wird der „Legitimationsdruck", unter dem die „Einrichtungen" der „Heimerziehung" laut dem Befragten stehen, in einen Zusammenhang mit den als zu hoch
bewerteten Heimerziehungskosten und den reduzierten öffentlichen Mitteln
gestellt. In diesem Kontext ergebe sich die Frage danach, wofür die Wohngruppen
die ihnen verfügbaren finanziellen Mittel verwenden. In der Folge stünden die
Einrichtungen unter dem Druck, ihre Ausgaben darzulegen – eine Konsequenz,
die über den Terminus „natürlich" als fraglos hinzunehmen präsentiert wird. Vor
dem Hintergrund dieses Drucks präsentiere sich die Einrichtung seit Ende der
1990er Jahre als damit beschäftigt, „Strukturen" und „Prozesse" der täglichen Arbeiten insbesondere außerhalb dieser auszuweisen und offenbar werden zu lassen:

> „Also 98, das dürfte so in etwa der Zeitraum gewesen sein, wo wir uns damit [mit Qualitätsent-
> wicklung, C.H.] intensiver auseinandergesetzt haben, in der Richtung, dass wir uns, ähm, dass
> wir uns zunehmend die Frage gestellt haben, ähm, dass wir nach außen transparent machen müs-
> sen unsre Strukturen. Dass die Prozesse, die wir hier, äh, haben im Hinblick auf die Betreuung,
> dass wir versuchen, die zu strukturieren und abzubilden" (ebd.: Z 36-41).

In diesem Zusammenhang sei im Bereich der Qualitätsentwicklung vieles konzipiert und etabliert worden, wovon einiges im Laufe der Zeit wieder verworfen
worden sei:

> „wir ham Ausarbeitungen gemacht und ham versucht, das zu definieren. Was is sozusagen, was
> sind diese Schlüsselprozesse (…). Wir ham das versucht, äh, zu entwickeln und ham das, äh, so
> zunehmend weiterentwickelt. Das heißt, also vieles, was wir damals, würd ich ma sagen, im
> Diskussionsprozess hatten, hat sich dann im Laufe, ähm, des, der Jahre schon auch als nicht, äh,
> ja nicht tragfähig erwiesen" (ebd.: Z 58-70).

Damit zeigt sich Druck nicht nur als folgenreich, was verweigernde Verhaltensweisen betrifft, sondern auch im Hinblick auf die Entwicklung und Etablierung
von Qualitätsentwicklung. Druck und Produktivität – im Sinne einer Handlungsanregung und -hervorbringung – scheinen miteinander verwandt zu sein.
    Eine andere Ausformung dieser Verwandtschaft wird in einem Textaus-
schnitt des Expert_inneninterviews mit Susanne Berger, einer Wohngruppenmitarbeiterin, augenscheinlich:

> „Unter dem Druck, dass, also dass ma wirklich Angst hat. -- Auch en Verein, der so groß is wie
> dieser, hat, ähm, Existenzschwierigkeiten, hat Finanzierungsschwierigkeiten. Und, äh, jeder
> bangt um seinen Arbeitsplatz. Und das is ne hohe Mat-, Motivation dafür [für die Präsentation
> der eigenen Arbeit nach außen, C.H.]" (Berger: Z 303-307).

Auch hier zeigt sich Druck als motivationales Element, „Qualitätssicherung"
(ebd.: Z 18) zu betreiben. Angetrieben werde eine – von Berger nicht konkretisierte – Gruppe von Menschen durch die Sorge, der „Verein" könne in finanzielle

Schwierigkeiten geraten und in seiner Existenz bedroht sein, denn dies würde eine Gefährdung der Arbeitsplätze implizieren. Entsprechend wird die Gruppe als bestrebt präsentiert, die Gefahr abzuwenden. Druck zeigt sich hier also als mit Sorge und Schutz verknüpft.

Eine weitere Facette der Produktivität von Druck zeigt sich bei Dorothee Hoffmann-Berg, einer Wohngruppenmitarbeiterin:

> „eine Befürchtung, die die war, dass der Konkurrenzdruck unter den Trägern, ähm, enorm groß wird. Das sehe ich mittlerweile so: Also es gibtn Konkurrenzdruck, aber ich finde schon, dass, äh, bestimmte Sachen auch erfüllt sein müssen, um, um ne gute und vernünftige Arbeit mit Jugendlichen machen zu können . (...) Von daher finde ich die Konkurrenz mittlerweile belebend so und nich meh- und empfinde sie nicht unbedingt als Druck" (Hoffmann-Berg: Z 648-656).

Hier wird ein als bestehend markierter „Konkurrenzdruck" als „belebend" verstanden. Er wird nicht als negativ bewertet, denn er führe dazu, dass das aus Mitarbeiter_innensicht für eine „gute und vernünftige Arbeit" Notwendige gewährleistet werde. Mit der gewandelten Bewertung verändert sich die Bezeichnung: „Konkurrenzdruck" wird nicht mehr als „Druck" markiert. Der Druck verliert seinen Namen.

Über diese vier Dimensionen hinaus zeigt sich die Existenz von Druck im Jugendamt als thematisch wichtiges Feld. Dies verdeutlichen Textstellen aus dem Interview mit Birgit Illich, einer Mitarbeiterin in einer Jugendwohngruppe.

> „Der Druck innerhalb der Jugendämter ist natürlich auch härter geworden. Äh, die müssen, die müssen tatsächlich alles dokumentieren, was sie machen, (...). Muss alles aufgeschrieben werden, und das müssen die auch. Und die machen es immer schriftlich, gleich, und das ist -- Äh, die kommen teilweise gar nicht mehr weg von ihren Schreibtischen, äh. Also ich sag mal, wer den Druck tatsächlich spürt, sind die, noch viel stärker als wir in der Praxis. Also, wir kriegen das teilweise auch ab, aber ich sag mal so etwas abgepufferter als die, also was, ähm, also, das ist. Weißte, früher sind die noch zu uns gekommen in die Einrichtung zur Erziehungskonferenz, das ist fast nicht mehr möglich" (Illich: Z 685-694).

So seien die Mitarbeiter_innen des Jugendamtes dem ‚stärksten Druck' ausgesetzt. Diese müssten – noch stärker als die in der Wohngruppe Tätigen – jede Handlung dokumentieren. Sie seien „im Grunde genommen gefesselt an ihren Schreibtisch" (ebd.: Z 697), was impliziere, dass sie die Wohngruppen nicht mehr besuchen und sich vor Ort ein persönliches Bild machen könnten. So stark wie im Jugendamt sei der Druck in der „Einrichtung" jedoch nicht. Deutlich wird: Der Bericht über Druck präsentiert sich hier als Form der Relativierung von Druck in der ‚eigenen' Einrichtung und als Illustration von Druckeffekten.

Zusammenfassend weist Druck zu folgenden Aspekten inhaltliche Schnittstellen auf: zu verwiegernden Verhaltensweisen, zu anderen Formen der Druckregulation und zu Aspekten der Produktivität. Thematisiert wird Druck auch im Kontext der Art und Weise der Führung durch Qualitätsmanagement, -entwicklung und/oder -sicherung. Relevanz erlangt Druck bezogen auf die Dimension Zeit, im Zusammenhang mit Arbeitsüberlastung, mit Finanzierungsformen und mit Personalabbau. Zudem zeigen sich Fragen der Legitimation, Aspekte der Sorge und des Schutzes und das Phänomen der Konkurrenz als bedeutsam im Kontext von Druck. Druck erweist sich auch bezogen auf die Neuaufnahme von Kindern und Jugendlichen sowie auf Fragen der Dokumentation und der Beziehung zum Jugendamt als in den Texten gegenwärtig. Darüber hinaus wurden unterschiedliche Arten der mittelbaren Einflussnahme auf Handlungen in diesem Bestandteil des Thematisierungsfeldes sichtbar.

Gemäß den theoretischen Ausführungen zu Macht im Kontext der Verpflichtung ist auch Druck als eine Form der Macht zu verstehen – als eine Variante des Versuchs des handelnden Einwirkens auf die Handlungen der Interviewten. Druck lässt sich mit dem Machtbegriff Foucaults jedoch noch weiter fundieren. Besonders die Beleuchtung von Aspekten der Freiheit und des Widerstandes als Voraussetzung und Widerpart von Macht zeigt sich dabei als hilfreich: Das foucaultsche Verständnis von Macht als Versuch der Einwirkung auf Handlungen impliziert das Vorhandensein einer individuellen und kollektiven Handlungsfreiheit. Das heißt, ohne die Existenz zumindest eines gewissen Maßes an Freiheit des Handelns kann nicht vom Bestehen einer Machtbeziehung gesprochen werden, denn nur auf Subjekte, die über die Freiheit zum Handeln verfügen, kann eingewirkt werden: „Macht kann nur über ‚freie Subjekte' ausgeübt werden, insofern sie ‚frei' sind – und damit seien hier individuelle oder kollektive Subjekte gemeint, die jeweils über mehrere Verhaltens-, Reaktions- oder Handlungsmöglichkeiten verfügen" (Foucault 2005: 287).

Aspekte einer solchen Freiheit wurden an unterschiedlichen Stellen der Analyse deutlich, z.B. im Zusammenhang mit den unterschiedlichen Regulationsweisen des „Belegungsdrucks" und den verschiedenen Formen der Gestaltung der unterschiedlichen Regulationsvarianten des Drucks (vgl. die Expert_inneninterviewtextausschnitte von Fred Otto, Birgit Illich, Alfred Graf und Dorothee Hoffmann-Berg). Freiheit zeigt sich also nicht nur bei Foucault, sondern auch in den Expert_innentexten als Voraussetzung von Macht.

Folgendes foucaultsche Beispiel verdeutlicht noch einmal die Verknüpfung von Macht und Freiheit:

„Ein gefesselter und geschlagener Mensch ist der Kraft unterworfen, die man auf ihn ausübt. Nicht aber der Macht. Wenn man ihn aber zum Sprechen bringen kann, wenn seine letzte

Zuflucht darin hätte bestehen können, dass er schweigt und den Tod vorzieht, dann deshalb, weil man ihn dazu getrieben hat, sich auf eine bestimmte Weise zu verhalten. Seine Freiheit wurde der Macht unterworfen. Er wurde dem Einfluss der Regierung unterzogen. Auch wenn ein Individuum frei bleiben kann, so begrenzt seine Freiheit auch sein mag, kann die Macht es doch der Regierung unterwerfen. Es gibt keine Macht ohne potentielle Weigerung oder Auflehnung" (Foucault 2005: 197).

Dieser Aspekt zeigt sich deutlich in den Analyseergebnissen: Das in den Interviews ausgedrückte Unter-Druck-Stehen als Ausdruck sich zeigender Verhältnisse der Macht impliziert also immer unterschiedliche mögliche Verhaltensweisen, die auch eine Verweigerung ausdrücken können. Macht und Freiheit schließen sich somit nicht gegenseitig aus, sondern werden zur wechselseitigen Bedingung. Dabei setzt Macht zwar Freiheit voraus, wird durch diese aber zugleich auch bedroht und möglicherweise aufgehoben, denn Machtbeziehungen beinhalten stets die Möglichkeit der Weigerung oder Auflehnung und damit auch die Möglichkeit der Veränderung. Thomas Lemke (1997: 305) konstatiert in diesem Zusammenhang: „Gerade weil Freiheit ein unverzichtbares Element einer Machtbeziehung bildet, gibt es kein Machtverhältnis ohne die Möglichkeit von Widerstand". Zur Verdeutlichung des Vorhandenseins von Gestaltungsmöglichkeiten von und in Machtverhältnissen sei hier auch auf eine Stelle aus dem Expert_inneninterviewtext von Rolf Fischer, Leiter eines Kinderheims, verwiesen, in der er den Kontext der Entwicklung von „Qualitätsentwicklungsvereinbarungen" darlegt:

„Hintergrund is schon Angst. Ich glaube am Anfang war der Druck, wir müssen die Qualitätsentwicklungsvereinbarung zimmern und die dann noch verhandeln ... Das hat denen, denen, hat einigen, äh, äh, Einrichtungen schon Druck gemacht. Wann wollen wir das denn machen? Was passiert denn dann? Was wollen sie dann als nächstes? Und so weiter und so fort. Und dann sind die mit allem Hochdruck an diese Prozesse gegangen. Und ham viel auch produziert, ham sich oft getroffen, ham teilweise gesehn, das läuft gut. Und ham auch gesehn, äh, . es geschieht was bei uns in den Einrichtungen. Aber das, was se dann erwirtschaftet haben, wurde net in der notwendigen Weise von denjenigen, mit denen es vereinbart auch wurde, mit den Jugendämtern gewürdigt. Wir ham das Gefühl gehabt: Wir ham das gemacht, und? Wir sind da so rausgegangen, weil letztlich interessiert ses gar net. Und is ruhiger geworden, und einige Einrichtungen sind da gar net so in die Diskussion eingestiegen und so in die Prozesse eingestiegen, ham gesagt. „Warten mir ma ab, gucken wir ma, was die anderen machen und dann können mir immer noch klauen"" (Fischer: Z 886-901).

So präsentiert sich Macht hier in Form von Druck als unterschiedliche Verhaltensweisen hervorrufend: Während „einige Einrichtungen" zunächst äußerst produktiv gewesen seien, hätten andere die Handlungsweise des Aussitzens und ggf. ‚Klauens' gewählt. Auch Machtbeziehungen zeigen sich damit nicht zuletzt als veränderlich. Sie ermöglichen „verschiedenen Mitspielern eine Strategie", sie zu verändern (Foucault 2005: 878). Damit wurde Folgendes deutlich:

„[s]elbst wenn die Machtbeziehung völlig aus dem Gleichgewicht geraten ist, wenn man wirklich sagen kann, dass der eine alle Macht über den anderen besitzt, so lässt sich die Macht über den anderen nur in dem Maße ausüben, in dem diesem noch die Möglichkeit bleibt sich zu töten, aus dem Fenster zu springen oder den anderen zu töten. Das heißt, dass es in Machtbeziehungen notwendigerweise Möglichkeiten des Widerstands gibt, denn wenn es keine Möglichkeiten des Widerstands – gewaltsamer Widerstand, Flucht, List, Strategien, die die Situation umkehren – gäbe, dann gäbe es überhaupt keine Machtbeziehungen" (ebd.: 890).

Anders formuliert heißt dies: Praktiken der Unterwerfung in Form einer Druckausübung im Sinne einer mindestens ‚von außen' gewünschten Modifikation der Handlungsweisen von (Sozial-)Pädagog_innen in Kinder- und Jugendwohngruppen implizieren ‚im Innen' immer auch Momente der Freiheit zur Gestaltung.

4.1.3 Kontrolle – eine ambivalente Figur

Aus dem vorliegenden empirischen Material lässt sich Kontrolle als weiterer Bestandteil eines Verhältnisses der Unterwerfung herausarbeiten. Doch unterscheidet sich die Thematisierung von Kontrollverhältnissen deutlich von solchen der Verpflichtung und des Drucks. Zwar wird Kontrolle durchaus problematisiert, doch wird sie daneben auch als ermöglichend und als etwas Positives thematisiert.

In dem Expert_inneninterviewtext von Fred Otto, Teamleiter einer Hilfe nach § 34 SGB VIII, wird Kontrolle zunächst, kritisch konnotiert, mit ‚Qualitätsmanagement' in Verbindung gebracht. Jedoch wird auch hervorgehoben, dass sie, abhängig von innerinstitutionellen Bedingungen, jeweils different konzipiert werden könne.

„weil diese ganzen Geschichten [von den Mitarbeiter_innen, C.H.] doch äh, sehr, sehr stark unter dem unangenehmen Kontrollaspekt gesehen werden: Der guckt mir in die Karten. Na gut, mit einem Qualitätsmanagementsystem, da kann man, wenn mans bös sacht, kann man en KZ führn (LACHEN): Und wenn die Vertrauensbasis nicht stimmt, dann isses en reines Kontrollinstrument im Sinne von: Hast du das auch alles richtig gemacht? Ja, so top-down der unangenehmen Art und Weise. Aber ich denke, wenn en Vertrauensverhältnis gewachsen ist, dann werden, werden, zwischen Mitarbeitern und Vorgesetzten, dann kriegt das auch en bisschen andere Wertigkeit" (Otto: Z 645-652).

Kontrolle und Qualitätsmanagement werden im Text als seitens der ‚Mitarbeiter_innen' miteinander verwandt verstanden präsentiert: Vorgestellt wird Qualitätsmanagement als Instrument einer hierarchisch strukturierten Kontrolle der Richtigkeit von Arbeit. Die Formulierung des ‚In-die-Karten-Guckens' lässt dabei das Bild einer nicht angemessenen Kontrolle entstehen. Im Unterschied zu der skizzierten Lesart der Mitarbeiter_innen markiert der Interviewte somit Qualität zwar als zur Kontrolle – zur absoluten, allumfassenden und hierarchischen

Kontrolle, also als Technik der ‚totalen' Unterwerfung – nutzbar. Gleichzeitig begreift er sie jedoch auf der Basis gegenseitiger Vertrauensverhältnisse als prinzipiell verwandel- und „en bisschen" anders auszurichtbar. Damit wird Qualitätsmanagement als Technik der ‚totalen' Unterwerfung verstanden, die unter der Bedingung des Vorhandenseins von bestimmten Elementen – hier sind gewachsene Vertrauensverhältnisse innerhalb der Organisation gemeint – jedoch nicht als solche empfunden wird und wirkt.[97]

Konstante Kritik erfährt Kontrolle dagegen im Kontext der Qualitätsdebatte, wenn sie lediglich den Interessen von ‚denen' „da oben" diene und trotz Engagement „unten" zu keinen Veränderungen führe.

> „Es is ne, is ne relativ künstliche Diskussion, was da oben stattfindet und das, wie unten gearbeitet wird, und da tut sich im Vergleich zu der Investition zu wenig. Man befriedigt nicht mehr Kinder, Jugendliche, Familien, sondern man befriedigt die, äh, Sesselpupser, die Beamten bei Jugendämtern, die sich zum Teil an diesem Kontrollinstrument laben, weiden, da Macht spüren" (Fischer: Z 912-916).

In dem zitierten Textausschnitt des Expert_inneninterviews mit Rolf Fischer, einem Heimleiter, zeigen sich die Elemente der Kontrolle und der „Macht" und die Diskussion um gute Arbeit als miteinander verknüpft. So wird die Debatte um Qualität hier als Kontrolltechnik der „Sesselpupser" aus dem Jugendamt entziffert, die nicht dazu diene, die Qualität der Arbeit für die „Kinder, Jugendlichen, Familien" zu verbessern, sondern lediglich dazu, „Macht" auszuüben. Die Thematisierung von Qualitätsmanagement als Unterwerfungstechnik vollzieht sich dabei im Zusammenhang mit dem mit ihm verknüpften Aufwand und der Folgenlosigkeit seiner Einführung für die eigentlichen Zielgruppen der Sozialen Arbeit. Damit wird die Markierung von Qualitätsmanagement als Unterwerfung durch Kontrolle in beiden Texten mit dem Verweis auf die Existenz hierarchischer Strukturen verknüpft, wobei hier sowohl die innerorganisationalen als auch die organisationsübergreifenden Strukturen als bedeutsam herausgestellt werden.

Ein deutlicher Zusammenhang zwischen Verhältnissen der Macht, der Qualitätsdebatte und der Kontrolle zeigt sich auch in dem folgenden Textausschnitt von Nils Albrecht-Grimm, einem Leiter des Fachbereichs Jugendhilfe eines freien Trägers:

---

[97] Da das Ziel der Auswertung des von den Expert_innen Thematisierten nicht in seiner Bewertung, sondern in der Rekonstruktion sich zeigender Formen von Praktiken der Fort- und Umschreibung liegt, wird eine Kommentierung des Vergleichs der Führung eines Vernichtungslagers im 3. Reich mit der Etablierung eines Qualitätsmanagementverfahrens in einer Einrichtung der Sozialen Arbeit als einer Relativierung des Faschismus im Kontext der vorliegenden Arbeit als nicht erforderlich erachtet.

„Ähm, das liegt mit Sicherheit an der personellen Besetz- äh, Besetzung der Abteilung, die sich damit beschäftigt. Ähm, das sind, äh, das is vor allem ein Mensch, der sehr stark auf das Geld schaut und auf die, äh, Strukturen und das auch immer wieder auch in Frage stellt und der, äh ei-, nach meiner Kenntnis noch nie in der Praxis gearbeitet hat. Von daher sich an diese -- is ne Einschätzung von mir, das mag falsch sein, aber das is ne Einschätzung, der sich an diese Prozessbeschreibungen nicht ran wagt. Weil möglicherweise er das als offenes Feld sieht, als, ähm, etwas, was schwer zu steuern ist, was schwer einheitlich für die ganze Stadt zu bestimmen und festzulegen ist. Und was, äh, von daher auch schwer kontrollierbar ist. (…) Das ham wir diskutiert, auch mit der Leitung des Jugendamtes. Wir erhoffen uns, äh, jetzt in den nächsten Monaten eine Entscheidung des Jugendamtes, dass diese unsägliche Diskussion der, der Standards und der Strukturen jetzt erst ma eingefroren wird (RÄUSPERN) auf dem Stand, den wir jetzt haben. Und bestimmte Prozesse und bestimmte Wirkungsqualitäten, äh, äh, diskutiert werden sollen anhand einzelner weniger Kriterien. Das können zwei, drei Kriterien sein, die wir einheitlich an die stationä-, teilstationäre Jugendhilfe heran, äh, legen. Und das beurteilen wollen im Laufe des nächsten Jahres, das wäre unser Ziel" (Albrecht-Grimm: Z 535-553).

So wird im Text die Vermutung geäußert, dass die zum Interviewzeitpunkt bestehende Konzentration auf das Dokumentieren und Bewerten der sogenannten ‚Strukturqualität' damit zusammenhänge, dass ‚Prozess'- und ‚Wirkungsqualität' für eine größere Region schwerer „zu steuern" und zu ‚kontrollieren' seien – ebendies sei jedoch das Interesse des ‚Verhandlungspartners' beim Kostenträger. Aus Sicht eines als „wir" markierten kollektiven Handlungszusammenhangs erweist sich diese Fokussierung als problematisch und hemmend. Die eigene Positionierung im Feld der Macht impliziert damit die Abhängigkeit von den Entscheidungen und (Kontroll-)Bestrebungen anderer. Dies legt nahe, dass der Fokus der Kritik weniger auf ‚Qualitätsmanagement' als einer Technik der Kontrolle liegt, denn auf den Effekten von, an das Qualitätsmanagement geknüpften, (Kontroll-) Bestrebungen.

Ob die im Kontext der Debatte geforderte ‚Qualitätsentwicklung' jedoch den tatsächlichen Vollzug von Kontrolle beinhaltet oder nicht, sei unterschiedlich, wie Rolf Fischer (Z. 894-900), Heimleiter, darlegt:

„Aber das, was se dann erwirtschaftet haben [an Qualitätsentwicklung, C.H.], wurde net in der notwendigen Weise von denjenigen, mit denen es vereinbart auch wurde, mit den Jugendämtern, gewürdigt. Wir ham das Gefühl gehabt: Wir ham das gemacht, und? Wir sind da so rausgegangen, weil letztlich interessierts se gar net. Und is ruhiger geworden, und einige Einrichtungen sind da gar net so in die Diskussion eingestiegen und so in die Prozesse eingestiegen".

Gemäß dem Text wird die angestrebte Kontrolle im ‚Außen' nicht unbedingt vollzogen. Vor diesem Hintergrund sei bei den „Einrichtungen" zum Teil das Interesse an Qualitätsentwicklung wieder erloschen. Die angekündigte, aber nicht erfolgte Kontrolle der Arbeit und die damit einhergehende Thematisierung von Desinteresse hätten zum Erliegen des Vorantreibens der Kontrolle in den Einrichtungen geführt. Damit verliert der kritisierte Aspekt der Kontrolle der (Sozial-)Pädagoginnen und ihrer Arbeit ‚in der Praxis' zum Teil wieder an Relevanz.

Neben der erörterten Problematisierung und Relativierung erfährt Kontrolle als Element von Qualitätssicherung über ihre Umdeutung aber auch eine Einschreibung in das Denken. Darüber, dass sie zunächst problematisiert und kritisch verhandelt wird, vollzieht sich ihre Integration und Veralltäglichung:

> „damals, äh, wurde das sehr stark diskutiert, Evaluation, Qualitätssicherung und, äh, damals noch mit sehr großen Vorbehalten von Seiten der Sozialarbeiter, Sozialpädagogen, weil man sich wohl in erster Linie gegängelt und ge- . ja . kontrolliert fühlte. . (…). So seit . vielleicht . sechs Jahrn würd ich ma sagen, äh, dass einfach klar wird, dass die Ressourcen immer knapper werden, also die Ressourcen werden knapper, äh. Auch im sozialen Bereich is es so ein bisschen wie so en Haifischbecken, dass die Anbieter wirklich um, um die Klienten auch buhlen müssen und gucken müssen, wie sie sich positionieren. Und dass einfach klar geworden is, auch den Mitarbeitern (…), dass das einfach auch en gutes Mittel is, um sich da klug zu positionieren. Und um eben die Arbeit auch entsprechend darzustellen, würd ich ma sagen" (Berger: Z 18-33).

In dem Interviewausschnitt von Susanne Berger, einer Wohngruppenmitarbeiterin, präsentiert sich die Lesart von Qualitätssicherung als Instrument der Kontrolle von (Sozial-)Pädagog_innen als inzwischen obsolet. Qualitätssicherung werden stattdessen positive Potentiale zuerkannt. So wird ihr seitens der Befragten die Möglichkeit zugeschrieben, dass sich „Anbieter" mit ihrer Hilfe im umkämpften Feld der Sozialen Arbeit „klug" „positionieren" können.

In einem Ausschnitt aus dem Expert_inneninterviewtext von Birgit Illich, einer Wohngruppenmitarbeiterin, zeigt sich dagegen ein Band zwischen den Variablen Kontrolle, „Transparenz", Legitimation, Selbstreflexion und Dokumentation:

> „die Berichtsgeschichte fand ich gut, zur eigenen Reflektion. Was machste da eigentlich? Und auf so ner größeren Ebene fand ich das auch gut, um so ne andere Transparenz, kannst natürlich auch sagen: Kontrollmöglichkeit. Aber es hat auch was mit Transparenz zu tun, weil wir sind ja quasi in der öffentlichen Erziehung, sage ich mal, und müssen von daher natürlich auch, äh, Rechenschaft ablegen, so. Das find ich eigentlich ganz gut, und die Jugendämter müssen das auch, ne. Also du kannst ja nicht völlig ... so rumwurschteln, und äh, transparent insofern, dass die Jugendlichen, die wir betreuen, natürlich auch gucken. Okay, wir schreiben da alle halbe Jahre nen Bericht, die gucken mit, ne, und lesen das durch, oder wenn du genug Zeit hast, diskutierst du das auch mit denen" (Illich: Z 39-48).

Kontrolle und Transparenz erscheinen hier als Schwestern, als zwei Seiten der Dokumentation der Arbeitsleistungen von Einzelnen und Gruppen. Die Seite der Kontrolle tritt im Zitierten jedoch in den Hintergrund. Im Vordergrund steht eine Transparenz nach ‚innen' und ‚außen'. Begründet wird die Wichtigkeit von Transparenz und einer Legitimation nach außen mit der Öffentlichkeit der Erziehungsaufgaben der Jugendhilfe. Durch die erforderliche Legitimität werde Kontrolle zur sinnvollen und notwendigen Transparenz. Entsprechend gelte sie nicht nur für Kinder- und Jugendwohngruppen, sondern auch für „die Jugendämter". Dabei seien beide Seiten gleichermaßen verpflichtet, Transparenz herzustellen, womit wiederum die Relevanz der Kontrolle geschmälert wird. Innerhalb der Einrichtung impliziert Transparenz, so Illich, den „Jugendlichen" zu zeigen, was über sie verfasst wurde. Zudem dürfe die Wahrnehmung der Dokumentation als Möglichkeit der Selbstreflexion nicht übersehen werden.

Eine Verbindung zwischen den Variablen Kontrolle, ‚Dokumentation' und „Handlungssicherheit" zeigt sich in dem Textausschnitt von Fred Otto, einem Teamleiter einer Hilfe nach § 34 SGB VIII:

> „was sie ermöglicht, ist, dass man, äh, zu bestimmten Zeiten, äh, wenn alte, alte Fragestellungen auftauchen, die scheinbar geklärt warn, sagen kann: „Moment ma, lass uns ma gucken: (TASSE WIRD ABGESTELLT) Was ham wir da im Protokoll festgelegt? Was ham wir in der Hilfeplanung festgelegt? Was ham wir, äh, im Vorbericht besprochen?" Ja. Also es gibt en, ein Stück, ein bisschen Handlungssicherheit, wenn Rückfragen kommen. Das is schon en Effekt, ja. Äh, sowohl dem Auftraggeber, also dem Jugendamt gegenüber, wie auch intern. Ne? Ich, also, ich einmal den Mitarbeitern sagen kann: „Moment, vor acht Wochen ham wir zusammen gesessen, ham wir das und das abgesprochen, was habt ihr inzwischen da gemacht?" Umgekehrt die Mitarbeiter bei mir aber auch sagen können: „Du hast uns vor acht Wochen gesagt, das willst du machen, wo isses Ergebnis?" Ja? Es is auf der einen Seite -- natürlich hat es en Kontrolleffekt, auf jeden Fall. Ähm, aber Kontrolle, is ni-, is ja für mich nich nur was Unangenehmes, sondern, sondern sie bietet ja auch en Stück Sicherheit. Also einmal en Stück Handlungssicherheit, und dann aber auch en Stück Absicherung, wenn beispielsweise ne Situation eintritt, wo ein Kind misshandelt worden ist. Ja. Und wenn das da dokumentiert ist und wenn die Abläufe, äh, dokumentiert sind, äh, was wir gemacht haben, um dem entgegenzuwirken, wie wir Sicherungs- und Schutzmaßnahmen eingebaut haben. (…) Wenn das ausreichend dokumentiert ist, als wir hier dann, äh, dagegen unternommen haben, dann haben wir auch dem Jugendamt gegenüber en ganz klares Standwerk, weil ma da mit ner ganz großen Sicherheit und Gelassenheit auch in die Gespräche reingehn. Und umgekehrt auch: Wenn wir von Jugendämtern Zusagen bekommen haben, die dann nachher in Frage gestellt werden, können wir auch sagen: „So und so isses gewesen und deshalb bestehn wir drauf". Also, en Kontrollaspekt hat es, es hat aber in diesem Kontrollas-, -aspekt den Aspekt der, äh, einer größeren Handlungssicherheit" (Otto: Z 264-293).

Über die Möglichkeit des Rückgriffs auf dokumentierte Absprachen und Vereinbarungen ergeben sich dem Text von Otto zufolge „größer[e] Handlungssicherheiten" auf Seiten der einzelnen Mitarbeiter_innen und der Organisation. Zwar impliziere dies auch den Aspekt einer internen gegenseitigen ebenso wie einer externen Kontrolle, doch sei dies aufgrund der bereits angesprochenen erhöhten Handlungssicherheit und der Absicherung des thematisierten Kollektivs positiv zu werten – exemplarisch verwiesen wird in diesem Zusammenhang auf mögliche Fälle der Gewalt gegen Kinder und/oder Jugendliche. Denn über die Dokumentation sei es stets möglich, die Leistungen der Einzelnen ebenso wie die des Kollektivs nach außen und innen zu belegen – was zu einer veränderten Bewertung des Kontrollaspekts der Dokumentation führt. Kurz: Durch die Vermittlung von

‚Sicherheiten' verliert die Kontrolle der Mitarbeiter_innen hier ihr hässliches Gesicht. Ein weiterer Mehrwert sei die Möglichkeit, auf vergangene Absprachen zu verweisen und auf diese Weise auf ihre Einhaltung zu dringen.

Kontrolle wird also nicht nur negativ konnotiert thematisiert, sondern hat dem empirischen Material zufolge auch positive Aspekte. Dies zeigt sich beispielsweise in einem Textausschnitt von Alfred Graf, einem Qualitätsmanagementbeauftragten:

> „Die Mitarbeiter mussten lernen (…), äh, dass sie damit [mit einer Leistungsbeschreibung, C.H.] auch Sicherheiten haben, in der Beschreibung, was sie tun können, was sie tun müssen, und auch beschreiben und auch deutlich machen müssen. Wenn ich jetzt zum Beispiel in einer Betreuung merke, wenn es eine Einzelbetreuung ist, ich merke: Der kann bestimmte Sachen, ich kann bestimmte Sachen abhaken, ich hab sie gezielt kontrolliert, dass er die kann. Dann kann ich auch sagen: „Jetzt brauch ich nich mehr so viel bei dem rumzuhocken"" (Graf: Z 173-181).

In dem Text zeigt sich eine Relation zwischen den Variablen ‚Handlungssicherheit', Dokumentation und Kontrolle. So impliziere die Dokumentation der verlangten und zu erbringenden Leistungen u.a. Handlungssicherheit und Zielklarheit. Über die erfolgte Kontrolle eines sich zeigenden Kompetenzzuwachses auf Seiten der ‚Betreuten' werde eine evtl. nötige Neuausrichtung und/oder Anpassung der Handlungen der Mitarbeiter_innen deutlich. Und somit sei wiederum Handlungssicherheit für diese gegeben.

Verdeutlichen lässt sich dies auch an einem Textausschnitt aus dem Interview mit Fred Otto, einem Teamleiter:

> „Das hab ich in den Diskussionen immer wieder gehabt, dass ich den Mitarbeitern gesagt habe (…): „Jetzt holt ma eure Dokumentation raus und jetzt gucken wir ma, was habt ihr in den letzten Jahren mit den Kids erreicht". Und siehe da, es ließ sich in der Regel etwas, mindestens eine (LACHEN) Sache finden, wo die dann gesacht ham: „Ach ja, genau, da war er ja ganz anders und das macht der heute nich mehr, ja". Also es is en Stück weit auch eigene Erfolgskontrolle (GESCHIRRGEKLAPPER) möglich, auch ohne dass jetzt, äh, von Vorgesetzten im Rahmen der Mitarbeiter, Mitarbeiterbewertung eingefordert wird, sondern einfach nur mal, um sich selber zu zeigen, es ist doch nich alles Mist, was hier läuft, (…), sondern ich habe im Laufe der Zeit an den und den Stellen, den und den Themen gearbeitet und da gibt es beschreibbare Erfolge, die man auch nach außen so vertreten kann, dass andere dann sagen können: „Ja ihr habt Recht, das stimmt, da hat er sich verändert". Ja? Also Kontrolle ist zum Beispiel häufig dann die Rückmeldung aus der Schule. Kontroll- Gegenkontrolle ist, äh, häufig dann auch die Rückmeldung von der Herkunftsfamilie. Oder wir ham dann, äh, die Anbindung an den Therapeuten und merken dann, in der Therapie und in der Familie gibt es Parallelentwicklungen. Ja? Wie auch immer das denn -- und das kann man dann anhand der Dokumentation auch, äh, aufzeigen. Und da entsteht dann auch, ähm, so im emotionalen Bereich, hin und wieder dann, ähm, en Moment der Entlastung" (Otto: Z 344-368).

Hier zeigt sich eine Verbindung zwischen einer „eigene[n] Erfolgskontrolle" und Verfahren der „Dokumentation". So ließe die Dokumentation der geleisteten

Arbeit unter anderem eine von den einzelnen Mitarbeiter_innen autonom und jederzeit durchführbare Feststellung der Veränderungen ‚ihrer' „Kids" und damit der von ihnen erbrachten ‚Arbeitserfolge' zu und trage auf diese Weise zu ihrer „Entlastung" bei. Als Ergänzung und Kontrolle der eigenen Perspektive seien Rückmeldungen aus „Schule", „Herkunftsfamilie" und „Therapie" geeignet.

Kontrolle präsentiert sich zudem als Baustein des Qualitätsmanagements. Deutlich wird dies anhand eines Ausschnitts aus dem Expert_inneninterviewtext von Alfred Graf, in dem von dem Befragten Überlegungen zur Übertragung von Verfahren aus der Industrie auf die „Jugendhilfe" angestellt werden:

> „Auf jeden Fall war ich dort und saß da mit, äh, .. Leuten aus dem, äh, aus der Industrie, mit Ingenieuren da und, äh, ja, am ersten Tag hab ich gesagt: „Ich bin hier auf der völlig falschen Veranstaltung. Denn, äh, das, was hier als Qualitätsmanagement hergestellt wird, dargestellt wird nach der ISO 9001, passt unmöglich auf die Jugendhilfe". (…) Dann hab ich mich nachts hingesetzt und hab mir überlegt: Wie könnte man das, was ich davon verstanden habe, als System übertragen auf die Jugendhilfe? Und hab denn ein Modell entwickelt, en Bild entwickelt, wie das sein könnte. Und hab gesagt: „Stellen wir uns ma vor, stell ich mir ma vor, ich produziere etwas. Was produziere ich eigentlich? Ich produziere Erziehung. Und diese Erziehung ist in einem Prozess. Und jetzt leite ich das ma ab, wie geht das auf eine Prozessgestaltung von der ISO 9001? Ein Produkt kommt rein, wird bearbeitet und geht wieder raus. Und hat -- müsste möglicherweise ne Qualitätskontrolle haben. Denn, es -- in der Industrie entstehn ja möglicherweise Haftungsansprüche, wenn das Produkt nich in Ordnung ist". Und damit ham wa das Modell entwickelt über Nacht, hab das ma aufgezeichnet, und bin dann am nächsten Morgen in dieses Seminar gegangen und hab gesagt: „So, damit ich auch so en bisschen mich wieder einklinken kann, hab ich das ma dargestellt"" (Graf: Z 270-289).

Die „ISO 9001"[98] wird zwar als aus der „Industrie" kommendes Modell vorgestellt, doch gemäß dem Text würde die Entschlüsselung der diesem Modell zugrunde liegenden Logik – mit den ihr immanenten Aspekten Anlieferung, Produktionsprozess, Kontrolle, Auslieferung – eine Übertragung auf die „Jugendhilfe" ermöglichen. Qualitätsmanagement könne – gemäß dem Text – auch in der Jugendhilfe An- und Auslieferungs- sowie Bearbeitungsprozesse und gegebenenfalls auch die „Qualitätskontrolle" des Geleisteten in den Blick nehmen.

Neben diesen drei Facetten präsentiert sich Kontrolle im Kontext der Thematisierung von guter Arbeit als Element guter pädagogischer Arbeit. So thematisiert Alfred Graf die Kontrolle von Kindern als ein ‚erzieherisches Prinzip':

> „wenn ich einem Kind sage: „Wann liest du diesen Text durch?", und der sagt: „Das mach ich heute Nachmittag!", und der hat es nicht gemacht und ich kontrollier das am nächsten Tag. Er hat ihn nich gelesen. Dann muss ich doch den Überprüfungszeitraum verkürzen und sagen: „Du willst diesen Text lesen, also lies jetzt, ich gucke, ich bleib dabei". Das sind für mich ganz einfache erzieherische Prinzipien, die sich auch ins Qualitätsmanagement hineinziehen" (Graf: Z 1427-1431).

---

98   Zum Verfahren vgl. Kapitel 2.1.2.

Hier zeigt sich die Erledigung der vom „Kind" zu erfüllenden Aufgaben als der Kontrolle durch den Interviewten in seiner Rolle als Erzieher bedürfend. In diesem Sinne präsentiert sich Kontrolle als Motor des Handelns, als Handlungsanreiz. Das Zeitfenster der Kontrolle sei dabei der jeweiligen Situation des einzelnen Kindes anzupassen, um die Erfüllung der Aufgaben zu gewährleisten. Damit erscheint die Aufgabenerfüllung seitens des Kindes als durch eine zeitlich adäquate Kontrolle erleichtert. Darüber hinaus wird mit dem Element der zeitnahen Kontrolle eine Verbindung zwischen ‚Prinzipien der Erziehung' und dem ‚Management von Qualität' hergestellt.

In einem zweiten Interviewtextausschnitt von Graf zeigt sich die Beibehaltung von Kontrolle als eine auch nach der Erfüllung einer gestellten Aufgabe erforderliche Handlungsweise der (Sozial-)Pädagog_innen:

> „‚Was brauchen wir jetzt noch?' Bestimmte Dinge kann der, bestimmte Dinge kann er noch nicht, wie zum Beispiel Wohnungssuche, Arbeitssuche, da brauch er noch ne Hilfestellung, und wenn er die hat, schätze mal ab, dauert etwa en viertel Jahr, dann hat er sich in der neuen Wohnung eingelebt. Er hat die, äh, . hat ne Arbeitssituation gefunden und denn brauch ma eigentlich nur noch so ne Kontrolle, äh, so, wenn er noch mal ein Problem hat, um Sicherheiten zu erlernen" (Graf: Z 99-106).

Im vorliegenden Text zeigt sich Kontrolle als eine Unterstützung im Entwicklungsprozess des Einzelnen, u.a. bezogen auf die Einhaltung von als angemessen betrachteten Verhaltensweisen. Sie soll das Erlangen von ‚Sicherheit' in der Anwendung des Erlernten ermöglichen. Auf diese Weise sollen Rückfälle in alte, aus pädagogischer Perspektive nicht angemessen erscheinende Verhaltensweisen verhindert werden. Auch hier zeigt sich Kontrolle also als Hilfestellung bei der Erbringung von gewünschtem Verhalten. Sie verfügt somit über einen produktiven Aspekt und impliziert eine Zunahme von Sicherheit bei ‚Jugendlichen'.

Eine andere Facette von Kontrolle als Element guter Arbeit offenbart sich in einem Textausschnitt von Birgit Illich, in welchem sich eine Beziehung zwischen dem Austausch im „Team" und dem Gefühl der „totalen Kontrolle" auf Seiten der Gruppe der „Jugendlichen" zeigt:

> „Neun Leute sind für die [Jugendlichen, C.H.] da. Und sie kriegen eben auch mit, ja, dass auch jeder [aus dem Team, C.H.] auf Stand ist, weißt du. Das find ich auch ne Qualität. Das hat für die manchmal, dann was für die Jugendlichen, äh, was, totale Kontrolle hier oder so. Aber, ist natürlich gut. Sie können sich mit, auf jeden auch beziehen mit ihren Problemen: „Hab ich auch doch gestern schon . oder hab ich dem gesagt.", „Ja weiß ich.", „Okay, ist okay, der weiß es zumindest auch". Also so ne Kontinuität auch, ähm, und einfach so, ja, einfach nen guten Austausch unternander zu haben, also im Team, dass die Jugendlichen eben auch so verlässliche Gegenüber haben, also Verlässlichkeit ist eine Qualität auch bei uns" (Illich: Z 216-223).

Dem Zitierten zufolge erfordert „Qualität" auch den regelmäßigen Austausch der Teammitglieder über die Belange der Jugendlichen. Ziel des Austausches sei es, den Jugendlichen ein „verlässliche[s] Gegenüber" zu sein. Für diese könne dadurch zwar das Gefühl der „totale[n] Kontrolle" entstehen, doch sei dies zu vernachlässigen, da es sich um gute Arbeit handele, den Jugendlichen ein stets ansprechbares Gegenüber zu bieten. Gute Teamarbeit scheint somit ein umfassendes Wissen über das Gegenüber zu implizieren, welches bei diesem auch das Gefühl der ‚totalen Kontrolle' hervorrufen kann. Damit zeigt sich hier eine Schnittstelle zwischen guter Arbeit und Kontrolle.

Zusammenfassend ist anzumerken: Die letzten zitierten Texte offenbaren Kontrolle als ein alltägliches Element sozialpädagogischer Praxis Kindern und Jugendlichen gegenüber, genauso wie ihre Relevanz im Kontext der Qualitätsdebatte. Insgesamt wurde deutlich, dass diese Technik der Unterwerfung im Unterschied zu der Gestaltung von Verhältnissen der Verpflichtung und des Drucks wenige Verknüpfungen zu widerständigen Verhaltensweisen zeigt. Im Gegenteil geht Kontrolle im Kontext der Qualitätsdebatte neben ihrer Problematisierung mit unterschiedlichen Prozessen der Aneignung und Vereinnahmung einher. Auch präsentiert sich Kontrolle dabei als Technik der Ermöglichung.

Um diese Aspekte angemessen interpretieren zu können, ist der Verweis auf das sogenannte „doppelte Mandat" aufschlussreich, welches als unaufhebbar in die Soziale Arbeit, und damit auch in die Kinder- und Jugendhilfe, eingeschrieben gilt (Gildemeister 1997: 61; Müller 2001: 35f.). In den Worten von Michael Galuske und C. Wolfgang Müller (2012: 592) liest sich dies folgendermaßen: „Soziale Arbeit ist eingebettet in staatliche Gewährleistungs- und Kontrollkontexte (…). Für sozialpädagogische Interventionen bedeutet [dies, C.H.] (…), dass sie immer im Spannungsfeld von Hilfe und Kontrolle (‚doppeltes Mandat') angesiedelt" sind. Das doppelte Mandat bestimmt Unterstützung, Betreuung, Hilfe und Kontrolle als grundlegende Aufgaben und Funktionen der Profession (vgl. dazu auch Bellebaum/Becher/Greven 1985). Im Kontext der Diagnose eines nach wie vor bestehenden „Unbehagen[s]" (Cremer-Schäfer 2007: 59) gegenüber einer „punitiven Kultur" (ebd.) stellt Helga Cremer-Schäfer eine gestiegene Akzeptanz gegenüber dem doppelten Mandat innerhalb der Profession fest (vgl. ebd.: 71). Spuren des doppelten Mandats sind auch deutlich aus dem vorliegenden Interviewtextmaterial herauszulesen: Die Verknüpfung von guter Kinder- und Jugendwohngruppenarbeit mit Kontrolle bildet sich – wie gezeigt wurde – im empirischen Material klar ab. So erwies sich Kontrolle als unproblematisch, wenn es um die Kontrolle der „Kids" (Otto: Z 346) geht, als zwar thematisiert, dabei aber zugleich entproblematisiert, wenn es um die Kontrolle von (Sozial-)Pädagog_innen geht, und als zu problematisieren, wenn sich die Kontrolle der (Sozial-)Pädagog_innen und der Einrichtungen als Instrument der Entmächtigung und als nicht

hilfreich für die unmittelbare pädagogische Arbeit und/oder die Organisation erweist. Eine denkbare Unterscheidung von Formen der Selbst- und Fremdkontrolle
wird dabei nicht durchgehend vorgenommen und ist damit auch kein grundlegen-
des Element der Positionierung. Schnittstellen zur Effektivität und insbesondere
zur Sicherheit sind jedoch im Material nicht zu übersehen.

4.1.4 Zwischenresümee

Im empirischen Material bilden sich Praktiken der Unterwerfung, die als (Selbst-
und Fremd-)Techniken der Macht im foucaultschen Sinne interpretiert werden
können, als ein zentrales Thematisierungsfeld im Kontext der Debatte um gute
Arbeit ab. Dabei werden die Praktiken der Unterwerfung insbesondere, aber nicht
nur bei der Etablierung von Qualitätsmanagement, Qualitätsentwicklung bzw.
Qualitätssicherung thematisiert. Dieser Befund legt m.E. die Existenz entsprechender Praktiken in der Kinder- und Jugendwohngruppenarbeit nahe.

    Als ein weiteres Untersuchungsergebnis lässt sich herauskristallisieren, dass
die skizzierten Machtverhältnisse für die Interviewten an- und aussprechbar sind.
Damit lassen sich Machtverhältnisse im Kontext von Fragen nach guter Arbeit als
vorhanden bzw. relevant und als benennbar charakterisieren – zumindest in der
Situation des Interviews. Denn die Interviewten scheinen die sich zeigenden Verhältnisse der Macht weder verschweigen zu müssen, noch so tief in ihnen verwo-
ben zu sein, dass sie diesbezüglich sprachlos wären.

    Deutlich wurde auch, dass Praktiken der Unterwerfung, die anhand der bei-
den Bestandteile des Thematisierungsfeldes Verpflichtung und Druck aufgezeigt
wurden, durch Verhältnisse geprägt sind, die die Beschäftigten im Feld der Kin-
der- und Jugendwohngruppenarbeit zu bestimmten Weisen des Handelns anregen
wollen und sollen. Auch Machtpraktiken, die als Kontrolle markiert wurden,
erwiesen sich als handlungsauffordernd. Insbesondere zielen sie jedoch darauf ab,
zu überprüfen, ob erwünschte und als angemessen bewertete Handlungsweisen
vorliegen. Beziehungsfigurationen zur Beeinflussung der Handlungen von
Kindern und Jugendlichen zeigen sich jedoch lediglich bei der Thematisierung von
Praktiken der Kontrolle.

    Was die Verpflichtung angeht, so zeigen sich Praktiken der Unterwerfung –
wie bereits angedeutet – als Versuch, bestimmte Handlungsweisen anzuregen
bzw. zu erzwingen. Dabei scheint die Freiheit, sich für eine Verweigerung der
gewünschten Handlungen entscheiden zu können, nur sehr bedingt gegeben zu
sein. Dagegen besteht die Möglichkeit, an der Gestaltung des Gewollten mitzu-
wirken. Ein in der Praxis gangbarer und beschrittener Weg scheint in diesem

Zusammenhang darin zu bestehen, die geforderten Handlungsweisen zu modifizieren, d.h. sich das Verlangte anzueignen und es umzuformen. Praktiken der Umdeutung und Umschreibung des Erwünschten sind also anscheinend möglich und finden statt.

Den empirischen Daten zufolge evoziert auch die Figur des Drucks Handlungsweisen und stellt sich als eine ‚Tatsache' dar, die bestimmte Handlungen hervorzurufen versucht. Das Unter-Druck-Stehen erfordert also eine Reaktion. Diese kann aber durchaus unterschiedlich ausfallen, ohne dabei jedoch autonom zu sein. Deutlich wurde, dass die Möglichkeiten, sich im thematisierten kollektiven Handlungszusammenhang zu verhalten, different zu sein scheinen. Als mit Druck verknüpfte Verhaltensweisen zeigen sich beispielsweise Praktiken der Kritik oder Verweigerung. Druck verfügt damit über unterschiedliche Gesichter und löst bei den individuellen und kollektiven Subjekten durchaus verschiedenartige Verhaltensweisen aus, wie das empirische Material belegt. Verliert der Druck dagegen eine mit ihm verknüpfte negative Wertung, so verschwindet auch sein Name.

Die Figur der Kontrolle zeigt sich als eine Praktik der Unterwerfung, die u.a. von (Sozial-)Pädagog_innen im Umgang mit Kindern und Jugendlichen ausgeübt wird. Damit erscheint Kontrolle als Bestandteil des Handlungsrepertoires innerhalb des thematisierten kollektiven Handlungszusammenhangs. Dies unterscheidet Kontrolle von den zwei voranstehenden Bestandteilen des Thematisierungsfeldes. Denn diese wirken dem empirischen Material zufolge auf (Sozial-)Pädagog_innen, anstatt eben auch von ihnen auszugehen. Der Einsatz von Kontrolle wird hingegen als Methode der Evozierung erwünschter Handlungsweisen und der Überprüfung der dementsprechend erwarteten Ergebnisse präsentiert. Kontrolle dient damit sowohl der Handlungsanregung als auch der Vermeidung unerwünschter Handlungen sowie derer Effekte. Damit spielt in diesem Zusammenhang auch die Annahme der Existenz von Wissen über erwartetes und als angemessen bewertetes Verhalten eine Rolle. Als mit Kontrolle verknüpft präsentieren sich die Aspekte Sicherheit und Schutz sowie eine Reflexion der geleisteten „Hilfe". Kontrolle zeigt sich damit auch als Methode der Selbstkontrolle des thematisierten kollektiven Subjekts. Kritik erfährt sie im Falle ihrer Ausübung durch nicht zum kollektiven Subjekt Gehörende, wobei dabei vor allem die fehlende Ausrichtung an den Interessen von Kindern und Jugendlichen im Fokus steht.

Deutlicher und weitreichender als Tilman Lutz (2010: 235ff.) macht die vorliegende Studie damit Praktiken der Unterwerfung sichtbar, über die sich Verfahren der Qualitätsentwicklung im Bereich der Kinder- und Jugendwohngruppenarbeit zwar als eingeführt präsentieren, die jedoch immer auch verknüpft sind mit Praktiken der Umdeutung, Umschreibung und Verweigerung.

4.2 Gute Arbeit – Marktpraktiken und deren kritische Kommentierung[99]

Die sich ebenfalls dominant durch das Interviewtextmaterial ziehenden Praktiken, welche ich im Folgenden unter das Label Praktiken des Marktes fassen werde, werden in einem zweiten Thematisierungsfeld zusammengefasst und vorgestellt. Im Zentrum des Kapitels 4.2 stehen die Abbildung der unterschiedlichen Facetten und Bestandteile dieses zweiten Thematisierungsfeldes sowie eine Darlegung der sich zeigenden Argumentationsweisen.

4.2.1 Praktiken der Finanzierung

Die im empirischen Material sichtbar werdenden Finanzpraktiken lassen sich als Praktiken des Marktes rekonstruieren, wie zwei Ausschnitte aus dem Expert_innentext von Rolf Fischer, einem Heimleiter, zeigen:

> „[Die Finanzierung läuft, C.H.] über Entgelter, vereinbarte Entgelter. Ich hab keine Zuwen-dungs-, keine Zuschuss finanziert. Wir sind en e.V. Alles, was hier drinsteckt, ist erwirtschaftet über Entgelter. Wie im Krankenhaus, wie im Knast, wie im, im -- es is en Entgelt vereinbart für ne Leistung, die wir erbringen, das is so und so teuer (…), leider sind se gedeckelt seit vier, fünf Jahren" (Fischer: Z 819-825).

Im Zusammenhang mit der Thematisierung der Vereinsfinanzierung wird darge-legt, dass diese über zwischen Verein und Kostenträger „vereinbarte Entgelte[]" stattfindet, sodass sich das Modell einer am Preis-Leistungs-Verhältnis orientier-ten Bezahlung in der stationären Kinder- und Jugendhilfe als gegenwärtig präsen-tiert. Dies liest sich, als gehöre der Abschluss einer ‚Vereinbarung' bzw. eines „Vertrages" (Münder 2013b: 730) über Preise und Leistungen zu den Vorausset-zungen einer möglichen finanziellen Absicherung für Einrichtungen, die Hilfen nach dem § 34 SGB VIII anbieten. Zu vereinbaren ist damit, wie teuer welche Leistungen sind, was also für welche Leistungen bezahlt wird.

Über diesen Aspekt der Aushandlung (vgl. Münder 2013b: 730) der Relation von Preisen und Leistungen werden Praktiken des Marktes in der stationären Kinder- und Jugendhilfe als gegeben präsentiert. Auch scheinen Wettbewerbs-elemente – Wer bietet welche Leistungen wie teuer bzw. wie günstig an? – im Kontext der Finanzierung von Leistungen zu den Regulationsformen zu gehören. Möglichkeiten der Aushandlung von Preisen in der stationären Kinder- und Jugendhilfe werden allerdings als an Grenzen stoßend thematisiert, da die Entgelte

---

99 Dieses Teilkapitel ist eine überarbeitete Fassung eines von der Verfasserin bereits veröffent-lichten Zeitschriftenbeitrages (vgl. Herrmann 2010: 278ff.).

seit einigen Jahren „gedeckelt" seien. Somit scheint es sich hier nicht um einen freien, sondern um einen politisch regulierten Markt zu handeln. Über die Art und Weise der Thematisierung – „leider" gedeckelt – wird dabei nahegelegt, dass der eigentliche Preis der erbrachten Leistungen für höher gehalten wird als der zurzeit vereinbarte. Doch weist Rolf Fischer, ein Heimleiter, darauf hin, dass es dem Verein über eine stärkere Auslastung als die zur Kostendeckung veranschlagten 95 Prozent möglich sei, Gelder zu „erwirtschafte[n]":

> „Grundlage einer kostendeckenden Arbeit is en Auslastungsgrad bei 95 Prozent. Wenn ma bei 100 Prozent -- hat man fünf Prozent Liquiditätsreserve, die ma erwirtschaftet hat, äh, und bei 105 Prozent hat ma noch fünf Prozent mehr, äh, die einem dann zur Verfügung stehn, um Inve- , Investitionen zu tätigen -- ohne Zuschüsse. Alles, was wir hier erwirtschaftet haben, ist hart erwirtschaftet, ohne ein Pfennig Zuschuss" (Fischer: Z. 828-833).

Über die Art und Weise der Thematisierung zeigt sich – neben Fragen einer ‚Deckung von Kosten' – das ‚Erwirtschaften' von zusätzlichen Geldern als zumindest vorstellbar. Über dieses sei es möglich, ‚Reserven' anzulegen, um die ‚Liquidität' des Vereins zu gewährleisten und um über Gelder für „Investitionen" verfügen zu können. Damit präsentiert sich unter anderem die Nachfrage nach Wohngruppenplätzen als bestimmend für die finanzielle Lage eines Vereins. Über die Möglichkeit, Gewinne zu erzielen, wird eine verstärke finanzielle Autonomie gegenüber dem Kostenträger nahegelegt. Einen eventuellen positiven Effekt beinhaltet dieser Aspekt allerdings lediglich im Falle des tatsächlichen Erwirtschaftens von Gewinnen. Sollte ein Jugendhilfeträger dagegen nicht in der veranschlagten Weise ausgelastet sein, macht er Verluste. Über die, in diesem Zusammenhang nicht erfolgende, Thematisierung der Möglichkeit des Erwirtschaftens von Verlusten wirkt eine solche Gefahr jedoch als nicht existent. Die Formulierung, die Gelder seien „hart erwirtschaftet", ruft dagegen die Assoziation wach, sie seien redlich und mit viel Einsatz verdient. Gelesen werden kann dies als Abgrenzung gegenüber einer Finanzierung über „Zuschüsse". Im Kontext der Argumentation präsentiert sich der Erhalt von Zuschüssen dementsprechend als weniger hart erarbeitet und damit weniger redlich verdient.

Die selbstverständlich erscheinende Art und Weise der Verwendung der genannten Formulierungen in den Textausschnitten deutet auf eine tiefe Einschreibung von Praktiken des Marktes in die Finanzierungsweisen der stationären Kinder- und Jugendhilfe hin. Ebenso legen die Verknüpfung der Finanzierungsform mit der Organisationsform des Trägers als ‚Verein' sowie der Vergleich mit anderen Institutionen im ersten Textausschnitt das Vorliegen einer Beschreibung von Normalität nahe – auch wenn über die Verwendung der umgangssprachlichen Bezeichnung „Knast" und der Heranführung dieser Institution als Vergleichsfolie für eine Einrichtung der Kinder- und Jugendhilfe das Vorhandensein einer Spur ironischer Distanzierung anklingt.[100]

Auch bei der Finanzplanung zeigen sich Praktiken des Marktes als handlungsleitend, wie an einem Textausschnitt von Fred Otto, einem Teamleiter einer Hilfe nach § 34 SGB VIII, gezeigt werden kann.

> „[Die Finanzierung läuft, C.H.] fast ausschließlich über Entgelte. Ja. Und, äh, also zumindest der Geschäftsbereich Jugendhilfe -- äh fast nur aus Entgelten, Entgeltvereinbarungen für die einzelnen Bereiche. Wir ham'n ziemlich ausdifferenziertes Entgeltsystem. Äh, was in einzelnen Bereichen, äh, so ausdifferenziert ist, dass es zum Teil auch noch auf Fachleistungsstunden auf-, auf der Ebene der Fachleistungsstunde läuft, aber ansonsten Entgelte von eins zu zwei bis glaube ich eins zu acht. (...) Und es ist so, dass wir, äh, die Budgetierung haben, wir müssen unsere Jahresbudgets erstellen. Müssen nach Möglichkeit auch das erreichen, was wir da, äh, erreichen wollten. Jo, und dann müssen wir gucken, möglichst (LACHEN) schwarze Zahlen schreiben" (Otto: Z 922-933).

Wie bereits über den voranstehenden Expert_innentext nahegelegt worden ist, scheint die Finanzierung des „Geschäftsbereich[s] Jugendhilfe" überwiegend über zu vereinbarende, prospektiv gültige „Entgelte" zu laufen. So schreiben es auch die gesetzlichen Regelungen vor (vgl. Kapitel 2.1.3.1), doch thematisiert Otto die parallele Existenz unterschiedlicher Bezahlungsvarianten: Neben Entgelten werden auch Fachleistungsstunden genannt. Damit scheinen in den jeweiligen Entgeltverhandlungen Gestaltungsspielräume zu bestehen. Ungeachtet dieser, die Verhandlungen möglicherweise erleichternden, Möglichkeit, zeigen sich die einzelnen Kinder- und Jugendhilfebereiche als gefordert, ein ‚Jahresbudget' zu erstellen und ihre Kosten und Einnahmen zu kalkulieren. Beide Aspekte – die ‚Vereinbarung' und die „Budgetierung" – implizieren die Notwendigkeit der Planung zukünftiger Kosten und Einnahmen. Die Kalkulation dieser gilt es dem Zitierten zufolge „möglichst" einzuhalten, um auf diese Weise „nach Möglichkeit" „schwarze Zahlen" zu schreiben. Das fundierte Gegenrechnen von Einnahmen und Ausgaben zeigt sich damit als ein Aufgabenfeld der stationären Kinder- und Jugendhilfe. Die Formulierung „möglichst" legt dabei nahe, dass auch das Nicht-Erreichen der kalkulierten Zahlen denkbar ist.

Damit zeigt sich die Einschreibung von Praktiken des Marktes im Hinblick auf die Planung und Kalkulation von Preisen als nicht bruchlos vollzogen. Dies wird an dem Lachen des Interviewten vor der Benutzung der Formulierung „schwarze Zahlen schreiben" deutlich, welches als Distanzierung von dem

---

100   Zur genaueren Bestimmung des Begriffs ‚Wortironie' als Technik der „Bewertungsverschiebung" und damit als Distanzierung von dem zuvor Angesprochenen siehe Martin Hartung (2002: 71ff.).

Thematisierten gedeutet werden kann,[101] wobei der Grund dieser Distanzierung jedoch offenbleibt. So bleibt unklar, ob entweder das Bestreben, schwarze Zahlen zu schreiben, oder aber die eventuelle Unmöglichkeit dieses Vorhabens im ‚Geschäftsbereich Jugendhilfe' das Lachen provoziert. Nicht problematisiert wird dagegen die Finanzierung durch Entgelte über die Möglichkeit ihrer, wenn auch begrenzten, Gestaltung. Das Vorhandensein von Gestaltungsspielräumen für den ‚Geschäftsbereich' wird nicht zuletzt durch die Verwendung des Ausdrucks „wir ham" im Zusammenhang mit dem Vorliegen eines „ausdifferenzierten Entgeltsystems" nahegelegt. Auch eine Finanzplanung sei leistbar. Brüchig wird die Beschreibung erst im Moment der Thematisierung einer finanziellen Bilanz.

4.2.2 Praktiken des (Aus-)Tausches

In den Kontext von Praktiken des Marktes passt auch die verwendete Metapher und Beschreibung einer vereinsinternen Tausch-„Börse". Dieses Phämomen des Tausches wird von Susanne Berger, einer Wohngruppenmitarbeiterin, beschrieben:

> „Also wir sind [innerhalb des Vereins, C.H.] kooperativer geworden und, äh, es (LACHEN) führt so en bisschen dazu, dass wir uns so die Klienten so hin und her schieben. Also wir haben einige, äh, Bereiche, wo quasi Erstaufnahme, Notaufnahme auch geschieht (...). Ähm, .. und da beziehn wir in der letzten Zeit sehr viele unserer Klienten. Na, -- und früher is das auch oft passiert, dass jemand in ganz andere, zu nem ganz anderen Träger gewechselt ist oder so. Aber da guckt ma jetzt schon so, dass ma da so nen Schulterschluss hinkriegt. Das tun andere Träger wahrscheinlich genauso. Ne? Aber in so knappen Zeiten wird das halt vermehrt -- wird auch immer eingefordert. Also wir ham so verschiedene Gremien, wo, äh, auch Vernetzungen, ähm, mmmmm, funktioniert, also Fachplenum zum Beispiel für Mitarbeiter aus den unterschiedlichen Jugendhilfeeinrichtungen, wo denn immer eingefordert wird irgendwie so: Ach, wir ham freie Plätze und dann sacht da einer: „Ach ja, wir hätten hier jemand vielleicht, der steht an zum Auszug". So ne kleine Börse. (LACHEN)" (Berger: Z 309-325).

Berger zufolge arbeiten die unterschiedlichen ‚Einrichtungen' des ‚Vereins' aufgrund der finanziellen Situation der stationären Kinder- und Jugendhilfe – „in so knappen Zeiten" – enger zusammen, insbesondere indem sie Klient_innen voneinander „beziehn". Thematisiert wird, dass die Zusammenarbeit zwischen den Einrichtungen intensiviert worden sei und dass Klient_innen – wie die Adressat_innen Sozialer Arbeit im Text benannt werden – untereinander „hin und her geschoben" würden. Hier zeigt sich eine Form des Tausches. Gegenstand des

---

101 Mit dem Lachen als Form der Distanzierung von zuvor Gesagtem hat sich insbesondere Gail Jefferson (1985: 31ff.) befasst. Zur Funktion von Lachen als „Kritikäußerung" siehe auch Barbara Maria Merziger (2005: 238ff.).

Tausches sind jedoch nicht Waren oder Leistungen, sondern ,Klient_innen'. So würden diese im Verein von einer Einrichtungsform in eine andere vermittelt. Damit würde die Wohngruppe nicht wenige ,ihrer' Kinder und Jugendlichen aus Einrichtungen der Kurzunterbringung oder des Übergangs ,erhalten'. Während zuvor ,Klient_innen' auch an andere Träger vermittelt worden seien, geschähe dies inzwischen eher innerhalb des Vereins. Das Angesprochene kann als ein stärkerer ,Zusammenhalt' innerhalb eines Vereins sowie eine geringere Öffnung nach außen gelesen werden. Berichtet wird, dass man sich in vereinsinternen Gremien untereinander über „freie Plätze" und Platz bedürfende Kinder und Jugendliche informiere und diese zielgerichtet vermittle, was als eine Art ,Klient_innen'-„Börse" bezeichnet wird. Diese Börse entspräche internen Forderungen und sei Teil der Vereinsstrategie.

Diese als neu vorgestellte Praxis des ,Hin- und Herschiebens' von Kindern und Jugendlichen präsentiert sich als nicht vorrangig an den Adressat_innen orientiert: Im Vordergrund von Entscheidungen für oder gegen die Aufnahme von Kindern und Jugendlichen scheinen vielmehr die Interessen des Vereins und weniger die der Kinder und Jugendlichen zu stehen, wobei ich hiermit nicht ausdrücken möchte oder kann, dass ein Trägerwechsel immer sinnvoll sein muss. Jedoch scheinen andere Unterbringungsoptionen, die den Bedarfen der Adressat_innen unter Umständen besser entsprächen, von den Entscheidungsbefugten nur noch bedingt berücksichtigt zu werden. Denn einmal aufgenommen verbleiben Kinder und Jugendliche anscheinend i.d.R. innerhalb eines Trägers. Die prinzipiell gegebene Offenheit bei der Wahl einer angemessen(er)en Einrichtung scheint damit nur reduziert vorhanden zu sein. Es ist dementsprechend von geringeren Wahlmöglichkeiten für Kinder und Jugendliche auszugehen – ein vor dem Hintergrund des im SBG VIII fixierten Wunsch- und Wahlrechtes von Kindern, Jugendlichen und deren Sorgeberechtigten nicht unproblematischer Aspekt (vgl. § 36 Abs. 1 Satz 3; Pfadenhauer 2011). Denn Kinder und Jugendliche werden hier letztlich nicht anhand ihrer jeweiligen Bedarfe wahrgenommen, sondern zum Gegenstand, wobei es dabei darum geht, Trägerbedarfe abzudecken. Zugleich zeigt sich die konstatierte finanzielle Situation als stärkend für den vorgestellten Zusammenhalt der Trägereinrichtungen untereinander.

Das Lachen der Interviewpartnerin zum Beginn und am Ende des Thematisierten und die Betitelung des Tausches als Kooperation verweisen möglicherweise auf eine Form der ironischen Distanzierung. Auch präsentiert sich das Geschilderte über die Relationierung mit den Handlungsweisen anderer Träger als nicht unhinterfragt. Die vorgenommene Kontextualisierung lässt es zudem als legitimationsbedürftig erscheinen. Die Marktpraktik des Tausches von ,freien Klient_innen' scheint also (noch) nicht gänzlich zum Alltag der Kinder- und

Jugendhilfe zu gehören. Die gegenseitige Versorgung mit Kindern und Jugendlichen präsentiert sich entsprechend als ein relativ neues Phänomen.

Gisela Jäger, eine pädagogische Gesamtleiterin eines Kinder- und Jugendhilfevereins, verweist auf die Etablierung einer als „Betrieb" bezeichneten Form der institutionalisierten Sozialen Arbeit. So firmiert die Organisationsform des eingetragenen ‚Vereins' unter dem Label des ‚Betriebes'. Verknüpft wird die Form des Betriebes dabei mit dem ‚Verkauf' einer Sache, womit in diesem Zusammenhang der Verkauf einer „Dienstleistung" gemeint ist, und mit der Existenz ausgewiesener ‚Konkurrenz'-Verhältnisse.

> „Also wer lässt sich da schon in die Karten gucken, da erzählt man immer à la Hochglanzbroschüre, wenn man in Konkurrenz ist, so. Ist im Übrigen auch ein Nachteil, das ist, äh, diese Qualitätsdebatten um Entwicklung und Benchmarking und, und, und. Wir haben ja auch viel inzwischen, äh, mit hochgestochener Konkurrenz zu tun. Also wir sind en Betrieb, ähm, manchmal ist das schon so, ob ich Schuhe verkaufe oder Dienstleistung, ähm, manchmal denke ich, das ist schon kein Unterschied mehr" (Jäger: Z 542-548).

Thematisiert wird, dass der Inhalt des Verkauften „inzwischen" fast irrelevant sei – ob es sich um „Schuhe" oder Dienstleistungen handle, mache „beinahe keinen Unterschied mehr". Die Strukturierung des Vereins entlang von Konkurrenzverhältnissen dominiert somit über das Geleistete. Andere Vereine im Bereich der Kinder- und Jugendhilfe werden als „hochgestochene[] Konkurrenz" beschrieben. Dies impliziert eine spezifische Form des Austausches untereinander – die Ebene des Bewerbens der eigenen Dienstleistungen werde nicht mehr verlassen. Fachliche Überlegungen und Auseinandersetzungen des Vereins scheinen damit außerhalb des ‚Betriebes' kaum noch möglich zu sein. So erscheint der Verein in der Schilderung nicht als offen nach außen kommunizierend, sondern als eine geschlossene Einheit. Außen interessiert anscheinend vor allem eine Präsentation seiner Oberfläche. Ein offener fachlicher Austausch unter pädagogischen Vereinsleitungen muss in diesem Kontext als äußerst schwierig angenommen werden.

Damit zeigt sich die zitierte pädagogische Gesamtleitung letztlich als eine im Wettbewerb mit anderen stehende Verkäuferin eines – irgendwie gearteten – Produktes. Dieser Wettbewerb erscheint als Effekt eines Veränderungsprozesses. Deutlich wird dies spätestens an dem Ausdruck „inzwischen", der darauf verweist, dass es eine davorliegende andere Zeit gab. Die Vermarktung der eigenen Leistungen präsentiert sich in der Wettbewerbssituation als zentral. Dementsprechend scheint auch der Aspekt der Konkurrenz in diesem Zusammenhang eine besondere Rolle zu spielen, da über ihn die Form des Betriebes entfaltet wird. Die Thematisierung von durch Konkurrenz bestimmten Betrieben umfasst dabei, neben der Beschreibung von ‚Fakten', auch eine Problematisierung der sich im Kontext der „Qualitätsdebatten" abzeichnenden Veränderungen. Eine kritische Positionierung wird nicht zuletzt durch die deutliche Benennung des Geschilderten sichtbar: Jäger spricht dezidiert von einem „Nachteil". Damit lässt sich die Präsentation der Oberfläche als strategisches Vorgehen im Kontext eines problematisierten Wandels fassen.

4.2.3 Praktiken des Marktes in der alltäglichen Wohngruppenarbeit

Für die ‚Mitarbeiter_innen' impliziert die institutionsinterne und -übergreifende Bedeutung von Praktiken des Marktes die Notwendigkeit veränderter (Selbst-) Regulationsweisen – wie die folgende Aussage von Tatjana Fuchs, einer Wohngruppenmitarbeiterin, aufzeigt:

> „Ich finde, dass der Aspekt Wirtschaftlichkeit, äh, sehr viel stärker in den Vordergrund rückt, dass, äh .. ähm, menschliche Betrachtungen zurückgenommen werden. Dass, äh, auch der Mitarbeiter gezwungen wird, sich sozusagen zu entscheiden: Will ich meine Arbeit gegenüber diesen Menschen so tun, wie ich es gern tun möchte, dann tu ich das in einem Teil in meiner Freizeit jetzt, denn ich krieg die Stunden schlichtweg nich mehr bezahlt. Oder, ähm, grenz ich meine Tätigkeit auf die Stunden, die ich bezahlt krieg, ein und sag: „Das is es, was ich leisten kann. Und wenn darüber hinaus irgendetwas nötig is (FINGERSCHNIPSEN) Schade, geht eben nich!" Und das is immer zum Schaden der Jugendlichen" (Fuchs: Z 77-84).

Im voranstehenden Text zeigen sich „Aspekt[e der] Wirtschaftlichkeit" und der „menschliche[n] Betrachtung[en]" als im Widerspruch zueinander stehend. Tritt ein Aspekt in den „Vordergrund", so tritt der andere in den Hintergrund – es findet, so lässt es sich lesen, eine Pendelbewegung statt. Während bis dato die Wirtschaftlichkeit im Hintergrund gestanden habe, sei diese nun in den Vordergrund getreten. In entgegengesetzter Weise verhalte es sich mit ‚menschlichen Betrachtungen'.

Im Zusammenhang mit der beschriebenen Polarität präsentiert der Text die einzelnen Mitarbeiter_innen als „gezwungen", zwischen zwei unattraktiven Alternativen zu wählen: So stehe jede_r Mitarbeiter_in vor der Herausforderung, zu entscheiden, ob er/sie lediglich die bezahlten Stunden für die Jugendlichen da sein wolle, sodass in der Konsequenz zu wenig Zeit für diese vorhanden wäre, oder ob er/sie über das erwartete und entlohnte Maß an Arbeit hinaus unentgeltlich tätig sein wolle, sodass folglich genügend Zeit für die Jugendlichen zur Verfügung stünde. Die skizzierte Veränderung ringt allen Mitarbeiter_innen eine Positionierung ab, wie sie sich verhalten wollen, ob sie „zum Schaden der Jugendlichen" agieren oder ‚menschliche Betrachtungen' in den Vordergrund stellen wollen, wobei letzteres für sie einen wirtschaftlichen Nachteil darstellen würde. Zu entscheiden sei, ob sie ihren ‚eigenen' Ansprüchen genügen und damit (auch) unbezahlte Arbeit leisten wollen oder ob sie für die geleistete Arbeit entlohnt werden und damit nur das Notwendigste tun wollen, was den Jugendlichen jedoch schaden würde. Beschrieben wird eine Veränderung, die die/den einzelne_n Mitarbeiter_in in ein Dilemma bringe, welches sie einzelnd zu lösen hätten.

Im Zuge veränderter Praktiken der Bezahlung wird damit ein Wandlungsprozess beschrieben, in dessen Konsequenz Wirtschaftlichkeit wichtiger und Menschlichkeit unwichtiger geworden zu sein scheint. Damit wird die neue Form der Finanzierung als den Jugendlichen oder den Mitarbeiter_innen zum Nachteil reichend beschrieben. Darüber zeigt sich eine deutliche Problematisierung des Skizzierten. Das Fingerschnippen kann zudem als nonverbaler Ausdruck einer Mischung aus Missfallen und Resignation über das Geschilderte gedeutet werden.

Parallel dazu wird anhand der Aussagen von Harald Treunert, einem Leiter einer Jugendwohngruppe, eine zunehmende Bedeutung „effektiver" und „effizienter" Praktiken im Kontext von Fragen der ‚Mittelverwendung' im Alltag der Kinder- und Jugendwohngruppenarbeit nahegelegt:

> „weil es [die Hinterfragung, C.H.] ja auch immer, äh, bedeutet, dass man, äh, natürlich, äh, schon auch noch mal sich immer wieder die Frage stellen muss, äh: Ist das, äh, ähm, ist das Mittel, was ich einsetze, ist das das geeignete Mittel, um das entsprechende Ziel zu erreichen? Äh. Es spielt auch immer ne Rolle, dass – also, äh .so, äh. Die Art und Weise, wie die Ziele erreicht werden, ist das effizient? Gibts da eigentlich Möglichkeiten der Steuerung, die, ähm, ja, schneller zum Ergebnis führn? (…) Na, es is schon so, das würd ich schon sagen, dass wir also, äh, dass wir in der Lage sind, inzwischen auch stärker, äh, ne Einschätzung abzugeben, was sozusagen -- äh, an welchen Stellen des Prozesses wir auch entsprechend steuern. Es wird heute insgesamt -- also, dass wir denk ich schon, auch, äh . in der Lage sind, Arbeitsprozesse effektiver zu gestalten. (…) Und, äh, das heißt, die Zuordnung der Mitarbeiter hat sich eigentlich verändert -- ähm, und denk ich, wir dadurch auch effizienter arbeiten können" (Treunert: Z 139-165).

Dem Text zufolge erscheint es, als würden Überlegungen bezüglich „effektiver" und „effizienter" Arbeitsweisen und ‚Steuerungsmöglichkeiten' des ‚Betreuungsprozesses' von Jugendlichen eine größere Relevanz in alltäglichen Arbeitsweisen „der stationären Betreuung" (ebd.: Z 103f.) erhalten. Eine solche Lesart liegt nahe, auch wenn dieser Prozess möglicherweise nicht ganz freiwillig vollzogen wurde, wie die Formulierung „die Frage stellen muss" nahelegt, und auch wenn das Sprechen über ‚eigene' Steuerungstätigkeiten sich nicht nur über die Verwendung des Wortes „sozusagen" als holperig erweist. Dennoch wird der als Veränderung beschriebene Prozess als „natürlich", als logisch dargestellt. So wird konstatiert, dass der zu erbringende Beleg der verwendeten finanziellen „Mittel" ‚natürlich' „auch" die Reflexion der Angemessenheit der verwendeten methodischen Mittel in Relation zu den angestrebten ‚Zielen' nach sich ziehe. Fragen der Wirtschaftlichkeit und Wirksamkeit zeigen sich auf diese Weise als miteinander verknüpft. Die zur Verfügung stehenden finanziellen Mittel und die pädagogischen Ziele werden dabei als fixe Komponenten beschrieben. Als zu reflektieren und beeinflussbar erscheint damit nur der Weg der Zielerreichung. Als zentrale Frage, die den Weg zum Ziel betrifft, zeigt sich in diesem Zusammenhang die nach seiner ‚Effektivität' und ‚Effizienz'. Deutlich wird dies insbesondere an der Frage: Hätte es Möglichkeiten gegeben, das angestrebte Ziel „schneller" zu erreichen? Als neu präsentiert sich die Fähigkeit, einschätzen zu können, wo in entsprechender Art und Weise zu ‚steuern' sei. So seien inzwischen Kompetenzen vorhanden, Arbeitsprozesse „effektiver zu gestalten" – hier zeigt sich also die Argumentation einer Verbesserung. Eine Methode der Verbesserung sei die veränderte Zuordnung von Mitarbeiter_innen. Nicht übersehen werden darf dabei allerdings die synonyme Verwendung der Begriffe „effizient" und „effektiv". Auch dies kann als ein Moment der Distanzierung gelesen werden, die dem Motto entspricht: „Ich verwende zwar die in den diesbezüglichen Debatten übliche Sprache und handele entsprechend, doch bin ich mit der damit verknüpften Denklogik nicht so identifiziert, dass ich sie korrekt zitieren würde".

4.2.4   Platzierungspraktiken auf einem Jugendhilfemarkt

In dem Expert_inneninterviewtext von Norbert Weber, einem Wohngruppenmitarbeiter, werden Marktstrategien des ‚Vereins' als an das als notwendig erachtete Ziel einer strategisch günstigen Platzierung auf dem „Markt" geknüpft beschreiben.

„Also ich glaube, dass [die Frage nach Qualität, C.H.], ähm, .. dass es auch ne Überlegenssstra-Überlebensstrategie is. Also grad von unserem Verein -- der war kurz vor der Insolvenz, die ham, ham gesacht: „Wir, wir müssen sehn, dass wir irgendwo noch ne Lücke finden, wo wir uns, äh, reinsetzen können, irgendwie, wo noch keiner is, irgendwie, und wir sehn, dass wir unsre Standards hochschrauben und dass wir qualitativ gute Arbeit abliefern und denn gehn wir auch nich unter". (...) Einerseits von den Behörden auch eingefordert. Die ham gesacht: „Ne, wir wolln -- diese Standards, die müssen erfüllt sein" . (STÖHNEN) Und andererseits auch wirklich vom Verein, dass die gesacht haben: „Wir wolln qualitativ gute Arbeit abliefern". Und das is unsre, unsre Lücke sozusagen auf em Markt. (...) Ich glaub, auf dem Markt is en ganz großer Verdrängungswettbewerb, einfach so, und wer sich nich an die Regeln exakt hält, so, der wird rausgekickt. Es gibt ja diverse, ähm, Einrichtungen, die schließen mussten, weil die, äh, Qualitätsstandards einfach nicht gestimmt haben und die Behörde gesacht hat: „Nee, dann machen wir das lieber woanders. Für das Geld, das wir hier zahlen, und das sind ja ganz erklecklliche Beträge, ähm, da finden wir auch was Besseres". Und da sind, glaube ich, wirklich einige eingegangen, einige Betriebe. Und, äh, der Verein hat gesagt: „So, da müss-, auf den Zug müssen wir aufspringen und uns anpassen". Und, ja, also ich glaube, das is wirklich der Beginn, wos dann wirklich losgegangen is. Also der Verein käm- kämpft ums Überleben. (...) Also es gibt einige (RÄUS-PERN) Betriebe, die ich kenn, die wirklich, äh, das nich geschafft ham, oder den Zug verpennt ham irgendwie und dann dementsprechend nich mehr belegt worden sind und dann dementsprechend .. die Kurve nich gekricht haben" (Weber: Z 428-465).

An diesem Textausschnitt wird eine tiefe Einschreibung der Figur des Marktes in die stationäre Kinder- und Jugendhilfe deutlich. So sei das Anheben und Erfüllen von „Qualitätsstandards" – eine „Überlebensstrategie" des ‚Vereins' gewesen, um auf diese Weise auf dem „Markt" bestehen zu können und nicht verdrängt zu werden. Damit erweist sich das Betreiben von ‚Qualitätsmanagement' als Marktentscheidung des Vereins. Zwar sei es auch durch „die Behörde" vorgegeben – was zu einem Stöhnen führt –, doch sei es zugleich von Seiten des Vereins gewollt gewesen, um die eigene Marktbeteiligung auch zukünftig sicherzustellen. Die ‚Strategie' sei deshalb notwendig gewesen, da der Verein kurz vor der „Insolvenz" gestanden habe. Es sei deshalb unerlässlich gewesen, eine „Lücke (...) auf em Markt" zu finden und diese zu füllen. Denn auf dem Markt fände ein „ganz großer Verdrängungswettbewerb" statt. Dieser impliziere die Notwendigkeit, sich regelkonform zu verhalten und anzupassen, um den „Betrieb" nicht schließen zu müssen, wie es anderen passiert sei. Neben der Erfordernis, sich regelkonform zu verhalten, würden jedoch auch die eigenen „hohen Kosten" zum Erbringen von guten Leistungen verpflichten.

Deutlich wird: Die Thematisierung des Vorhandenseins eines ‚Verdrängungswettbewerbs' in Relation mit der Formulierung „einfach so" legt die Rekonstruktion des Verdrängungswettbewerbs als unhinterfragbare und Fassungslosigkeit hervorrufende Tatsache nahe. Auffallend ist in diesem Zusammenhang, dass Norbert Weber die Institution nur im Kontext gescheiterter Anpassungsprozesse und vollzogener Schließungen anderer Institutionen als Betrieb bezeichnet, während er ansonsten die Bezeichnung des Vereins zur Markierung der Organisationsform nutzt.

Deutlich wird auch die Dynamik des Marktes. Dabei möchte ich vor allem auf die Formulierungen „auf den Zug (...) aufspringen" und „die Kurve nich gekricht haben" hinweisen, die Handlungsnotwendigkeiten und Zwänge implizieren. Sichtbar wird ebenfalls, dass regelkonformes Verhalten eine dieser Notwendigkeiten darstellt. Damit offenbart sich hier eine normierende Dimension des Marktes. Für die Kostenträger hingegen implizieren Praktiken des Marktes auch Entscheidungsspielräume – nach dem Motto: „Dann machen wir das lieber woanders".

Einen Moment der Distanzierung von der Etablierung der Sprache des Marktes inklusive ihrer Praktiken in der stationären Kinder- und Jugendhilfe legt lediglich das Wort „sozusagen" im Kontext der Formulierung „Lücke sozusagen auf em Markt" nahe.

4.2.5 Neue Marktteilnehmer_innen

In den Aussagen von Frank Jung, einem Wohngruppenleiter, zeigt sich ein bisher noch nicht thematisierter Effekt der Etablierung von Praktiken des Marktes: das Auftauchen neuer Trägerformationen auf dem „Jugendhilfemarkt" (Fischer: Z 687). Dies sei zwar bisher überwiegend in dem Bereich der ambulanten Jugendhilfe zu beobachten, wirke aber darüber, dass ein Jugendhilfeträger zumeist Angebote in beiden Bereichen habe, über diesen auch auf die stationäre Kinder- und Jugendhilfe.

> „was sich verändert hat, is natürlich, dass auf dem Markt immer mehr, mehr freigewerbliche Träger treten, das heißt gGmbHs, oder direkte GmbHs. Und die ham natürlich schon noch mal en bisschen andern Spirit, die ham ne andere Philosophie, die sind natürlich wirtschaftlich ganz anders aufgestellt und ausgerichtet, und auch deren Mitarbeiter arbeiten anders. Wir haben hier direkt um die Ecke ein Pflegedienst, äh, der jetzt auch - auf diesem Bereich auftritt, der (...) gesacht hat, na ja, da im Grunde: „Wir schließen jetzt auch mal ne Leistungsvereinbarung fürn KJHG-Bereich ab". Das gemacht hat und auch sehr erfolgreich is. Also an vielen Stellen uns durchaus auch das Wasser abgegraben hat oder abgegraben - da ham sich die Marktanteile noch mal mal anders verteilt. Der im Moment nur im ambulanten Bereich arbeitet, äh, aber eben so Kombileistungen dann mit Krankenkassenleistung zusammen anbietet, das heißt zum Beispiel bei Familienhilfe dann auch ne Haushaltshilfe mit reinnehmen kann und so was, äh, und das auch aus einer Hand sozusagen anbietet, weil sie das selber durchführn. Da sind die wirklich in ne Marktlücke gestoßen, find ich, die, äh, die ihren Sinn macht und wo wir einfach erst mal so nicht mithalten können und die Mitarbeiter auch ne andere Einstellung, ne andere Philosophie haben. (...) Äh, die arbeiten viel mit Honorarkräften, das sind nich unbedingt alles fest angestellte Mitarbeiter, äh, und auch die Hierarchien sind da natürlich viel, viel klarer. Also da irgendwelche Berichte und so unterschreiben immer nur die Leitung, äh. Da wird natürlich viel weniger auf Mitarbeiter-, Mitarbeiterverantwortung gesetzt. Die Mitarbeiter, sind immer so ein paar, jetzt auch in den Gremien (LACHEN). Da kriegt man das ja auch son, en bisschen mit, die, die dürfen im Grunde da nix sagen und nix entscheiden, das sind sie auch gar nich gewohnt" (Jung: Z 884-915).

Beschrieben wird ein Veränderungsprozess. So gäbe es inzwischen immer „mehr freigewerbliche Träger" „auf dem Markt", was zu einer Vervielfachung von Trägerformen führe. Die neuen „[p]rivat-gewerbliche[n] Träger"[102] würden sich von den bis dato üblichen Trägern darin unterscheiden, dass sie über einen „andern" Geist und einen „andern" wirtschaftlichen Rückhalt verfügen. Auch ihre Mitarbeiter_innen seien „anders": prekär beschäftigt und mit weniger bzw. keinen Entscheidungsbefugnissen ausgestattet. Die unterschiedlichen Trägerformen zeigen sich damit mit differenten Implikationen verknüpft. Als Vergleichsfolie für das Neue fungiert die Form des eingetragenen Vereins – eine der bis dato üblichen Trägerformen.

---

102 Wie die offizielle Bezeichnung dieser Trägerform lautet (vgl. Johannes Münder 2013b: 725).

Der „Jugendhilfemarkt" präsentiert sich damit als offen für neue Träger. Der erfolgreiche Auftritt privat-gewerblicher Träger auf diesem Markt sei möglich – was das Beispiel des privaten Pflegedienstes verdeutlicht. Gemäß dem Text zeigt sich der Markt damit als Raum, in den man eintreten bzw. in dem man ‚auftreten‘ kann. Der Zugang zu ihm erscheint als nicht begrenzt oder durch hohe Schwellen erschwert. Notwendig sei es lediglich, entsprechende ‚Leistungsvereinbarungen‘ abzuschließen, womit eine Anforderung beschrieben wird, die für alle Jugendhilfeträger gilt (vgl. § 78b SGB VIII).

Vor dem Hintergrund des vermehrten Auftretens von privat-gewerblichen Trägern scheint eine Veränderung des Marktes zu verzeichnen zu sein, die für den Träger, für den Jung arbeitet, vor allem Verdrängung bedeute. Die Veränderungen der Trägerzusammensetzung scheinen damit nicht folgenlos für seine Teilnehmer_innen zu sein, wobei dies anscheinend insbesondere die ‚Tradierten‘ betrifft. Das Marktpotential privat-gewerblicher Träger liege dabei in ihrer größeren Flexibilität und in der ihnen möglichen Kombinationsmöglichkeit von Leistungen. Verknüpft mit ‚neuen Trägern‘ wird auch eine stärkere Flexibilisierung der Mitarbeiter_innen, sich materialisierend beispielsweise in Honorarverträgen. Zudem werden ausgeprägte Institutionshierarchien mit den ‚Neuen‘ verbunden. So kommt zur Sorge der Verdrängung der ‚alten Träger‘ durch den Auftritt von ‚Neuen‘ eine verstärkte Trägerkonkurrenz – auch unter unterschiedlichen Organisationskulturen. Nicht zuletzt in diesem Veränderungskontext sei das Besetzen von ‚Marktlücken‘ existentiell.

Die Zuschreibung von Normalität im Kontext der Öffnung des Jugendhilfemarktes verdeutlicht der zitierte Expert_inneninterviewtext u.a. über die mehrfache Verwendung des Wortes „natürlich". Beschrieben wird die Entwicklung als eine logische Konsequenz einer erfolgten Transformation. Zu einer kritischen Kommentierung führen jedoch Effekte der Organisationskultur privat-gewerblicher Träger – insbesondere auf der Ebene der Arbeitsbedingungen und der begrenzten Mitsprache- und Gestaltungsmöglichkeiten der Mitarbeiter_innen, was an dem Lachen des Interviewpartners deutlich wird.[103]

4.2.6 ‚Paradiesische Zustände‘

Verdeutlichen lässt sich die tiefe Einschreibung von Praktiken des Marktes in die Kinder- und Jugendhilfe auch nochmal auf andere Weise: Über die Strategie des

---

103 Verwiesen werden soll in diesem Zusammenhang auf die Ergebnisse von Liane Pluto und anderen (2007: 300), denen zufolge knapp ein Drittel der von ihnen befragten Jugendamtsbezirke von der Existenz mindestens eines privat-gewerblichen Heimes berichtet hat.

Gegenlesens zeigen sich Implikationen der Figur des Marktes in der Schilderung des ,Paradieses'. Sehr gut deutlich wird dies in Ausschnitten aus dem Interviewtext des Wohngruppenleiters Frank Jung:

> „in der Region liegen wir da, sind wir da en bisschen im Paradies sozusagen. Dadurch, dass es im Gru- in einer, in einer Region ne ganz konkrete Absprache gibt, also die Sozialraumbudgets sind ja im Grunde Verteilung von Marktanteilen. Äh, das heißt, du hast ja überhaupt keine Konkurrenz mehr eigentlich, sondern das is im Grunde bis zu zehn Prozent, die für andere Träger offen sind, ein closed shop. Äh, und da is klar, welcher Träger wie viel hat, äh, und da geht es dann wirklich eher um ne fachliche Umorientierung in der Arbeit im Sinne von Sozialraumorientierung, und die sitzen dann auch noch mit dem ASD zusammen in regionalen Teams. Das heißt, es gibt diese Hierarchie Jugendamt-Träger nich mehr, und es gibt keine Konkurrenz mehr unter den Trägern in dieser Region. Das is natürlich geradezu paradiesisch, äh, da kannst du dich dann wirklich über Fachthemen -- das machen die auch in diesen regionalen Teams – äh, unterhalten, und da gehts auch zum Beispiel um Qualität, äh, dann aber eben auch so ganz hoch angesetzt: Menschenbild, welcher Träger arbeitet irgendwie nach welchen Grundsätzen, wofür steht der Träger eigentlich und, und, und. Ähm, das, das sind glaub ich ganz spannende Debatten, die kannst du dir auch leisten, weil, weil im Grunde sozusagen das, was die wirtschaftliche Seite angeht, alles geklärt ist (Jung: Z 857-872).

In dem beschriebenen „Paradies" – einer ,Region' mit einem vereinbarten ,Sozialraumbudget' – sei die Kommunikation und Interaktion zwischen den Trägern sowie zwischen den Trägern und dem „ASD" durch Gleichberechtigung, die Abwesenheit von „Konkurrenz" sowie den Austausch über fachliche Inhalte geprägt. Dies sei möglich vor dem Hintergrund der erfolgten „Verteilung" und Festschreibung von „Marktanteilen" und den sich daraus ergebenden (zeitlichen) Freiräumen für ,fachliche' Auseinandersetzungen, Diskussionen sowie gemeinsame Weiterentwicklungen. Der ,Markt' zeigt sich hier als nahezu geschlossen für andere Anbieter.

In der Textstelle offenbart sich eine Ordnung der Notwendigkeiten und Möglichkeiten, sich ,fachlichen' und ,wirtschaftlichen' Fragen zu widmen. So könne man sich die „spannenden Debatten" über inhaltliche Fragen „leisten", weil, „was die wirtschaftliche Seite angeht, alles geklärt" sei. Die Klärung wirtschaftlicher Fragen präsentiert sich somit als grundlegend für die Träger, die Diskussion fachlicher Fragen und Themen hingegen als erst möglich, sobald erstere geklärt sind. Diese Textpassage legt nahe, dass Wettbewerbs-, Konkurrenz- und hierarchische Verhältnisse auf der einen sowie dezidierte fachliche Auseinandersetzungen auf der anderen Seite in der Praxis nicht unbedingt miteinander zu verbinden sind – betont und ohne eine Relativierung thematisiert wird das „Paradies" im Zusammenhang mit der Möglichkeit, über „Fachthemen" sprechen zu können.

Konkretisiert werden Arbeitsbedingungen im Zusammenhang mit dem vereinbarten Sozialraumbudget wie folgt:

„es is so, und das weiß ich sehr zu schätzen, dass sowohl der Austausch mit den anderen Träger-kollegen als auch mit dem Jugendamt, äh, dass der in so ner, ja, machtfreien Atmosphäre ja fast stattfindet, äh. Und wirklich es darum geht: Was sind geeignete Angebote? Was könntet ihr als Träger machen irgendwie? Was kann der Träger machen? Was kann der Träger machen? Wie kann sich das ergänzen? Und so, das find ich sehr angenehm. Und letztlich dieses Sozialraum-projekt, wenn sich das umsetzen ließe, auch auf, auf andere Regionen vielleicht in der ganzen Gegend, das wäre toll. Das macht en ganz anderes Arbeiten möglich. Das flacht die Hierarchien zwischen Jugendamt und, und Trägern so ab, sondern es gilt wirklich – ja, man kann sich wirk-lich den Themen widmen: Was ist das Beste für die Klienten und für die Leute, die eigentlich die Leistung kriegen sollen" (Jung: Z 980-990).

Die Kommunikation mit „anderen Trägerkollegen" sowie mit dem „Jugendamt" gestalte sich als „fast" „machtfrei", der Fokus sei gerichtet auf die Interessen und Bedarfe der Adressat_innen und auf die Frage, mit welchem ‚Angebot' ihnen wel-cher Träger am besten helfen könne – ein Spezifikum der Arbeitsbedingungen in einem „Sozialraumprojekt", wie es scheint. Auf diese Weise sei ein „ganz anderes Arbeiten möglich". Der Umkehrschluss legt nahe, dass unter Bedingungen von ‚Konkurrenz' und ‚Hierarchie' die Interessen der Kinder und Jugendlichen mit anderen Belangen um Aufmerksamkeit und Beachtung konkurrieren. Inwieweit sie jedoch unter diesen Bedingungen gegebenenfalls auch zu kurz kommen, bleibt offen.

Im Kontext des Entwurfs von Marktabwesenheit präsentieren sich die thema-tisierten Anderen als ‚Kolleg_innen' – betont werden damit Aspekte der Gemein-samkeit und Gleichberechtigung. Dieser Zustand wird als Vorbild für andere Regionen und als erstrebenswert thematisiert. Problematisiert wird allerdings, wie und ob gute Arbeit ohne Marktmechanismen überhaupt geleistet werden kann. Denn Aspekten des Geldes und des Wettbewerbs werden wichtige regulative Funktionen zugesprochen:

„also das find ich mit Abstand am, am interessantesten, weil so, also wenn sich da noch mehr machen ließe, auch in anderen Regionen. Wenn man, .. ja, wenn man das so flächendeckend hinkriegen würde, das wär also . -- Wobei das natürlich im Grunde ja auch en bisschen dahinter der naive Wunsch is, aha, wir müssen über Geld nich mehr reden. Äh, sondern, äh, das Geld is irgendwie verteilt und eigentlich hat es natürlich auch, auch Elemente von Planwirtschaft (LACHEN) und was weiß ich. Äh, wo man, wo man vielleicht auch kritisch sagen kann: „Ja, aber wo ist denn eigentlich die Herausforderung noch?", aber die Herausforderung ist dann glaub ich der Träger untereinander, äh, zu sagen: „Aha, die machen das und die machen und so.", äh. Und, Mensch, da wird jetzt sich auch keiner hinstellen und sagen: „Ja, is mir völlig egal, was wir machen, weil das Geld kriegen wir sowieso.", oder so. Weil das viel zu sehr in der Öffentlichkeit ist, das, das wird sich keiner antun. Das heißt, ich glaub, es gibt da schon auch en, en Wettbewerb dann untereinander, aber der findet eben wirklich auf fachlicher Ebene statt und in der Ausei-nandersetzung fachlicher Konzepte. Äh, gute Mitarbeiter in diesen Teams zu haben irgendwie, äh, und nich mehr so sehr darum, wie krieg ich diesen einzelnen Fall dann irgendwie" (Jung: Z 991-1006).

Ein Preis-Leistungs-Wettbewerb zeigt sich, in der Aussage Jungs, also als produktive „Herausforderung" für die Kinder- und Jugendhilfe. Der Erklärung bedarf entsprechend, wie eine Reflexion und Überprüfung der Arbeit ohne Marktmechanismen möglich sein könnte. Jung beantwortet die Frage mit dem Hinweis, dass die Träger einander mittels Auseinandersetzungen über fachliche Themen wechselseitig als Korrektiv dienen könnten. So entstünden ein „Wettbewerb" um ‚fachliche Konzepte' und ein Wettstreit um gute ‚Mitarbeiter_innen' und es gehe gerade nicht (mehr) um einzuwerbende Hilfefälle. Regulativ würde auch die Wahrnehmung der „Öffentlichkeit" wirken. Jung distanziert sich im Folgenden jedoch von seinem Utopieentwurf: Eine nicht bestehende Relevanz von Fragen der Finanzierung und der entstandenen Kosten scheint im Feld Sozialer Arbeit so wenig üblich zu sein, dass sie ein distanzierendes Lachen hervorruft und der Erklärung bedarf.

Damit übereinstimmend zeigt sich trotz der vermeintlichen Abwesenheit von Aspekten des Marktes in Sozialraumprojekten die Gegenwärtigkeit des Marktes. Dies wird in Formulierungen wie „Verteilung von Marktanteilen", „closed shop", „wirtschaftlich" und „Wettbewerb" und auch im folgenden Expert_inneninterviewtextausschnitt deutlich:

> „is ne zumindest fachlich sehr entlastende Sache. Wirtschaftlich kann man noch nich mal sagen, dass sich das für uns besonders lohnt, weil der Marktanteil, den wir dort haben, is so mittel, äh, da wäre mehr möglich, meiner Meinung nach. Wenn das ein freier Markt wär, würden wir besser dastehn, also hätten wir da mehr Hilfen" (Jung: Z 974-978).

Die Arbeit mit einem Sozialraumbudget sei zwar eine deutliche „fachlich[e]" Entlastung für den Träger, anders sehe dies jedoch unter einer „[w]irtschaftlich[en]" Perspektive aus: Gäbe es das Sozialraumbudget nicht, welches ‚die Marktanteile' der Träger festlege, dann, so sei anzunehmen, wäre „der Marktanteil" des Trägers größer und man ‚hätte' „mehr Hilfen". Wirtschaftlich gesehen wäre also die Existenz eines ‚freien Marktes' besser. Trotz dieser Aussage wird eine Sozialraumorientierung in den zitierten Interviewausschnitten deutlich favorisiert.

In dem Expert_inneninterviewtext zeigt sich eine deutliche Unterscheidung zwischen der Ebene der Fachlichkeit und jener der Wirtschaftlichkeit. Interessanterweise zeigt sich, wie dargelegt, der Aspekt des „Wirtschaftlich[en]" trotz seiner vermeintlichen Abwesenheit als gegenwärtig. Die Verankerung von Praktiken des Marktes im Alltäglichen wird auch darüber deutlich, dass die Begriffe ‚wirtschaftlich', „Marktanteil" und „freier Markt" im Kontext ihrer Verwendung keine Irritation hervorrufen oder mit einer Distanzierung einhergehen. Im Gegenteil wirken sie in ihrem Gebrauch gänzlich selbstverständlich.

Darüber hinaus zeigen die Aussagen „Sicherheit" als nicht mit ‚Wettbewerb konform' gehend: Gemäß dem Text bieten Sozialraumbudgets sowohl für die Jugendhilfeträger als auch für die Kostenträger nicht zuletzt auch „Sicherheit".

„es läuft ja so: Du als Träger kriegst deinen Marktanteil gesichert, aber gleichzeitig unterschreibst du, dass alle Hilfen sozusagen, oder die, die in der Region (TELEFON KLINGELT) anfallen, im Rahmen dieses Projektes bearbeitet werden. Das heißt, das Jugendamt kann sich sicher sein, dass sie alle Hilfen abarbeiten, und der Träger hat, hat klar die Sicherheit bezogen auf (TELEFON KLINGELT) seine Personalressourcen (ZWEITES TELEFON KLINGELT). Dann gab es, gab es ja diese, gab es den Versuch, regionale Leistungsver-, ver-, Leistungsverträge auf die ganze Region ein-, einzuführen (…). Und dann gabs aber Gerichtsurteile dazu, die gesacht ham: Das is nich wettbewerbskonform, äh, das entspricht den, nicht dem Grundgesetz und nicht der europäischen Gesetzgebung (…). Äh, dass so, diese, diese ganzen Sachen sind von Oberlandesgerichten kassiert worden, sodass das für die ganze Sache so ein bisschen auf Eis liegt -- wir hier so ein bisschen, deshalb sachte ich das eben, auf der Insel der Seligen sind, äh, weil wirs als Modellprojekt deklariert haben und, äh, da jetzt einfach immer weitermachen" (Jung: Z 1023-1042).[104]

Für die Kostenträger bestehe die ‚Sicherheit‘ darin, dass die Jugendhilfeträger ‚ihre‘ Fälle übernehmen und „abarbeiten". Die Jugendhilfeträger hätten einen festen „Marktanteil" und damit die Sicherheit, dass ihre Personalkosten gedeckt sind. Das thematisierte Sozialraumprojekt, welches sich hier als Gegenentwurf zum freien Markt präsentiert, beschreibt Jung als aufgrund der prospektiven Auftrags- und Geldverteilung mit einer erhöhten Sicherheit für die Jugendhilfe- und die Kostenträger einhergehend. Die Sicherheit zeige sich gerade bezogen auf die zu erfüllenden Leistungen und die zur Verfügung stehenden finanziellen und personellen Ressourcen. Daneben beinhaltete es die Chance, fachliche Diskussionen führen zu können, sowie die Möglichkeit zur Konzentration auf das Bestreben, ‚Klient_innenbedarfen‘ bestmöglich gerecht zu werden. Zudem böte es den Trägern die Möglichkeit, sich in einen fachlichen Wettstreit um Konzepte und gute Mitarbeiter_innen zu begeben. Doch widerspreche dieses Modell dem gesetzlich fixierten Prinzip des freien Wettbewerbs in Deutschland und Europa.

Vor dem Hintergrund des zitierten Gerichtsurteils präsentiert sich der fachliche ‚Wettbewerb‘ unter Kinder- und Jugendhilfeträgern als nicht hinreichend, um das Kriterium „wettbewerbskonform" zu erfüllen. Ausreichen würde lediglich der Wettstreit um Preise von Leistungen. Anspruchsvolle fachliche Auseinandersetzungen und die Konzentration auf die Bedarfe von Kindern und Jugendlichen scheinen damit im Kontext von, als sich zunehmend durchsetzend präsentierenden, Preis-Leistungs-orientierten Wettbewerbsmodellen schnell an Grenzen zu stoßen. Diese Modelle zeigen sich zudem als durch Konkurrenz- und Hierarchieverhältnisse sowie durch ein gewisses Maß an Unsicherheit und Unklarheit geprägt. Markt impliziert damit gerade nicht die Abwesenheit von Macht- und Abhängigkeitsverhältnissen, im Gegenteil.

---

104 Hier wird zwar nur vom ambulanten Bereich gesprochen, doch umfasst das Modell beide Bereiche, wie zuvor erläutert wurde.

4.2.7 Zwischenresümee

Das empirische Material legt nahe, dass im Feld der Kinder- und Jugendwohngruppenarbeit auch als ökonomisch zu bezeichnende Praktiken vorhanden sind
und dass diese tief in dessen Strukturen eingeschrieben sind. Verwiesen sei in
diesem Zusammenhang auf die geschilderten Praktiken der Preisverhandlung, der
Preis-Leistungs-orientierten Bezahlung und der Suche nach Marktlücken, auf
Phänomene des Wettbewerbs und auf durch Konkurrenz strukturierte Handlungsweisen. Diese werden nicht zuletzt anhand jenes Textausschnitts deutlich, in dem
Strategien der Werbung als die Kommunikation zwischen Jugendhilfeträgern
bestimmend beschrieben werden. Auch die thematisierte Aufhebung der lange
Zeit wirksamen Marktbegrenzung kann als Hinweis auf eine fortschreitende Ausbreitung der Prinzipien des Marktes betrachtet werden. In eine ähnliche Richtung
deuten u.a. auch die Ergebnisse der Studien von Heinz Messmer (2007) und Jörg
Fischer (2005: 169ff.). Während Messmer (2007: 156) (mit den vorliegenden
Befunden übereinstimmend) eine erhöhte Relevanz des Strebens nach „betriebs-
wirtschaftlicher Effizienz" in den Einrichtungen der Heimerziehung konstatiert,
kann im Rahmen der vorliegenden Studie darüber hinaus auch die Thematisierung
etablierter Konkurrenzbeziehungen unter den einzelnen Jugendhilfeträgern fest-
gestellt werden. Die abweichenden Forschungsergebnisse lassen auf einen nicht
abgeschlossenen Veränderungsprozess schließen – liegen zwischen den im
Rahmen der vorliegenden Studie und den von Messmer erhobenen Daten doch
mindestens vier Jahre.

Jenseits einer Thematisierung des Feldes der Kinder- und Jugendhilfe als
Markt zeigt sich darüber hinaus, dass es sich bei diesem um einen immer auch
politisch regulierten und keinesfalls „freien Markt" handelt – hier sei auf die beschriebene „Deckelung der Entgelte" verwiesen. Praktiken des Marktes sind damit
in der Kinder- und Jugendwohngruppenarbeit offensichtlich bestimmten Begrenzungen unterworfen. So zeigt sich die von Michel Foucault (vgl. 2004b: 206ff.)
als Neoliberalismus[105] beschriebene Regierungsform, die sich gemäß einer

---

105 Im Rahmen seiner Vorlesungen zur „Geschichte der Gouvernementalität" befasst sich Foucault
     mit der „Vervielfachung der Unternehmensform innerhalb des Gesellschaftskörpers" (Foucault
     2004b: 210). Diese Form der Regierung markiert er als „Neoliberalismus" und beschreibt sie
     als jene „Regierungskunst, die jetzt für die meisten kapitalistischen Länder zum Programm
     geworden ist" (ebd.: 211). Staat und Gesellschaft seien infolgedessen entlang der Prinzipien des
     Marktes strukturiert. Und Individuen würden als rationale, unternehmerische und konkurrenz-
     orientierte Wesen angerufen. Ziel des Programms sei es, „aus dem Markt, dem Wettbewerb und
     folglich dem Unternehmen etwas zu machen, das man die informierende Kraft der Gesellschaft
     nennen könnte" (ebd.: 210f.). Zentraler Bezugspunkt der „Ökonomisierung des Sozialen"
     (Lemke 1997: 258) sei „der ökonomische Mensch" (Foucault 2004b: 314). Der „Homo
     oeconomicus" ist zu verstehen als „Unternehmer seiner selbst", als Unternehmer, „der für sich

gouvernementalen Perspektive durch die unbedingte „mittelbare Form der Anlei-
tung und Führung" (Bröckling/Krasmann/Lemke 2004: 9) auszeichnet, über die
anhand des vorliegenden empirischen Materials deutlich werdende unmittelbare
Einwirkung von Formen der politischen Regulation auf den „Markt" als nicht
gänzlich gegeben. Damit zeugen die Interviewtexte vom Vorhandensein einer
Amalgamierung unterschiedlicher Modelle der Steuerung in der Kinder- und
Jugendwohngruppenarbeit.

Werden Praktiken des Marktes in den Interviewtexten als gegeben thematisiert, so präsentieren sie sich als omnipräsent – wie nicht zuletzt Frank Jungs Schilderung des Paradieses als Gegenentwurf verdeutlicht. Auch scheinen nur bedingt
Verhaltensweisen möglich zu sein, die jenseits marktkonformer (Selbst-)Verwer-
tungen zu verorten sind (vgl. den Expert_inneninterviewtext von Tatjana Fuchs).
Dennoch erweisen sich Praktiken des Marktes als kritisch kommentierbar. Dies
wird an den Problematisierungen ‚hochgestochener Konkurrenz' unter Trägern
sowie an der dargelegten Positionierungsnotwendigkeit zwischen einer nicht angemessenen Betreuung der Jugendlichen einerseits oder einer unzureichenden Bezahlung der Mitarbeiter_innen andererseits deutlich (vgl. die Expert_innen-
interviewtexte von Gisela Jäger und Tatjana Fuchs). Zudem zeigen sich diverse
Distanzierungen über außersprachliche Äußerungen wie z.B. Lachen (vgl. die
Expert_inneninterviewtexte von Fred Otto, Susanne Berger und Frank Jung).

Widerständige Verhaltensweisen im Kontext von Praktiken des Marktes
scheinen sich also von jenen im Kontext von Praktiken der Unterwerfung (vgl.
Kapitel 4.1) zu unterscheiden. Auch präsentieren sich hier andere Gestaltungs-
momente als bei den Praktiken der Unterwerfung: Möglich erscheint insbesondere
die Aneignung des Geforderten zur eigenen Existenzsicherung. Nicht sichtbar
wurden im Zusammenhang mit Marktpraktiken jedoch Verhaltensweisen der Verschiebung oder Ähnlichem. Praktiken des Marktes lassen sich demnach zwar von
(Sozial-)Pädagog_innen nutzen, dienen dabei jedoch im Wesentlichen der Sicherung der Trägerexistenz. Auf der Ebene des alltäglichen Handelns scheinen sie nur
bedingt unterlaufbar zu sein, während sich die kommunikative Interaktion und

---

selbst sein eigenes Kapital ist, sein eigener Produzent, seine eigene Einkommensquelle" (ebd.).
Der ökonomische Mensch zielt darauf ab, sich selbst optimal zu verwerten. Sozialpolitik im
neoliberalen Projekt fokussiert Foucault zufolge nicht Gleichheit – also „den Ausgleich im Zugang jedes Menschen zu Konsumgütern" (ebd.: 202) –, sondern Ungleichheit, da die Regulation
einer Gesellschaft über Wettbewerbsmechanismen und Konkurrenz Unterscheidungen und
Ungleichheit voraussetzt. Individuelle und kollektive Risiken, wie beispielsweise Krankheit
oder Arbeitslosigkeit, seien entsprechend zu privatisieren. Damit sei es Aufgabe der Einzelnen,
sich gegenüber solchen Risiken abzusichern. Zusammengefasst lässt sich sagen: „Es handelt
sich um die Individualisierung der Sozialpolitik, eine Individualisierung durch die Sozialpolitik
statt um jene Kollektivierung und Vergesellschaftung durch die und in der Sozialpolitik" (ebd.:
205).

darin nicht zuletzt die ironisierenden Thematisierungen im Interview für dieses Vorhaben besser zu eignen scheinen. So zeigen sich im empirischen Material neben dem bzw. analog zum deutlichen Verweis auf die tiefe Einschreibung von Praktiken des Marktes in die Kinder- und Jugendwohngruppenarbeit immer wieder – wenn auch zum Teil nur winzige – Momente der Distanzierung, Varianten des Bruches und der Irritation. Aufgezeigt wurden Weisen der Distanzierung in unterschiedlichen Ausprägungen – sie reichen von der deutlichen Äußerung der Kritik über eingestreute Begriffe der Distanzierung bis hin zu außersprachlichen Irritationsmerkmalen.

4.3 Gute Arbeit – Standardisierende Praktiken und deren Begrenzung[106]

Das dritte anhand des Expert_inneninterviewtextmaterials rekonstruierte Thematisierungsfeld fokussiert die Standardisierung von Verhaltensweisen sowie sich abbildende Versuche, diese zu begrenzen. Der Verweis der Expert_innen auf solche Praktiken zieht sich quer durch das empirische Material, sodass sich bei der Analyse eine breite Datenfülle zeigte, die es zu strukturieren galt. Systematisieren lässt sich das Thematisierungsfeld entlang drei verschiedener Handlungsbereiche, auf die im Folgenden jeweils dezidiert eingegangen werden wird. Erörtert werden standardisierende Praktiken im Kontext:

- pädagogischer Interaktionsprozesse (Kapitel 4.3.1),
- der Aufnahme von Kindern oder Jugendlichen in betreute Wohnungen bzw. beim Verlassen dieser (Kapitel 4.3.2),
- der Dokumentation geplanter und vollzogener Interventionen sowie interinstitutioneller Kommunikationen (Kapitel 4.3.3).

4.3.1 Praktiken der Begrenzung von Standardisierungen in pädagogischen Interaktionsprozessen

Anhand von Ausschnitten aus zwei Expert_inneninterviewtexten lässt sich die Spannweite der sich zeigenden Begrenzungsweisen von Standardisierungen in unmittelbaren pädagogischen Interaktionsprozessen aufzeigen.

In den folgenden zwei Interviewtextausschnitten von Rolf Fischer, einem Leiter eines Kinderheims, materialisiert sich der Versuch der Begrenzung über die

---

106   Diese Kapitel stellt eine überarbeitete Fassung eines von der Verfasserin bereits veröffentlichten Buchbeitrags dar (Herrmann 2012).

Entfaltung eines Alternativentwurfs, in welchem eine als (selbst-)reflexiv zu bezeichnende Figur des/der (Sozial-)Pädagog_in eingeführt wird. Vorgestellt wird diese als offen und situationsorientiert, als Wachstum ermöglichend sowie umfassend qualifiziert und weitergebildet:

> „Wenn man, .. wenn man uns fragen würde: „Seid ihr chaotisch?", dann würd ich sagen: „Ja, und ich bin stolz drauf". Ich würds mit Nietzsche, äh, obwohl ich von Nietzsche net viel halte, sagen: „Man muss nur Chaos in sich haben, um nen tanzenden Stern gebären zu können". Aber auch wie die Virginia Satir gesacht hat, die große Familientherapeutin: „Chaos ist Humus". In manchen Hinsichten sind wir chaotisch. Und unter diesem Chaos leide ich auch, aber -- Und ich bin auch verantwortlich für en Teil dieses Cha-, von diesem Chaos, weil mir die Zeit fehlt und auch die Energie, vielleicht auch die Vision, im QM-Prozess, äh, straighter zu sein, weil ... Ich halte es wie mit dem Korsett. Wenn man en Korsett zu eng schnürt, nimmts die Luft. Wenns zu locker geschnürt wird, gibts kein Halt. Und ich mach lieber Muskeltraining, dass man kein Korsett braucht" (Fischer: Z 645-655).

Im Kontext der Frage der Interviewerin nach dem Vorhandensein von Verfahren, die mit „QM" verknüpft sind, wird die Argumentationsfigur des „Chaos" eingeführt. Im Textausschnitt präsentiert sich ein nicht näher konkretisiertes Kollektiv als in manchen Bereichen „chaotisch". Über die scheinbar gegebene Notwendigkeit einer Offenbarung im Kontext des Vorhandenseins von Chaos sowie über die positive Aufladung des Chaotisch-Seins hinaus zeigt sich dies als begründungsbedürftig. So scheint es nicht zu reichen, das eigene Chaotisch-Sein zu thematisieren und mit ‚Stolz‘ zu verknüpfen, sondern es wirkt, als müssten Erklärungen folgen. Im vorliegenden Ausschnitt des Expert_inneninterviews geschieht dies über den Rückgriff auf so namenhafte Referenzpartner_innen wie Friedrich Nietzsche und Virginia Satir. Auf diese Weise wird Chaos als Nährboden für Kreativität und das Entstehen von Neuem entfaltet. Über die Verwendung der Metapher eines ‚zu gebärenden Sterns‘ wird zudem das Vollbringen von Wundern oder mindestens das Vollbringen von Großartigem als möglich konzipiert. Chaos zeigt sich hier somit nicht als Unordnung und Mangel, sondern als Träume und Hoffnungen ermöglichend, als mit Wachstum verknüpft. Die Existenz von Chaos ebenso wie seine Produktivität erfährt allerdings eine Einschränkung: Sie bestehe und gelte lediglich in und für bestimmte Arbeitsbereiche: „In manchen Hinsichten sind wir chaotisch". Neben einem produktiven Aspekt impliziere Chaos darüber hinaus auch Leiden – so der Text –, wobei eine Konkretion des Leidens ausbleibt. Über die Aspekte der Produktivität und des Wachstums sowie des Leidens hinaus zeigt sich die Existenz von Chaos als mit der Notwendigkeit verbunden, Verantwortung zu übernehmen. Als ein Mitverantwortlicher – es scheint neben ihm noch andere zu geben – präsentiert sich Rolf Fischer.

Verknüpft wird das Vorhandensein von Chaos auch mit nicht vorhandener „Zeit" und „Energie" und dem Fehlen einer „Vision" bezogen auf den „QM-Prozess". Hier zeigt sich nun doch die Argumentationsfigur des Mangels. Entsprechend erscheint das Fehlen einer Vision als erklärungsbedürftig: Vorgestellt wird das Skizzierte als an die Person des Interviewten gebunden. Über die Thematisierungsweise werden Chaos – bzw. dessen begründungsbedürftiges Potential – und Qualitätsmanagement als einander gegenüberstehend entworfen. Eine inhaltliche Füllung erfährt die vorgestellte Haltung zum Qualitätsmanagement dabei über dessen Vergleich mit dem Tragen eines „Korsett[s]". Aufgerufen wird damit ein jahrhundertealtes, nicht mehr zeitgemäßes Hilfsmittel der Selbst(ver)formung für modische Zwecke. Die Funktionsfähigkeit eines Korsetts ist an eine Einschränkung von Bewegungsfreiheit geknüpft, denn ohne diese verliert es seine Wirksamkeit. Bestimmt wird diese Einschränkung als dysfunktional. Anders sähe dies mit im Bereich der Selbstverfügung und -kontrolle liegenden Techniken aus. Selbsttechniken werden im Expert_innentext mit dem Bild des „Muskeltraining[s]" beschrieben. Per Muskeltraining sei es möglich, sich selbst zu formen und aufgrund dessen auf ein Korsett zu verzichten. Im Zitierten zeigt sich Qualitätsmanagement damit als Hilfsmittel, als Stütze für den ‚individuellen Beschäftigtenkörper‘, für die einzelnen (Sozial-)Pädagog_innen. Als hilfreich erweist es sich dabei im Falle von als nicht ausreichend bestimmter Kompetenzen und Stabilisierungskräfte, kurz: im Falle selbsterzeugter und -kontrollierter Handlungsfähigkeit. So zeigt sich Qualitätsmanagement hier als einengende Stütze, welche durch das Trainieren des ‚individuellen Beschäftigtenkörpers‘ – also durch eine fundierte berufliche Qualifikation und eine kontinuierliche Weiterbildung von (Sozial-)Pädagog_innen – ersetzbar und damit überflüssig wird.

Was die Einschätzung der Funktionsfähigkeit einer solchen Stütze betrifft, so unterscheidet der Interviewte zwischen sich und seinen Mitarbeiter_innen. So präsentiert sich das Vorhandensein eines Korsetts aus Mitarbeiter_innenperspektive, anders als für den Interviewten, als erstrebenswert:

„Ähm, ich weiß schon, dass die Mitarbeiter nach Struktur, nach Handlungssicherheiten, nach Leitfäden, äh, rufen. Und im, im Verwaltungsbereich, im strukturellen Bereich brauchen se das. Im pädagogischen Bereich ist es sehr schwierig. Da sag ich zum Beispiel: „Schlag dein Lebensbuch auf. Was, wel-, was weißt du über das Kapitel Liebeskummer? Wenn du ma Liebeskummer gehabt hast, lieber Mitarbeiter, dann guck wies, wie gings dir damals, als du Liebeskummer gehabt hast. Sagst du dann auch: „Auch andere Väter haben hübsche Töchter und hübsche Söhne!" Oder gehst du hin und tröstest? Schlag dein Lebensbuch auf, wenns um Gewalt geht, um Aggression, um Angst, um Einsamkeit, schlag dein Lebensbuch auf und dann findest du Antworten. Und en Leitfaden, wie ich mit nem aggressiven Kind umzugehen hab, kann ich dir nich geben. Ich kann nur eins sagen: Ich weiß von Aggression, dass Aggression Angst, Trauer und Frust überlagert. Ich weiß, dass Aggression, äh, auch in Form von ritu- ritualisiertem Kampfverhalten stehen kann. Ich weiß aber auch, dass Aggression eine Form sein kann, ein Ergebnis von nem traumatischen Erlebnis. Also wenn du mit mir, mich fragst, wie du mit dem aggressiven

Jungen umgehst, dann muss ich erst mal verstehn, warum is er aggressiv. Und dann, wenn du weißt, warum er aggressiv ist, wenn wir beide es rausbekommen haben, dann schlag dein Lebensbuch auf. Wenn du wütend warst, äh, aus dem und dem Grund. Was hat dir denn gut getan? Und wenn du dann weißt, was dir gut tut, dann, das, was dir gut getan hat, gib dem Kind und dem Jugendlichen auch" (Fischer: Z 656-676).

An dem zitierten Interviewausschnitt ist abzulesen, dass Fischer die Metapher des Korsetts mit einem Mehr an „Struktur", dem Vorhandensein eines ‚Leitfadens' und dem Vermitteln von ‚Handlungssicherheit' füllt. Bezogen auf den „pädagogischen Bereich" – den Fischer als einen Bereich der Ermöglichung von Wachstum versteht – seien diese Aspekte jedoch insbesondere über „Muskeltraining" zu gewährleisten. Im Kontext eines „strukturellen Bereich[es]", welcher als „Verwaltungsbereich" expliziert wird, hingegen sei die Existenz von Korsetts sinnvoll. Über die Argumentationsweise wird das Vorhandensein voneinander zu unterscheidender Felder in der Heimerziehung eingeführt.

Als Alternative zu einer, als von den Mitarbeiter_innen gewünscht vorgestellten, Orientierung an Handlungs-„Leitfäden" im pädagogischen Bereich wird vorgeschlagen, die jeweiligen Gründe für Verhaltensweisen von Kindern und Jugendlichen auf der Basis von fachlichem Wissen in den Blick zu nehmen. Um die Gründe der differenten Verhaltensweisen verstehen zu können und auch um im interaktiven Kontext adäquat auf diese reagieren zu können, sei der Rückgriff auf die Lebenserfahrungen der Mitarbeiter_innen sinnvoll. Unerlässlich sei dabei die Reflektion eigener, in unterschiedlichen Lebenssituationen gesammelter Erfahrungen und der damit verbundenen Gefühlslagen. Dabei wird eine – durchaus denkbare – Differenzierung des jeweils ‚Gut-Tuenden' oder Hilfreichen in vergleichbaren Lebenssituationen von Betreuten und Betreuenden nicht vorgenommen. Hilfreiches fasst Fischer somit als generell gültige, im pädagogischen Bereich jedoch dennoch nicht zu standardisierende Größe. Praktiken der Standardisierung innerhalb institutioneller Arrangements der Heimerziehung – vorgestellt als Handlungssicherheit für Mitarbeiter_innen herstellend – werden damit als ledig für den „Verwaltungsbereich" angemessen dargestellt.

Eine andere Praktik der Begrenzung zeigt sich in den Aussagen von Alfred Graf, einem Qualitätsmanager eines freien Trägers, der u.a. Hilfen nach § 34 SGB VIII anbietet. Hier präsentiert sich die vom Verein konzipierte Standardisierung pädagogischer Handlungsweisen als widerständige Praktik gegen einen um sich greifenden „Normierungsgedanken", welcher auch auf eine „Normierung von Erziehungsprozessen" abziele. Der im Verein erfolgten „Prozessnormierung" wird hingegen eine Schutzfunktion zugewiesen, die dazu diene, die sich ausweitende Normierung von Erziehung zu begrenzen.

Konkretisiert werden kann die Begrenzungsweise anhand von vier Textausschnitten aus dem Interview mit Graf. Der erste relevante Ausschnitt ist folgender:

„Und ich seh diese Qualitätsdebatte, die is im Sinne der Globalisierung des Europäischen Marktes, ähm, alles wird in irgendeine Norm gebracht, alles wird, äh, funktionalisiert, daraus ist das entstanden" (Graf: Z 1450-1452).

Der Interviewte verweist hier auf den Entstehungshintergrund der „Qualitätsdebatte". Inhaltlich verortet wird die Debatte um Qualität im Kontext „der Globalisierung des Europäischen Marktes". Dementsprechend zeigt sie sich als vor dem Hintergrund einer Vervielfachung eines ‚Marktes' entstanden. Unmittelbar in Beziehung zueinander gesetzt werden diese Vervielfachung und ein Prozess, in dem „alles in irgendeine Norm gebracht" wird. Die Debatte um Qualität und eine ‚Normierung' von ‚allem' – eine ‚irgendwie geartete' Vereinheitlichung und darüber erfolgende Festlegung – präsentieren sich damit als über die Figur des Marktes miteinander verknüpft. Konkretisiert wird der vorgestellte Normierungsprozess darüber, dass „funktionalisiert" wird. Die Richtung der Funktionalisierung wird jedoch nicht benannt und lässt sich lediglich implizit ermitteln.

Illustriert und darüber expliziert wird das Thematisierte im zweiten Ausschnitt des Expert_inneninterviewtextes:

„Das heißt, die wollen [über eine Zertifizierung von Betrieben, C.H.] sicher sein, dass das Material, das da kommt, der Norm entspricht, dass sie gleich einbauen können. Die wollen nicht die komplizierte Eingangsprüfung und ne Nachbesserung haben. Äh, und die gleichen Prinzipien, im Grunde genommen: kostenreduzierender Versuch -- die ja der Normierung von Erziehungsprozessen --, der is nach wie vor da" (Graf: Z 1468-1473).

Gemäß dem Text impliziert eine zum Thematisierten gehörende Zertifizierung von Industriebetrieben Fehlerfreiheit und die Garantie eines immer gleichen Ergebnisses durch die Produzent_innen. Zertifizierung zielt also dem Text zufolge auf eine garantierte Zielerfüllung und eine unmittelbare weitere Verwertbarkeit ab. Eine „Normierung von Erziehungsprozessen" verfolge die ‚gleiche' Logik. Auch hier wird das Gesagte im Kontext dieser Aussage jedoch nicht konkretisiert. Über die exklusive Nennung des Ziels der „Kostenreduktion" präsentiert sich dieses dabei jedoch als zentral.

Der Strategie zu normieren wird dabei eine Art Allgegenwärtigkeit zugesprochen, wie im dritten Textausschnitt deutlich wird:

„Auch wieder dieser Normierungsgedanke, der überall da ist. Also, das is wie, wie Gift, das sich hier durch die Landschaft schleicht, aber nich nur in den, in den -- es is global, es is global, in allen Bereichen versuch- , versuch, am besten wir haben alle hier noch, äh, en Scanner- äh - zeichen auf der Stirn und dass nur noch eingescannt werden muss, wer is das eigentlich, von der Blutgruppe angefangen bis über Straftaten der letzten 30 Jahre, Geburtsfehler und sonst was. Das is so en seltsames Streben, was wir hier haben" (Graf: Z 1492-1498).

So wirke der „Normierungsgedanke" allerorten. Das sich ausbreitende „Streben" wird dabei als das Denken verändernd, als Beeinflussung des Denkens entworfen. Wirken würde es wie eine toxische Substanz: „wie Gift". Und man könne sich ihm aufgrund seiner Ausbreitungsweise – es „schleicht" – auch nur schwer entziehen. Das Bestreben zu normieren führt somit, gemäß dem Text, eine Art Eigenleben. Illustriert wird die Ausbreitung von Normierungsbestrebungen als in der Existenz eines „Scanner -äh-zeichen[s] auf der Stirn" eines/einer jeden gipfelnd.

Über den Satz: „Das is so en seltsames Streben, was wir hier haben" wird der Interviewte als Teil des skizzierten Prozesses und als Teil des angesprochenen Kollektivs der vorgenommenen Verortung vorgestellt. Dennoch wird die Ausbreitung normierender Praktiken „im sozialen Bereich" von ihm als nicht erfolgversprechend bestimmt:

> „Aber, ich glaube nich, dass es ernsthaft im sozialen Bereich gelingen wird. Ich hoffe es zumindest nicht. Und das is auch das Streben, das ich habe: das zu verhindern. Das verstehn die Mitarbeiter nich, die sagen: „Du willst normiern". Stimmt überhaupt nich. Sondern, ich will gerade durch diese Form der Normierung, der Prozessnormierung, die wir haben, will ich erreichen, dass wir das Individuum individuell behandeln können" (Graf: Z 1498-1503).

Das oberhalb des Zitats Thematisierte zeigt sich hier als an den Interviewten gebunden: Der Experte ‚hofft' und ‚glaubt', dass die Ausbreitung des als Gift Vorgestellten nicht gelingt. Neben das Hoffen tritt ein „Streben" danach, seine Ausbreitung zu „verhindern". Die (Selbst-)Positionierung im Text fällt damit eindeutig und als mit spezifischen Verhaltensweisen verknüpft aus: Vorgestellt wird das „Streben" als darin bestehend, „zu verhindern" – formuliert wird also eine deutliche Gegenposition. Die als existierend thematisierten vereinheitlichten Weisen des Handelns – „diese Form der Normierung, der Prozessnormierung, die wir haben" – werden damit als Technik der Begrenzung kritisiert.

Nicht zu übersehen ist: Auch dieser Text konstatiert einen Unterschied zwischen dem Interviewten und den Mitarbeiter_innen. Während der Qualitätsmanager, so seine Aussage, um zu verhindern, ‚normiert', würden die Mitarbeiter_innen ihr ‚Unverständnis' bezogen auf dessen Technik der Begrenzung verbalisieren. Verwiesen wird somit auf unterschiedliche Gegenstände der Kritik. Vor dem Hintergrund der benannten Kritik der Mitarbeiter_innen konkretisiert Alfred Graf seine Vorgehensweise der Begrenzung: „ich will grade durch diese Form der Normierung, der Prozessnormierung, die wir haben, will ich erreichen, dass wir das Individuum individuell behandeln können, aber eben auch verbindlich" (ebd.: 1503-1504). Vereinheitlichte Vorgehensweisen des Handelns präsentieren sich damit als gegeben. Mit der Vereinheitlichung der Handlungsweisen von (Sozial-) Pädagog_innen werde versucht, nicht immer die gleichen Anforderungen und Erwartungen an „das Individuum" zu stellen. Ziel der erfolgten Normierung von

Prozessen sei somit das Schaffen der Möglichkeit, „Individuen individuell behandeln [zu, C.H.] können". Konkretisiert wird die Figur des ‚Individuums' dabei jedoch nicht – lediglich im Ausschlussverfahren verdichtet sie sich: Nicht der/die einzelne Mitarbeiter_in wird als ‚Individuum' konzipiert – er/sie soll vielmehr normiert vorgehen. So ist davon auszugehen, und dies wird durch andere Textpassagen gestützt, dass der Befragte ‚die einzelnen Jugendlichen' vor einem als funktional markierten Zugriff zu schützen ansieht.

Die dargestellten Standardisierungsbestrebungen erweisen sich also als Kritik und Widerstand hervorrufend. Dabei unterscheiden sich die Vorgehensweisen der widerständigen Begrenzung in Abhängigkeit von dem sich jeweils abbildenden Pädagogikverständnis oder, anders formuliert, von der jeweiligen Vorstellung von guter Arbeit.

4.3.2 Standardisierende Handlungsweisen in der pädagogischen Arbeit

Neben Praktiken der Begrenzung von Standardisierungen zeigt sich im empirischen Material auch eine Etablierung standardisierter Vorgehensweisen. Zu finden ist deren Thematisierung im Zusammenhang mit der Aufnahme von Kindern und Jugendlichen in Wohngruppen sowie in der Phase, in der diese die Gruppen wieder verlassen. Auch im Kontext der Verschriftlichung geplanter Hilfeprozesse und erfolgter Entwicklungsprozesse wird über standardisierte Vorgehensweisen berichtet.

Ich möchte hier zunächst auf einen Ausschnitt des Expert_innentextes von Norbert Weber, einem pädagogischen Mitarbeiter in einer Kinder- und Jugendwohngruppe, eingehen, denn dieser gewährt Einblicke in standardisierende und standardisierte Praktiken bei der Aufnahme in eine Kinder- und Jugendwohngruppe.

„wir ham zum Beispiel ein Zettel jetzt, wo draufsteht, wie machen wir ne Aufnahme. Oder was passiert, wenn wir en Kind haben. Was musst du als Erstes machen, so, und das wird abgearbeitet, das kann man auch abhaken. Wir machen jetzt gerade mit, mit den beiden Teams, die wir haben, von den Wohnhäusern, machen wir gerade das Aufnahmeprozedere. Was muss man machen, damit ASD zufrieden ist (HAUT MIT DER FLACHEN HAND AUF DEN TISCH), damit das Kind zufrieden ist (HAUT MIT DER FLACHEN HAND AUF DEN TISCH), damit die Eltern zufrieden sind (HAUT MIT DER FLACHEN HAND AUF DEN TISCH), damit wir zufrieden sind (HAUT MIT DER FLACHEN HAND AUF DEN TISCH). Da gibts wirklich Listen, die wir erarbeiten irgendwie, und die kann man denn, wenn man nicht mehr gerade weiß, was kommt als Nächstes, guckt man die sich an und weiß: Aha! Und dadurch sind Prozesse einfach . eindeutiger, und ich denk mal, man macht auch weniger Fehler im Endeffekt" (Weber: Z 212-224).

In dem Textausschnitt wird beschrieben, dass standardisierte Praktiken in schriftlichen Dokumenten, welche Hinweise zum Vollzugsmodus einer Arbeitsphase beinhalten, fixiert werden. Laut dem Zitierten ist in den Dokumenten festgelegt, was in welcher Reihenfolge zu erfolgen hat. Standardisierung impliziert hier damit die Bereitstellung eines Handlungsleitfadens. Als gegeben präsentiert sich in den Schilderungen Webers ein an diesem Dokument orientiertes Handeln der Wohngruppenmitarbeiter_innen. Vorstellbar wäre zwar auch das Gegenteil, auf Derartiges verweist der Text jedoch nicht. Mit der Konkretisierung des Handelns als durch ‚abarbeiten' und „abhaken' des Verschriftlichten bestimmt, markiert der Text eine strikte Orientierung – evtl. ohne denkbare situationsbedingte Modulationen – an den verschriftlichten, für weitere gleiche oder ähnliche Fälle geltenden Vorgehensweisen.

Als Ausführende dieser Standardisierung zeigt sich das ‚Team': Die „beiden Teams, die wir haben, von den Wohnhäusern" werden als just mit der Erstellung eines Ablaufplans befasst vorgestellt. Deutlich wird darüber ein – den Interviewzeitpunkt betreffender – Standardisierungsprozess. Als Gegenstand dieses Prozesses beschreibt der Befragte die Gestaltung der Aufnahme von Kindern und Jugendlichen in eine Wohngruppe. Als übergreifendes Ziel bei der Erstellung des diese Aufnahme strukturierenden Handlungsleitfadens wird ‚Zufriedenheit' genannt. Diese Orientierung an einer sogenannten „consumer satisfaction" (Ellis 1988b: 7) kann als Verweis auf die Debatte um „Dienstleistungsqualität in der Sozialen Arbeit" (Oechler 2009) gelesen werden. Dabei handelt es sich um ein Phänomen, welches Melanie Oechler (2009) als „rhetorische Modernisierung" bezeichnet, da es trotz entsprechender Proklamationen nicht zu einer stärkeren Adressat_innenorientierung führe.[107]

Im zitierten Textausschnitt werden als Zufriedenzustellende der „ASD", „das Kind", „die Eltern" und das bereits angesprochene professionelle Kollektiv präsentiert. Ob bzw. inwieweit die Benennungsreihenfolge eine Rolle spielt, lässt sich anhand des Ausschnitts nicht rekonstruieren. Jedoch vermittelt der im Zusammenhang mit der Thematisierung der Zufriedenzustellenden verwendete Singular – in

---

107 In der soziologischen sowie psychologischen Glücksforschung zeigt sich die Figur der ‚Zufriedenheit' darüber hinaus in Verbindung mit Begriffen wie ‚subjektives Wohlbefinden', ‚Lebenszufriedenheit' und ‚Glück'. In diesem Kontext werden unterschiedliche Perspektiven auf verschiedene Dimensionen gelingender Lebensführung vorgestellt (vgl. z.B. Bellebaum/Hettlage 2010). Der Begriff des ‚Wohlbefindens' ist auch in Definitionen des bisherigen wohlfahrtsstaatlichen Arrangements zu finden. So bestimmt Harry Girvetz (1968: 512) dieses als u.a. in einer staatlichen Verantwortung für elementare Aspekte des Wohlergehens seiner Mitglieder stehend. Fragen der ‚Zufriedenheit' von Menschen – wobei diese letztlich als an einzelne Subjekte gebundene Größe verstanden wird – werden bspw. im Rahmen des Wohlfahrtssurveys, z.B. im „Datenreport. Fakten über Deutschland", empirisch untersucht (Statistisches Bundesamt 2006, 2013b).

Verbindung mit der wiederholten nonverbalen Betonung des Gesagten – den Eindruck von Eindeutigkeit und Klarheit. So zeigen sich die Zufriedenzustellenden im Text nicht als durch Heterogenität geprägte Gruppen, was im Feld der Kinder- und Jugendhilfe durchaus vorstellbar gewesen wäre. Damit wird Zufriedenheit hier nicht als eine an unterschiedliche Einzelne geknüpfte Größe definiert.

Abgeschlossen wird das Dargestellte mit dem Verweis auf das ‚tatsächliche‘ Vorhandensein schriftlicher Dokumente: „Da gibts wirklich Listen". Die Verwendung der Formulierung „wirklich" kann als Betonung der Besonderheit des Vorhandenseins der kollektiv erarbeiteten Leitfäden gelesen werden. Dabei gibt der Befragte konkrete Auskunft zum Verwendungszweck dieser „Listen": „Da gibts wirklich Listen, die wir erarbeiten irgendwie, und die kann man denn, wenn man nicht mehr grade weiß, was kommt als Nächstes, guckt man die sich an und weiß: Aha!" Neben der deutlich sichtbar werdenden handlungsleitenden Funktion für die einzelnen (Sozial-)Pädagog_innen, zeigt sich nochmals die kollektive Autor_innenschaft betont. Über das Adjektiv „irgendwie" thematisiert Norbert Weber die Arbeitsweise des Autor_innenkollektivs aber als nicht einfach konkretisierbar.

Als Konsequenz des vorgestellten Werkes nennt der Interviewte eine erhöhte ‚Prozesseindeutigkeit‘: „Und dadurch sind Prozesse einfach . eindeutiger und ich denk mal, man macht auch weniger Fehler im Endeffekt". Dabei ist auch hier die Formulierung interessant. Denn über die Formulierung „einfach" wird das, was seitens der Mitarbeiter_innen zu leisten ist, als schlicht gegeben, als unumstößliche, nicht zu hinterfragende ‚Realität‘ dargestellt. Im Kontext der als ‚individuell‘ vorgestellten Perspektive von Weber wird damit die Annahme formuliert, dass eine Konsequenz der vorgestellten Standardisierungspraxis der Rückgang des ‚Machens‘ von Fehlern sei.

Im Text werden die vorgestellten Standardisierungspraktiken damit als eine Unterstützung im Fall eines ‚individuellen‘ Nicht-Wissens auf Seiten der Wohngruppenmitarbeiter_innen entfaltet. Sie firmieren dabei als Garant für gute Arbeit im Sinne von Fehlerfreiheit und der Herstellung eines Zustands der Zufriedenheit von als relevant markierten Beteiligtengruppen. Diese werden dabei als unterschiedliche, aber in sich durch Homogenität geprägt dargestellt.

Entscheidungen über zukünftige, von (Sozial-)Pädagog_innen z.B. im Rahmen der Aufnahme von „Kids" (Otto Z 346) in eine Wohngruppe zu tätigende Handlungen präsentieren sich somit nicht als ‚individuell‘ situative, sondern als kollektive und im Vorfeld zu fällende. Die Listen zeigen sich dementsprechend als ‚individuelle‘, kollektiv erstellte, prospektiv geltende Orientierungsleitlinie und Erinnerungshilfe.

Anhand von zwei Ausschnitten aus dem Expert_inneninterviewtext von Jörg Huffner, einem Leiter einer Wohngruppe für Jugendliche, lässt sich die oben bereits angesprochene Vorgehensweise bei der Erstellung von Handlungsleitfäden

für Mitarbeiter_innen konkretisieren und eine ergänzende Verortung standardisierter Handlungsweisen vornehmen.

> „Man hat natürlich aufgrund dessen, dass man das [die Qualitätsentwicklung, C.H.] diskutiert
> hat, ähm, bestimmte Prozesse und, oder auch Ergebnisse und Ziele, ähm . versucht zu standardi-
> sieren, . zu beleuchten (GESCHIRRGEKLAPPER) und dann halt auch festzuschreiben. Äähm.
> Führte in Einzelfällen auch zu, zu, äh, positiven Ansätzen, äh, was vielleicht bei, ähm .
> (GESCHIRRGEKLAPPER) einzelnen Betreuungsfällen hinten runtergefallen wär. Man hat
> jetzt, ich sach ma platt gesacht, mehr einen Karteikasten, wo man nachguckt: Ham wa das und
> jenes schon gemacht? Ähm, is manchmal ganz (HINTERGRUNDGESPRÄCH) hilfreich .. ähm
> … Ja, machen wir so, hand-, hand-, handhaben wir so" (Huffner: Z 198-206).

Der Interviewte beschreibt Standardisierung damit, dass „bestimmte" Arbeitsbereiche reflektiert und schriftlich festgehalten würden. Damit expliziert er „Standardisieren" als aus den Etappen „Beleuchten" und ‚Festschreiben' bestehend. Es
bedeute eine systematische Betrachtung gegebener Vorgehensweisen und ihre
schriftliche Fixierung – im Sinne einer Festschreibung bestehender Handlungsweisen. Deutlich wird damit die Verortung der gewählten Standards im vorgefun-
denen Arbeitsalltag von Kinder- und Jugendwohngruppen. Das beschriebene
Vorgehen wird als Versuch und zugleich als ‚logische' Konsequenz aktueller
Diskussionsprozesse präsentiert. Über die Beschreibung von Standardisierung als
‚logische' Konsequenz der Diskussion um gute Arbeit erfährt sie eine Deutung als
folgerichtige Entwicklung. Sie zeigt sich damit als nicht an mögliche Interessen,
sondern an Sachlogiken gebunden. Über die Thematisierung als Versuch präsentiert sich das Skizzierte als ein Prozess, der nicht erfolgreich sein muss, sondern
auch scheitern kann.

Als Handelnde – sowohl bezogen auf die angesprochene Diskussion als auch
im Zusammenhang mit der Einführung standardisierter Praktiken – zeigt sich ein
vom Interviewten nicht näher bestimmtes Kollektiv. Von diesem kann aufgrund
der Verwendung des Wortes „man" zwar angenommen werden, dass der Interviewte zu ihm gehört. Wer darüber hinaus aber zum standardisierenden Kollektiv
gehört, bleibt allerdings offen.

Gewertet werden die in bestimmten Arbeitsbereichen vollzogenen Standardisierungspraktiken als ‚vereinzelt' ‚positiv'. Damit zeigt sich eine deutlich ein-
geschränkte affirmative Positionierung gegenüber den skizzierten Prozessen. Die
zum Teil vorhandenen positiven Effekte der beschriebenen Praktiken bestünden
vor allem darin, dass verhindert werde, dass etwas übersehen wird. Denn über die
im Text gewählte Formulierung „vielleicht" zeigt sich die Gefahr, dass eventuell
etwas bei „einzelnen Betreuungsfällen hinten runtergefallen" ist, als denkbar,
wenngleich sie nicht als alltäglich beschrieben wird. Standardisierung sei aufgrund
dieser Einzelfälle jedoch in „einzelnen Betreuungsfällen" ein gefragter Vollständigkeitsschutz.

Dabei wird das Beschriebene anhand des Bildes des „Karteikasten[s]" illustriert: Standardisierte Praktiken präsentieren sich vor dem Hintergrund dieser Metapher als eine Art Ordnungssystem für zu Erinnerndes. Auf diesem Umstand scheint auch die Logik des Vollständigkeitsschutzes zu basieren: Mittels des Karteikastens soll prüfbar sein, was anvisiert und was erledigt wurde und damit implizit auch, was gegebenenfalls noch fehlt und somit noch geleistet werden muss.

Zu fassen sind standardisierte Praktiken damit als im Feld der Kinder- und Jugendwohngruppenarbeit im Einzel- und Bedarfsfall sinnvoller Vollständigkeitsschutz im Bereich notwendigerweise zu vollziehender Handlungen. Der Interviewte beschreibt dies wie folgt:

> „Und, äh, als Beispiel, äh, Verselbstständigung des Jugendlichen gibt's, äh, jetzt oder mit dieser Qualitätsentwicklungsvereinbarung oder -verhandlung gibts Listen, ähm: Was is zu machen? Was is zu erledigen? Worauf is zu achten? Äh, was muss abgearbeitet werden? Da wird, danach wird auch gehandelt. Ähm, am ehesten wird nach solchen Listen oder, oder nach Abhakbarem gehandelt, wenn ein Übergang stattfindet. Hierbei -- also beschrieben der Übergang von der Einrichtung dann in die eigene Wohnung (…) die standardisierte Liste, der Jugendliche zieht ein, jetzt machen wir dies und jenes (...) und der zieht aus" (ebd.: Z 214-222).

Exemplarisch verwiesen wird vom Interviewten auf ein an „Abhakbarem" orientiertes Vorgehen von (Sozial-)Pädagog_innen während der pädagogischen Begleitung der ‚Verselbstständigungsprozesse' von Jugendlichen. Die benannte Form der Standardisierung wird dabei in den Kontext von „Qualitätsentwicklungsvereinbarungen oder -verhandlung" eingeordnet. Thematisiert wird auch, dass entlang der entwickelten „Listen" gearbeitet werde. ‚Gelistet' seien zu befolgende Handlungsweisen, also die von einem unspezifischen Kollektiv zu erbringenden Leistungen. Beschrieben werden die genannten Listen dabei als ‚reell' handlungsleitend. Solche Listen erfahren eine deutliche Verortung: Vor allem in Phasen des Übergangs, also Phasen der Ankunft oder des begleiteten Verlassens von Wohngruppen, seien sie bedeutsam. Damit werden in dem zitierten Text ausschließlich an bestimmte Phasen der Arbeit in Kinder- und Jugendwohngruppen gebundene Handlungsleitfäden als standardisierte Praktiken genannt.

Inhaltlich zeichnet sich eine Verschiebung der Logik von Professionalität ab. Diese Veränderung legt einen Übergangsprozess von einem situativen, durch professionelles Wissens und ‚individuelle' Intuition gesättigten Vorgehen zu einer Vorgehensweise nahe, welche auf einer kollektiven Prozessanalyse basiert sowie an prospektiv und kollektiv gültigen Vorgaben orientiert ist.

Im empirischen Material zeigen sich standardisierte Vorgehensweisen, außer im Zusammenhang mit der Gestaltung von Übergängen, auch bei der Verschriftlichung von auf den Einzelfall bezogenen Planungen und Zielsetzungen. Eine

„Normierung" sogenannter Hilfepläne – im Sinne einer „Vereinheitlichung" ihrer Form – präsentiert sich anhand des Textausschnittes von Susanne Berger, Mitarbeiterin in einer Kinder- und Jugendwohngruppe, als notwendig, wie im Folgenden zu sehen ist:

> „Äh, ... also es war (HINTERGRUNDGESPRÄCHE), äh .. lange Zeit so, dass Hilfepläne eher nach Gusto geschrieben wurden. Wo es also auch klar wurde bei uns im Team, dass eigentlich jeder andere Schwerpunkte, oder unterschiedliche Schwerpunkte gelegt wurden. Und wir einfach, äh, uns klar wurden darüber, dass wir da eben auch zur Qualitätssicherung eben einfach eine, äh, ja so ne bestimmte Normierung haben müssten, um das einfach -- um uns klarer zu positionieren, um eben klarer zu sagen: Das is der Hilfeplan vom Gelben Haus [Name der Kinder- und Jugendwohngruppe, C.H.]. Da steht auf jeden Fall ma zu diesen Punkten was drin. Ja? Von, von individuellen Unterschieden ma abgesehen. Wenn jetzt vielleicht das eine oder andere, oder der eine oder andere Punkt auch ma wegfällt, ähm, aber, ähm .. es war uns klar, dass wir da Vereinheitlichung haben müssten, also ma so en grobes Raster, an das sich alle halten" (Berger: Z 154-165).

Anhand des Textes wird deutlich, dass die Schwerpunktsetzung beim Verfassen von Hilfeplänen in der Vergangenheit anscheinend durch die Einzelnen „im Team" vorgenommen worden ist. Dabei wird mit dem Begriff „Gusto" nahegelegt, dass bei dem Tun eine Orientierung am „individuellen" Geschmack, an ‚individueller' Kreativität und an ebensolchen Vorlieben eine Rolle gespielt habe. Inzwischen jedoch habe das Team gemerkt, dass eine Veränderung einer als ‚individuell' markierten Schwerpunktsetzung beim Schreiben von Hilfeplänen notwendig sei. Gesprochen wird von einer, von einem konkret umrissenen Kollektiv als unerlässlich erachteten, Veränderung. Als Hintergrundfolie des gemeinsamen Erkenntnisprozesses wird auf „Qualitätssicherung" verwiesen. ‚Qualität zu sichern' erfordere eine „bestimmte Normierung". Dabei zeigt sich die „Qualitätssicherung" als schlicht gegeben und nicht weiter kommentierungswürdig. Sie erscheint als unumstößliche Realität, welche die Notwendigkeit der Vereinheitlichung von Hilfeplänen impliziert.

Die konstatierte Vereinheitlichungsnotwendigkeit scheint jedoch dennoch eine Erklärung zu fordern: Thematisiert wird ein kollektives Bestreben, sich „klarer zu positionieren". So sei es notwendig, an der Eigendarstellung zu arbeiten, wobei dabei jedoch der Bezugsraum der Darstellung unklar bleibt. Damit erscheint eine Vereinheitlichung von Hilfeplänen als mit Potentialen verbunden: Gesprochen wird vom Zuwachs an Möglichkeiten einer deutlicheren, gemeinsamen Präsentation und Einordnung. Gebunden wird diese lokal: an das „Gelbe Haus", ein Haus, welches eine Kinder- und Jugendwohngruppe beheimatet. Als gewähltes Mittel der angestrebten Verbesserung wird ein einheitlich strukturierter Hilfeplan angeführt, welcher ein vorgegebenes Maß an anzusprechenden inhaltlichen Aspekten umfassen soll. Alles über dieses gemeinsam vereinbarte Mindestmaß

Hinausgehende sei dann ‚individuell‘, läge also im Ermessen der einzelnen (Sozial-)Pädagog_innen. Eine ‚klarere‘ Selbstdarstellung und -verortung schließe damit ‚individuelle‘ ‚Unterschiede‘ im Hilfeplan nicht aus. Die sich so ergebenden Gestaltungsmöglichkeiten würden insbesondere auf der Freiheit basieren, nicht Passendes auch mal ‚wegfallen zu lassen‘. Durchaus denkbare, eigene Hinzufügungen werden dagegen nicht thematisiert.

Über die wiederholte Benennung wird die skizzierte Notwendigkeit des gemeinsam vollzogenen Erkenntnisprozesses besonders betont. Im Text wird „Normierung" als Vorhandensein eines „grobe[n] Raster[s]" verstanden. Über die Betonung der Notwendigkeit des ‚Haltens‘ an das Raster präsentiert sich auch die Variante des Sich-nicht-daran-Haltens als denkbar.

In dem Textausschnitt von Tatjana Fuchs, einer Mitarbeiterin in einer Kinder- und Jugendwohngruppe, erfahren standardisierte „Berichte für die Erziehungs- konferenzen" eine Problematisierung, da sie Entwicklungsverläufen von Kindern nicht gerecht würden.

> „dann ham wir ja diese, äh, Vorlage, wie die Berichte für die Erziehungskonferenzen jetzt sein sollen, und, ähm, -- Also da muss ich sagen, dass wir damit nich gut arbeiten. Weil, ähm .. (RÄUSPERN) in dieser Berichtform sehr viel verloren geht über die -- also ein, ein -- Wir ham vorher nen Fließtext geschrieben mit den Unterteilungen: einmal für Kinder, die neu eingezogen waren, en kurzer Abriss, was die, was die Einrichtung leistet, ähm, dann Schule, Kontakte außerhalb und in nem Wohngruppe, besondere Vorkommnisse. Und, ähm -- da konnte man wesentlich ausführlicher beschreiben, wie so ein Kind angekommen is in der Wohngruppe, wie es sich entwickelt, was die Besonderheiten waren, Schulwechsel, irgendwelche Reise mitgemacht, oder mit Schule ganz aufgehört oder was auch immer. Der neue Berichtsrahmen is so, dass sehr viel wiederholt wird, dass es, äh -- .. ja also so die emotionalen Zwischentöne gehn verloren (…). Es sind ja viele Kinder, die genauso Schule schwänzen wie vorher, die aber komplett anders ansprechbar sind nach sechs Monaten zum Beispiel. Und so was, das geht einfach verlorn. So Kleinigkeiten, Kinder, die aus Elternhäuser kommen, wo nie über was gesprochen worden is. Wenn die dann mit irgendeiner Kleinigkeit kommen und das plötzlich artikuliern können, dann is das für die ne gute Leistung. Das fällt aber in einem solchen Bericht schlichtweg durchs Rost, kommt nich mehr vor" (Fuchs: Z 219-269).

Von Tatjana Fuchs wird die Existenz einer „Vorlage" für „Berichte für die Erziehungskonferenzen" thematisiert. Eine Wertung der Berichtsvorlage erfolgt deutlich und unmittelbar. Dabei bezieht das als individuelle Kritik Vorgetragene ein nicht weiter spezifiziertes Kollektiv mit ein: „also da muss ich sagen, dass wir damit nich gut arbeiten". Argumentiert wird also mit einem kollektiv bestehenden Problem der Handhabbarkeit des Standardisierten.

Der vorgestellten kritischen Einschätzung folgt im Textverlauf eine Begründung. Verwiesen wird auf das Vorhandensein eines ‚großen Verlustes‘. Dieses Verlustargument wird, nachdem der zunächst verfolgte Gesprächsfaden fallen gelassen wurde, im weiteren Verlauf vor dem Hintergrund des Vergleichs mit der

,alten Berichtsform' entfaltet. Dabei werden diese Form und die mit ihr verknüpften Potentiale beschrieben: Skizziert wird der – laut Fuchs bis dato übliche – Bericht als systematische Beschreibung dessen, was sich in bestimmten Lebensbereichen der Adressat_innen verändert und entwickelt habe. So sei eine ausführliche Beschreibung ,individueller' Bedingungen und Umstände, ,individueller' Entwicklungen und „Besonderheiten" der einzelnen Kinder möglich gewesen. Auch sei das ,Was' und das ,Wie' thematisiert worden.

Auf der Basis des Skizzierten werden anschließend die Herausforderungen der ,neuen' Berichtsform angesprochen: Thematisiert werden mit ihr verknüpfte Redundanzen sowie das ,Verlorengehen' „emotionale[r] Zwischentöne". Problematisiert wird der Verlust des „große[n] Zusammenhang[s]". Insbesondere auch die zwar ,kleinen', doch bedeutsamen sowie nicht geplanten Entwicklungen der Adressat_innen würden nun nicht mehr sichtbar.

Deutlich wird, dass die thematisierten problematisierten Praktiken von der Befragten insbesondere über die Abgrenzung von als nicht standardisiert vorgestellten früheren Vorgehensweisen kritisch kommentiert werden.

Die deutlich gewordenen Unterschiede in den Wertungen standardisierter Formen der Verschriftlichung geplanter Hilfeprozesse und erfolgter Entwicklungsprozesse scheinen dabei nicht zuletzt in einem Zusammenhang mit den Formen der eigenen Beteiligung an Praktiken der Standardisierung und an Gütekonzeptentwürfen zu stehen.

4.3.3 Standardisierte Interaktionsprozesse zwischen Institutionen

Über das zuvor Beschriebene hinaus verweisen die Expert_inneninterviewtexte auf standardisierte Interaktionsprozesse zwischen unterschiedlichen Institutionen im Feld der Kinder- und Jugendwohngruppenarbeit.

Brigitte Uhlendorff, eine Mitarbeiterin in einer Kinder- und Jugendwohngruppe, präsentiert Standardisierungspraktiken – im Sinne einer Festlegung von, die Kommunikationsprozesse zwischen Kinder- und Jugendwohngruppen und Jugendamt betreffenden, Vorgehensweisen – als wissenseinschränkend und egalisierend zugleich:

> „Also, äh, (ENTRÜSTETES SCHNAUBEN), also, äh, ich würd ma sagen, früher gabs fast so en bisschen, ähm, was, wie kleine Fürstentümer. Also ich hab über Jahre ne Wohngruppe betreut, die, äh, -- also aus der Wiege gehoben und betreut, die einfach in der Region bekannt gewesen ist. Wo ich sehr direkte Kontakte hatte dann über -- ähm, zu den, zu den Allge-, zu den ASD-Mitarbeiter_innen und wo so nen Aufnahmeverfahren schlicht und ergreifend auch en Stück weit was mit dem Ruf zu tun hatte, dann mit der Wohngruppe und dem Verein, ähm, der Qualität der Zusammenarbeit zwischen den, ähm, ASDs und uns und der Kenntnis, was vor Ort eigentlich

im Moment wirklich aktuell konkret, ähm, machbar is und los is oder auch eben nich machbar ist. Und das hat sich in der Tat verändert. Also dieses auf -- dieses Verfahren ist gan- -- ist total, total standardisiert worden. Die Möglichkeit gibt es gar nich mehr, sondern das ist ausschließlich, also inzwischen über die Angebotsberatung im Sinne von ner Gleichbehandlung aller Träger, so. Und das heißt also, so nen direkten Kon- -- Ja, es nutzt mir nichts, sozusagen da auch ein konkreten Kontakt zu haben, zu ner, ähm, Sozialarbeiterin. Und das find ich zum Teil schade, ähm, . weil ich glaub, da geht auch viel verloren, so, also an Kenntnissen, die dann, ähm, Leute, die mit uns ganz lange schon zusammenarbeiten und die wirklich ganz konkret wissen, also was is hier machbar, was is nicht machbar. Ähm, und welches Kind könnte da gut passen, nur eben auch nich, so. Ähm. Das -- also die Möglichkeiten gibt es fast gar nicht mehr. Das find ich sehr schade" (Uhlendorff: Z 316-336).

Auch im Text von Brigitte Uhlendorff entfaltet sich also die Thematisierung von Standardisierungspraktiken und derer Effekte entlang einer Gegenüberstellung früherer und heutiger Weisen des Handelns, wobei sich diese hier an der Zuweisungspraxis von Kindern und Jugendlichen in Wohngruppen durch das Jugendamt konkretisieren. Anders formuliert heißt das: Auch in diesem Text zeigt sich die Thematisierung von zum Interviewzeitpunkt aktuellen Entscheidungsweisen vor dem Hintergrund der Vergleichsfolie „früher". Dabei präsentiert sich die sichtbar werdende kritische Positionierung als ‚individuell' und an ‚eigene' Erfahrungen geknüpft.

Die „früher[en]" Handlungsweisen werden mit der Existenz „kleine[r] Fürstentümer" in Zusammenhang gebracht. Argumentiert wird damit mit einer spezifischen Regierungsweise. Mit der Metapher ‚Fürstentum' präsentiert sich eine nicht direkt verbalisierte Empörung als zum Ausdruck gebracht. Über die verwendete Metapher wird nahe gelegt, dass es zu einem früheren Zeitpunkt geronnene, von Macht- und Ungleichbehandlung geprägte Verhältnisse gegeben habe. Dementsprechend präsentieren sich der Status von Kinder- und Jugendwohngruppen und ihre Anerkennung, bezogen auf jene Zeit, als unantastbar und nicht hinterfragbar.

Im Kontext der früheren Zuweisungsmethoden weist der Text den Aspekten ‚Bekanntheit' und „Kontakt" eine zentrale Bedeutung zu. Auf der Basis eines seinerzeit bestehenden unmittelbaren Kontakts zu „den ASD-Mitarbeiter_innen" seien im Zusammenhang mit einer Zuweisung in eine Wohngruppe der „Ruf" des ‚Vereins' und der Wohngruppe, die „Qualität der Zusammenarbeit" mit dem ASD und die „Kenntnis, was vor Ort eigentlich im Moment wirklich aktuell konkret (…) machbar ist", relevant gewesen. Damit werden den mit der Wohngruppe und ihrem ‚Träger' verknüpften Assoziationen und dem über die Wohngruppe vorhandenen Wissen in der Interaktion zwischen Kosten- und Leistungsträger eine zentrale Relevanz in einer retrospektiven Betrachtung der Gestaltung des „Aufnahmeverfahren[s]" zugewiesen.

Vor dem Hintergrund dieser Skizze thematisiert der Text eine Transformation des Relevanten. Die Reichweite des Wandels markiert er als „total": „dieses Verfahren ist gan- -- ist total, total standardisiert worden". Skizziert wird damit eine umfassende Veränderung, welche trotz der Abgrenzung von nicht mehr existenten Fürstentümern jedoch dennoch als Möglichkeitsreduktion und Einschränkung vorgestellt wird. Die Standardisierung selbst bleibt allerdings auch hier schemenhaft: Sie materialisiert sich in einer „Angebotsberatung", welche eine „Gleichbehandlung aller Träger" impliziere. Problematisiert wird in diesem Zusammenhang ein Wandel im Kontakt zwischen den genannten Institutionen, denn diese Veränderung impliziere in der Interaktion zwischen zwei Institutionen eine Wissensreduktion. Der Verlust bestehe konkret in einer Abnahme des Wissens um und über lokale Potentiale und das jeweilige Zusammenpassen von Wohngruppe und Kind/Jugendlichem.

Thematisiert wird damit ein Wandel von einer früheren Unmittelbarkeit zu einer ‚heutigen' Mittelbarkeit des Kontakts zwischen Institutionen, welcher sich im Zuge der Standardisierung von Zuweisungsweisen vollzogen habe. In diesem Kontext erweist sich der Aspekt des Kontakts als Schlüssel, als Transportfaden für das Wissen allgemein bzw. das Wissen um und über Möglichkeiten des ‚Arbeitens vor Ort'. Ungleichheit bzw. Ungleichbehandlung von Trägern wird dabei als mit ‚früheren' Weisen des Handelns verknüpft präsentiert. Diese Weisen seien aufgrund der Transformation nun obsolet.

Im Zuge einer Steigerung der Kritik von „zum Teil schade" über die Diagnose des Bestehens eines „Verlustes" und dessen Steigerung zu einem „großen Verlust" erfährt die Bewertung im Text eine Verschiebung. Diametral zu der veränderten Bewertung erfährt die Totalität des Wandels eine kleine Einschränkung: „fast" gebe es die alte Form nicht mehr.

Standardisierte Interaktionspraktiken zwischen unterschiedlichen Institutionen im Feld der Kinder- und Jugendwohngruppenarbeit präsentieren sich damit als demokratischer und zugleich über weniger Wissen über aktuelle Situationen, Potentiale und Gruppendynamiken in Kinder- und Jugendwohngruppen verfügend. Dabei wird dieser Aspekt durch die Interviewte zunächst vorsichtig und zunehmend kritischer bewertet. Er scheint zudem der Argumentationsfigur der Abgrenzung zu bedürfen.

4.3.4 Zwischenresümee

Die sich im empirischen Material durchgehend abbildende Thematisierung vereinheitlichter und vereinheitlichender Vorgehensweisen deutet auf deren aktuell bestehende Gegenwärtigkeit im alltäglichen Handeln in Wohngruppen für Kinder und Jugendliche hin. Verdichten lässt sich das sich in diesem Zusammenhang im vorliegenden Material Zeigende wie folgt: In Bezug auf unterschiedliche Verständnisse des das ,Pädagogische' bzw. die ,Erziehung' Ausmachenden zeigen sich zunächst einmal Praktiken der Begrenzung von Standardisierung – auch unter der Zuhilfenahme von Standardisierungspraktiken selber. So erweisen sich standardisierende und standardisierte Praktiken auch als mit Strategien des Schutzes verknüpft. Die sich zeigenden Praktiken der Begrenzung verweisen implizit zugleich wiederum auf das Vorhandensein deutlicher Standardisierungsbestrebungen in einem von Fabian Kessl (2005: 123) als „aktivierende Jugendhilfe" bezeichneten Dispositiv.

Das Vorhandensein von Standardisierungen wird mit Bezug auf spezifische Handlungsfelder und Situationen thematisiert – bspw. bei der Aufnahme in Wohngruppen und bei der Verselbstständigung von Kindern und Jugendlichen. In diesen Bereichen werden Standardisierungen von den Mitarbeiter_innen als unter Umständen hilfreich und unproblematisch vorgestellt. Die Standardisierungen werden jedoch auch problematisiert und kritisiert. So werden die als in der Interaktion zwischen zwei Institutionen standardisiert beschriebenen schriftlichen Dokumentationen der Hilfeplanung sowie das Berichtswesen insgesamt in ambivalenter Weise vorgestellt: Ihrem, als positiv bewerteten, „ermöglichenden" Charakter für Kinder- und Jugendwohngruppen wird ihre einschränkende Wirkung gegenübergestellt. Die Einschränkung zeigt sich vor allem bei der Möglichkeit, ,individuelle' Entwicklungsschritte einzelner Kinder und Jugendlicher zu vermitteln.

Werden die verschiedenen Expert_inneninterviewtexte zugrunde gelegt, dann erscheinen standardisierte Praktiken als auf spezifische Handlungsfelder bzw. -bereiche begrenzt. Insbesondere die „eigentliche" Wohngruppenarbeit – wobei unterschiedlich gefasst wird, worin diese genau besteht – scheint vor Standardisierung gefeit zu sein bzw. sich vor dieser zu schützen. Andere Handlungsfelder innerhalb des Arbeitsfeldes erweisen sich dagegen als standardisiert oder zu standardisieren. Gesprochen wird dabei über Standardisierungen insbesondere im Sinne der Bereitstellung von Handlungsleitfäden für die Mitarbeiter_innen. Deren thematisierte Funktion liegt darin, Orientierung zu liefern und Einheitlichkeit und Vollständigkeit zu gewährleisten.

Vor dem Hintergrund des vorliegenden empirischen Materials kann jedoch dennoch nicht von einer grundsätzlichen und durchgehenden Transformation von Arbeitsprozessen und Handlungsweisen gesprochen werden. Diagnostizieren lassen sich aber Verschiebungen der inneren Logik: Gemäß der einer Standardisierung zugrunde liegenden Logik kann in bestimmten Handlungsbereichen von einer erhöhten Relevanz kollektiv und prospektiv festgelegter Vorgehensweisen gesprochen werden. Damit scheint die Professionalität ,individualisierter' und situativ orientierter Handlungsweisen in bestimmten Bereichen einer Infragestellung ausgesetzt zu sein – auch wenn gerade die Kategorien ‚Situationsorientierung' und ‚Individualität' die Referenzpunkte einer kritischen Positionierung gegenüber der skizzierten Verschiebung bilden.

Als zentraler Bezugspunkt der Entwicklung von Standards überwiegt in den Expert_inneninterviewtexten der Rückbezug auf die bestehende Praxis des Handelns. Eine detaillierte Beschreibung standardisierter Praktiken zeigt sich allerdings lediglich dann, wenn diese unter Beteiligung der Wohngruppenmitarbeiter_innen entwickelt wurden und zugleich von diesen positiv bewertet werden. Werden dagegen (erfolgte) Standardisierungsprozesse problematisiert, oder werden diese lediglich kritisch benannt, werden sie nicht inhaltlich gefüllt.

Hinweisen möchte ich darüber hinaus darauf, dass insbesondere bei deutlich kritischen Positionierungen gegenüber den dargestellten Verschiebungen eine Verortung der Kritik als ‚individuelle' erfolgt. Eine affirmative Bewertung und Positionierung gegenüber Standardisierungspraktiken bezieht sich hingegen auf ein – wenn auch i.d.R. nicht konkretisiertes – Kollektiv. Gedeutet werden kann dieser Befund als Hinweis auf gesellschaftlich dominante Argumentationsfiguren. Deren kritische Kommentierung zeigt sich als zwar möglich, aber begründungsbedürftig und an die ‚eigene' Person gebunden. Deutlich zeigt sich anhand meiner Befunde auch: Insbesondere im Kontext einer Thematisierung der Standardisierung einer Dokumentationspraxis zeigt sich die Argumentationsfigur der Abgrenzung. So wird besonders in diesem Kontext die Formierung von Neuem vor dem Hintergrund der Entfaltung des Alten skizziert.

Insgesamt geht aus den verschiedenen Texten eine hohe Bedeutung des Thematisierungsfeldes der Standardisierung in der Kinder- und Jugendhilfe hervor. Damit bestätigen meine Befunde die Ergebnisse der Studien von Christof Beckmann (2009), Sirikit Krone und anderen (2009), Fabian Kessl (2005) und Andreas Polutta (2014). Und auch die Annahme einer zunehmenden gesamtgesellschaftlichen Orientierung an Normen lässt sich mit Jürgen Link (1997), seinen „Versuchen über den Normalismus" folgend, stützen. Denn Link diagnostiziert eine zunehmende Bedeutung „des Normalen", ein zunehmendes Bestreben nach „Normativität" in modernen Gesellschaften. Dabei unterscheidet er zwischen der Orientierung an einem „flexiblen Normalismus" einerseits und einem „Protonormalismus" andererseits und konstatiert eine sich abbildende Dominanz des „flexiblen Normalismus". Und eben dies zeigt sich auch in dem im Rahmen meiner Untersuchung erhobenen empirischen Material: Normen werden orientiert an einer sich zeigenden empirischen Realität festgelegt. Deutlich wurde dies bei den durch die Interviewten beschriebenen rekonstruierten Praktiken der Vereinheitlichung: Festgelegt wird bereits Praktiziertes. Als zum „flexiblen Normalismus" gehörend wird bestimmt, dass die einzelnen Wohngruppen für Kinder- und

Jugendliche inklusive ihrer Träger sich am erhobenen empirischen Mittelwert, in diesem Fall an dem aus dem bereits Praktizierten Kondensierten orientieren. Über diese theoretischen Überlegungen lassen sich auch die in den Expert_inneninterviewtexten erfolgten Problematisierungen einordnen.

4.4 Gute Arbeit – Praktiken der Orientierungen am „Individuum"[108]

Als viertes sich in dem empirischen Material abzeichnendes Feld zeigt sich die Thematisierung von Praktiken der Orientierung am ‚Individuum'. Anders formuliert heißt dies: Die Ausrichtung des Handelns von (Sozial-)Pädagog_innen an der Person ihres Gegenübers – insbesondere an dem/der Jugendlichen – präsentiert sich in den Expert_inneninterviewtexten als zentrales Gütekriterium der Arbeit in Wohngruppen für Kinder und Jugendliche.

Die verschiedenen Aspekte des Thematisierungsfeldes werden im Folgenden entfaltet. Dazu werde ich zunächst auf das Themenfeld allgemein eingehen (Kapitel 4.4.1), anschließend werde ich meine Darlegung spezifizieren, indem ich die sich in den Texten abbildende Argumentationsfigur der Abgrenzung (Kapitel 4.4.2) sowie abschließend das sich zeigende Verständnis der Kinder und Jugendlichen als ‚schwierig, immer wieder in Krisen geratend' (Kapitel 4.4.3) erörtere.

4.4.1 Eine beschreibende Annäherung an das Thematisierungsfeld

Zur Skizzierung des Thematisierungsfeldes werden zunächst drei zentrale, sich in den Expert_inneninterviewtexten abbildende Facetten der Orientierung an dem einzelnen Kind und/oder an der/dem Jugendlichen dargelegt. Entfaltet werden diese im Folgenden entlang von Ausschnitten aus den Expert_inneninterviewtexten von Jörg Huffner, Susanne Berger und Dorothee Hoffmann-Berg.

Anhand eines Ausschnitts aus dem transkribierten Interviewmaterial mit Jörg Huffner, einem Leiter einer Wohngruppe für Jugendliche, lässt sich zeigen, dass sich die Orientierung an der/dem Einzelnen zunächst als Berücksichtigung der je ‚individuellen' Verfasstheit als Ausgangspunkt der „einzelnen Betreuungsfälle" (Huffner: Z 202) ausdrückt.

> „Jugendliche an dem Punkt aufzunehmen, abzuholen, wo sie sind und mit ihnen zusammen Schritte nach vorne gehen. .. Das is das Allgemeine [Ziel der Arbeit, C.H.] sag ich mal" (ebd.: Z 85-87).

---

108 Dieser Begriff wird als ein aus dem empirischen Material (vgl. Alfred Graf: Z 1504) stammender In-vivo-Code angeführt und im Folgenden in diesem Verständnis verwendet.

Befragt nach dem „Ziel der Arbeit" (ebd.: Z 82), wird durch den Interviewten eine Facette der Praktiken: die *Orientierung an der ‚individuellen' Verfasstheit und Situation* – zu lesen als individuelle Ressourcen, Bedarfe und Bedürfnisse – *von Jugendlichen* beschrieben. Laut dem Text impliziert die Orientierung an dem/der Einzelnen gemäß dieser Facette bestimmte Handlungen: (Sozial-)Pädagog_innen bewegen sich zum jeweiligen Aufenthaltsort der ‚Jugendlichen', ‚nehmen' sie ‚auf' und ‚gehen' „mit ihnen" ein paar „Schritte nach vorne".

Zu dieser Facette der Orientierung scheinen somit zwei Gruppen von Beteiligten zu gehören: Jugendliche, die sich aufnehmen lassen, und aufnehmende (Sozial-)Pädagog_innen. Während die Jugendlichen damit zunächst nicht als aktiv Handelnde vorgestellt werden, scheint die sich anschließende Bewegung sowohl Aktivitäten von (Sozial-)Pädagog_innen als auch von Jugendlichen zu umfassen. Dabei beinhaltet das Bild des gemeinsamen Gehens keine sich zeigende Hierarchie oder Ungleichheit der Gehenden. Die zusammen zu vollziehende Bewegung weist allerdings eine deutliche Richtung auf, geht es doch darum, „nach vorne [zu] gehen". Zwar wird ‚vorne' nicht näher definiert, dennoch präsentiert sich die einzuschlagende Richtung in den Interviewtexten als nicht strittig. Vielmehr wird der Eindruck erweckt, als bestünde über diese allgemeine Klarheit. Demnach muss die Bewegungsrichtung nicht ‚individuell' gefunden oder vereinbart werden. Als ‚individuell' präsentiert sich jedoch der Ausgangspunkt des zurückzulegenden Weges. Denn laut dem Text gibt es je ‚individuelle' ‚Punkte', an denen sich die einzelnen Jugendlichen beim Eintritt in Wohngruppen befinden und deren Berücksichtigung ein Ziel einer am ‚Individuum' orientierten Kinder- und Jugendwohngruppenarbeit ist. Wie die Berücksichtigung zu geschehen habe und auf welche Art und Weise die je unterschiedlichen Ausgangspunkte zu lokalisieren seien, wird jedoch nicht thematisiert. Da der Befragte nur allgemein von den „Jugendliche[n]", also von einer Adressat_innengruppe, spricht, findet sich das deklarierte Ziel des individualisierten Umgangs mit der Zielgruppe der Wohngruppenarbeit in der Formulierung zudem nicht wieder.

Eine zweite Facette der Orientierung an den Einzelnen findet sich im Expert_inneninterviewtext von Susanne Berger, einer Wohngruppenmitarbeiterin. Über die folgenden drei Textausschnitte zeigt sich diese als in der *gemeinsamen Erarbeitung von an Einzelnen orientierten Perspektiven* bestehend.

Eingeführt wird die Facette im Kontext der Bestimmung von guter Arbeit in Kinder- und Jugendwohngruppen als am ‚Individuum' orientiert:

> „Also in erster Linie natürlich klientenzentriert is, -- Wir arbeiten ja hier überwiegend mit minderjährigen unbegleiteten Flüchtlingen, also obwohl die Einrichtung eigentlich für -- offen is für alle, aber wir ham diesen Schwerpunkt, hat sich in der Zeit herauskristallisiert, für die is besonders schwer, eine Perspektive zu finden für ihr Leben hier in Deutschland" (Berger: Z 61-65).

Im Zentrum guter Arbeit steht gemäß der Interviewten somit der/die ‚Klient_in‘, wie die Adressat_innen im Expert_inneninterviewtext bezeichnet werden. Die Aussage, dass die ‚Adressat_innenzentrierung‘ ein zentrales Gütemerkmal der Wohngruppenarbeit sei, scheint zunächst einer konkreten Benennung der Adressat_innengruppe zu bedürfen bzw. eine solche zu evozieren. Im Zuge der Wiederaufnahme des zuvor unterbrochenen Thematisierungsfadens wird das ‚Finden einer Perspektive‘ für „die" vorgestellte Adressat_innengruppe als zu dem Gütemerkmal gehörende Aufgabe vorgestellt. Über die Markierung der Perspektive als „besonders schwer" „zu finden" präsentiert sich der Suchprozess als generell nicht leicht, bezogen auf minderjährige unbegleitete Flüchtlinge jedoch mit besonders großen Herausforderungen verbunden.

Eine Konkretion der zum Gütemerkmal gehörenden Suche zeigt sich im Textverlauf:

> „und das mit ihnen zusammen zu arbei-, zu erarbeiten, zusammen, gemeinsam mit dem Jugendamt als Träger, mit dem, mit der Einrichtung, mit den Jugendlichen zusammen, sodass ma merkt, das is stimmig, das finde ich, äh, is en absolutes Qualitätsmerkmal. Das gelingt uns auch manchmal, nich immer" (Berger: Z 65-69).

So gehe es darum, „zusammen, gemeinsam" eine „stimmig[e]" „Perspektive" zu „erarbeiten". An dem doppelt benannten kollektiven Prozess der Erarbeitung einer Perspektive „mit ihnen" seien die „Jugendlichen", das „Jugendamt" und die „Einrichtung" zu beteiligen. Die Jugendlichen sind also Teil einer aus mehreren Personengruppen bestehenden Gruppe von Erarbeitenden. Ob die im Text vorgenommene Reihung der einzelnen Gruppen eine Relevanz hat, kann anhand des vorliegenden Materials nicht geklärt werden. Hingewiesen werden soll allerdings darauf, dass der Arbeitsprozess als von unterschiedlichen Subjektfigurationen zu führen präsentiert wird. Argumentiert wird dabei mit sich als Einheit präsentierenden Organisationsformen wie „dem Jugendamt", „der Einrichtung" und „den" als Gruppe vorgestellten „Jugendlichen". Als Maßstab für das Erfüllen dieses, als „Qualitätsmerkmal" zu guter Arbeit bezeichneten, gemeinsamen Vorgehens wird ‚Stimmigkeit‘ markiert – die zu erarbeitende Perspektive soll also für die Einzelnen adäquat sein. Wer genau diese jedoch eruiert oder eruieren soll, wer genau also Teil der bewertenden Gruppe ist, bleibt aufgrund der unspezifizierten Formulierung „ma" allerdings offen. Deutlich wird jedoch, dass das vorgestellte Qualitätsmerkmal ‚Stimmigkeit‘ zwar als ‚absolut‘ und damit als unumstößlich markiert wird, dass es aber gemäß der Interviewten nur „manchmal" adäquat umgesetzt werden kann, wobei mögliche Gründe des gelegentlichen Scheiterns nicht genannt werden.

Im weiteren Interviewtextverlauf wird von Susanne Berger noch ein zweites „Qualitätsmerkmal" genannt: die ‚Wahrnehmung' der Arbeitsgüte „beim Jugendamt". Auch in diesem Zusammenhang wird das Merkmal der ‚Klient_innenzentrierung' thematisiert, worüber dessen Bedeutsamkeit betont wirkt. Darüber hinaus erfährt die Adressat_innenorientierung hier eine ergänzende Konkretion:

> „Und dann finde ich, ähm, is en zweites Qualitätsmerkmal, dass unsre Arbeit auch . positiv wahrgenommen wird bei den überörtlichen, also beim Jugendamt. Dass man sich da einfach irgendwie auch so en Stück weit positioniert und eben dadurch auffällt, dass . einfach ne gute Arbeit geleistet wird im Sinne der Klienten, dass man eben guckt, was is für die Person im Einzelfall wirklich das, äh, Beste, und dass sich so die Perspektiven entwickeln. Das ist für mich so das Wesentliche" (Berger: Z 69-75).

Im Text zeigen sich die Ausrichtung der Arbeit auf das „Beste" „für die Person im Einzelfall" und die ‚Wahrnehmung' dieser guten Arbeit beim öffentlichen Träger als miteinander verknüpft. Über die Argumentation mit Möglichkeiten der ‚Positionierung' wird dabei eine am einzelnen Kind/an der/dem einzelnen Jugendlichen an den konkreten Bedarfen und Bedürfnissen der einzelnen Adressat_innen orientierte Vorgehensweise auch als ‚Platzierungsstrategie' vorgestellt. Das bereits oben angesprochene Merkmal der ‚Stimmigkeit' wird hier noch weiter konkretisiert: Bei der gemeinsamen Perspektiventwicklung geht es um die Fokussierung des Besten für die einzelnen Kinder und Jugendlichen. Dabei wird dieser Aspekt von der Interviewten nicht weiter spezifiziert, sondern über die Verwendung des Wortes „wirklich" als evident vorgestellt. Abschließend wird das Thematisierte als an die Interviewte gebunden markiert: „Das ist für mich so das Wesentliche".

Damit präsentiert sich eine Konzentration auf das Beste für die Einzelnen, jenseits seiner zentralen Bedeutung und der nicht immer gelingenden adäquaten Umsetzung, als durch einen gemeinsamen Prozess geprägt. Dabei werden die an dem Prozess Beteiligten nicht als Ungleiche oder als in einer hierarchischen Ordnung stehend markiert, wobei dies möglicherweise damit zusammenhängt, dass unklar bleibt, wer der/die ‚Bestimmer_in' von Stimmigkeit ist.

Nachdem die Orientierung an dem/der einzelnen Jugendlichen – wie sie sich im Kontext der Debatte um gute Arbeit anhand des Datenmaterials entfaltete – 1. als Berücksichtigung von dessen/deren je ‚individueller' Verfasstheit zu Beginn der Betreuung sowie 2. als in einer gemeinsamen und dabei das Beste für die Einzelnen anzustrebenden Perspektiventwicklung bestehend bestimmt wurde, markiert sich 3. eine *handlungsweisende Wahrnehmung und Anerkennung ‚individueller' Probleme und Ressourcen im Hilfeverlauf* als in diesem Zusammenhang bedeutsam.

Deutlich wird diese Facette über die drei folgenden Abschnitte aus dem Expert_inneninterviewtext von Dorothee Hoffmann-Berg. Im ersten umreißt die interviewte Wohngruppenmitarbeiterin das sich als bedeutsam präsentierende Element wohngruppeninterner Interaktionsprozesse zwischen (Sozial-)Pädagog_innen und Adressat_innen:

> „Also ich hab den Eindruck, dass die Jugendlichen bei uns . sich, äh, sehr ernst genommen fühlen mit dem, was sie mitbringen." (Hoffmann-Berg: Z 143-144).

Im Text wird das Berichtete an die Perspektive eines ‚Ichs' geknüpft und damit als die Sicht einer Einzelnen vorgestellt – ein Aspekt, der sich auch bereits in den vorherigen, im Rahmen dieses Thematisierungsfeldes vorgestellten, Ausschnitten aus Expert_inneninterviewtexten zeigte. Inhaltlich bietet sich dabei zunächst folgendes dar: dass „die Jugendlichen" sich „bei uns" – einem nicht konkretisierten Kollektiv, zu dem die Interviewte gehört – „sehr ernst genommen fühlen".

Die Arbeit in Kinder- und Jugendwohngruppen wird damit als durch die Begegnung von mindestens zwei Gruppen geprägt beschrieben: der Gruppe der Jugendlichen und einer Gruppe, die wohl aus Wohngruppenmitarbeiter_innen besteht. Der Ort der Begegnung beider Gruppen präsentiert sich als zu den Wohngruppenmitarbeiter_innen gehörend – „bei uns". Als in diesem Zusammenhang zentral zu bestimmen ist, dass sich die Jugendlichen an diesem Ort sehr ernst genommen – oder anders formuliert: gesehen und anerkannt – fühlen. Die Erfüllung dieses Aspektes präsentiert sich als bedeutsames Element guter Arbeit und als in der thematisierten Mitarbeiter_innengruppe gegeben eingeschätzt. Ernst zu nehmen, zu sehen und anzuerkennen sei das, „was sie mitbringen" – etwas zu den Jugendlichen Gehörendes, aber nicht eins mit ihnen Seiendes. Das Wort „mitbringen" lässt sich dabei als wertneutrale Formulierung bestimmen.

Die Berücksichtigung des weiteren Textverlaufs ermöglicht eine weitere Annäherung an die Umgangsweise:

> „es ist ganz oft so in Aufnahmegesprächen, dass, äh, man das Gefühl hat, wenn die sich, wenn wir fragen-- Also erst mal stellen wir unser Projekt vor, dann fragen wir: „Was willst du?", oder: „W-, was möchtest d hier?", und dann kommen dann, äh, ganz oft so: „J-, ja ich mach meinen, meinen Hauptschulabschluss oder meinen Realschulabschluss und dann möcht ich von hier aus in die Selbstständigkeit und in ne eigene Wohnung, und eigentlich kann ich das alles schon, ich brauch nur noch son bisschen Unterstützung". .. Äh .. das ist das, was oft in den Erstgesprächen kommt, das relativiert sich dann rela-, sehr schnell. Und wenn wir dann auch feststellen . der Jugendliche, die Jugendliche hat n Drogenproblem, das, äh, hindert ihn oder sie daran, überhaupt einem regelmäßigen Tagesablauf nachzukommen" äh .. wir sehen das" (Hoffmann-Berg: Z 144-154).

Laut dem Text gehört es zum Erfahrungsrepertoire der Wohngruppenmitarbeiter_innen, dass sie häufig „feststellen", dass der/die Jugendliche entgegen

seiner/ihrer zu Hilfebeginn geäußerten Selbsteinschätzung und des von ihnen entfalteten Unterstützungsbedarfs ‚mehr mitbringt'. Nicht selten komme heraus, dass
sie ein ‚Problem hätten'.

Über die sich in diesem Zusammenhang zeigende Wortwahl der ‚Feststellung' erscheint der ‚Feststellungsprozess' als durch Objektivität geprägt. Das
zunächst offen formulierte von den Jugendlichen ‚Mitgebrachte' wird im Zusammenhang mit dem Thematisierten zum ‚Problem' – ein häufig vorhandenes,
zunächst nicht unmittelbar deutlich werdendes Problem, welches sie ‚haben'. Zur
Aufgabe der Wohngruppenmitarbeiter_innen gehöre es, dieses zu erkennen. In der
Konsequenz des festgestellten Problems stelle dieses ggf. eine Hürde für das
Erreichen der von und für die einzelnen Jugendlichen anvisierten Ziele dar.

Anhand eines weiteren Auszugs aus dem Interviewtext von Dorothee
Hoffmann-Berg lässt sich gute Arbeit im Sinne einer Orientierung an dem/der Einzelnen weiter konkretisieren:

> „wir schmeißen sie damit nich raus, sondern wir sprechens an mit ihnen und, äh, thematisieren
> das sehr, sehr offen und sehr, sehr häufig auch. Und wir haben, äh, schon einige Fälle gehabt,
> wos ungefähr eineinhalb Jahre gedauert hat . die jegliche Hilfe, in, in Bezug auf Drogen, ob das
> nur ne Beratung ist oder, äh, schon ne, ne Form von Therapie, völlig von der Hand, von sich
> weggewiesen haben. Die dann aber irgendwann auch an einem Punkt waren, wo sie gesagt
> haben: „Okay, ich versuchs .. so als, als Versuch kann ich das für mich annehmen". Und die
> dann für sich auch andere Sachen bewegen konnten. Und, äh, eben, es ist ja auch nicht, nich
> normal für die Jugendlichen, zu erleben, äh, dass, äh, sie gesagt bekommen: „Wenn du jetzt im
> Moment die Regelschule nicht besuchen kannst .. wenn, weil dus überhaupt nicht hinkriegst,
> dann kann das weiterhin auch ein Ziel sein. Nur wir gucken jetzt erst mal über unseren projekt-
> internen Unterricht, was du an . an, an Grundlagen brauchst, was du an Strukturen hier auch
> mitkriegen kannst, damit du dann auch da wieder reinkommst .", da fühlen sie sich, äh, denk ich
> erheblich ernster genommen" (Hoffmann-Berg: Z 155-169).

Eröffnet wird die sich zeigende Konkretion des die Einzelnen mit dem von ihnen
mitgebrachten (Problemen) ernstnehmenden Handelns über eine Nennung dessen,
was nicht erfolgt: ein ‚Rausschmiss'. Stattdessen würde das Wahrgenommene
„sehr, sehr offen und sehr, sehr häufig" angesprochen, die einzelnen Jugendlichen
würden also mit von den Wohngruppenmitarbeiter_innen festgestellten Problemen regelmäßig konfrontiert, um sie zur ‚Hilfeannahme' zu bewegen. Illustrativ
wird dabei auf lange Zeiträume bedürfende Hilfeannahmeprozesse verwiesen.

Vor dem Hintergrund einer erneuten Abgrenzung – „es ist ja auch nicht, nich
normal für die Jugendlichen zu erleben" – wird die dritte, sich im empirischen
Material zeigende, Facette weiter expliziert: Im Kontext des Anerkennens und der
Berücksichtigung der von dem/der Jugendlichen anvisierten Ziele sowie der sich
ggf. zeigenden Probleme gehe es im Bedarfsfall darum, vorübergehend andere
Wege zum Erreichen der gewünschten Ziele einzuschlagen.

Die Begleitung durch die Mitarbeiter_innen und deren Aufmerksamkeit für ‚individuelle‘ Probleme sowie ebensolche Möglichkeiten und Grenzen der Hilfeannahme führen also gemäß dem Text unter Umständen zu Kurskorrekturen. Zur Orientierung am ‚Individuum‘ scheint es gemäß dem Expert_inneninterviewmaterial dementsprechend zu gehören, mit einer hoher Offenheit, Aufmerksamkeit und Beharrlichkeit (insbesondere bezogen auf Probleme) die ‚individuellen‘ Erarbeitungspotentiale und -bedarfe zu erkennen und auf diese angemessen zu reagieren.

Das Thematisierungsfeld der Orientierung an der/dem Einzelnen wurde bisher anhand unterschiedlicher Phasen in der Kinder- und Jugendwohngruppenarbeit mit je differenten Implikationen entfaltet. Über die deklarierte hohe Bedeutung einer Orientierung an der Figur der/des Einzelnen mit den in diesem Zusammenhang thematisierten Problemen hinaus machten die zitierten Textstellen bereits deutlich, dass ‚den Jugendlichen‘ dabei nicht durchgehend eine aktive Rolle zugeschrieben wird. So präsentiert sich die Umsetzung der Orientierung an der/dem Einzelnen in den Texten als zwar nicht einfach, aber existent – auch wenn ‚die Jugendlichen‘ dabei nicht durchgehend als Handelnde adressiert werden.

4.4.2 Detaillierung und Abgrenzung

Ich möchte nun näher auf die oben bereits angesprochene, im empirischen Material im Zusammenhang mit der Deklaration einer zu erfolgenden Orientierung an Einzelnen immer wieder auftauchende Argumentationsfigur der Abgrenzung eingehen. Dabei werde ich die Argumentationsfigur anhand von vier Ausschnitten aus dem Expert_inneninterviewtext von Birgit Illich, einer Wohngruppenmitarbeiterin, illustrativ spezifizieren.

> „also unter Qualität, äh, verstehn wir, oder ich sach jetzt mal: ich, äh, dass die Jugendlichen adäquat betreut werden, also dass sie nach indi-, ihren individuellen Möglichkeiten, dass da geguckt wird, ne, was braucht dieser Mensch so, äh" (Illich: Z 197-200).

Im Kontext der Themeneröffnung und der ersten Themenausbreitung zeigt sich die Argumentationsfigur der Abgrenzung zunächst lediglich implizit: Von Birgit Illich wird gute Arbeit als in einer ‚adäquaten Betreuung’ bestehend bestimmt. Eine entsprechende Tätigkeit bestehe darin, dass nach „individuellen Möglichkeiten" zu „gucken" sei. Konkretisiert werden diese Möglichkeiten durch die Formulierung ‚was der einzelne Mensch braucht‘. Über die begriffliche Markierung der erwünschten Betreuung als „adäquat" liest sich die Existenz möglicher nicht angemessener Formen der Betreuung als mitgesprochen. Dem Text lässt sich ent-nehmen, dass eine solche Betreuung in einer nicht an ‚individuellen' Ressourcen und Bedarfen orientierten Interaktion bestehen würde. Das Ziel einer guten Betreuung sei hingegen, an eben diesen Ausgangsbedingungen anzusetzen.

Mit der Fokussierung auf das, „was" „dieser Mensch" „braucht", wird mit einem ‚individuellen' menschlichen Bedarf, einem Bedarf also, der generell bei Menschen bestehe und den es zu befriedigen gelte, der aber bei allen Menschen unterschiedlich sei, argumentiert. Nicht thematisiert wirkt hingegen die Ausrich-tung auf ‚individuelle' Bedürfnisse, eine Perspektive also, die die Wünsche Einzelner deutlicher umfassen würde. Mit dem Blick auf ‚individuelle' Potentiale und Bedarfe werden zwar ‚individuelle' Unterschiede wahrgenommen, dennoch präsentiert sich die Argumentation als eher objektivierend. Während darüber hinaus die Art und Weise der Wahrnehmung nicht angesprochen wird, wird der Vollzug der Wahrnehmungstätigkeit genannt – und somit zentral. So scheint es also darum zu gehen, dass entsprechend ‚geguckt' wird. Nicht bzw. weniger zent-ral hingegen scheint zu sein, wie wahrgenommen wird, mit welchen Methoden ‚individuelle' Möglichkeiten respektive Bedarfe erfasst werden.

Eine weitere Konkretion scheint einer Abgrenzung davon zu bedürfen, was nicht als gute Arbeit verstanden wird:

> „und nicht: was denkt sich das Jugendamt oder was erwarten die so und auch nicht: was ist hier in dieser Gesellschaft opp-, also so, die Geschichte. Das ist ne Qualität" (Illich: Z 200-202).

Die als gut bestimmte Ausrichtung der Arbeit an den zu erhebenden und zu erfül-lenden ‚individuellen' Ressourcen und Bedarfen wird in diesem Textabschnitt abgesetzt von einer Ausrichtung an ‚dem Denken' und ‚den Erwartungen' ‚des Jugendamtes'. Eine zweite Abgrenzung des dargelegten Qualitätsentwurfes wird gegenüber einer Orientierung an dem, was „in dieser Gesellschaft opp-" ist, vor-genommen. Als wahrscheinlich kann angenommen werden, dass mit der zitierten Formulierung auf sich als gegeben präsentierende gesellschaftliche Normalitäts-vorstellungen verwiesen wird. Thematisiert wird also, dass sich eine gute Betreu-ung von Jugendlichen weder an den Erwartungen des Jugendamtes noch an den ‚Normalitätsvorstellungen' „dieser Gesellschaft", sondern an dem/der einzelnen Jugendlichen ausrichten solle.

Über die Entfaltung der Vorstellung von Qualität in Abgrenzung zu einer als anders thematisierten Vorstellung des Jugendamtes oder ‚der Gesellschaft' zeigt sich Qualität hier als leerer Signifikant – präsentiert sich doch der Prozess der Explizierung des Qualitätsbegriffes schnell als nicht mehr ohne Praktiken der Abgrenzung auskommend (vgl. dazu auch Kapitel 2.1.2).

Vor dem Hintergrund der thematisierten Grenzziehung erfährt das zuvor Gesagte neben seiner Konkretion auch eine Verschiebung gegenüber dem eingangs Formulierten, welche sich in einer stärkeren Orientierung an ‚individuellen' Zielen von Jugendlichen ausdrückt:

> „und, äh, ja, zu gucken wirklich: Was ist für deren individuellen Weiterentwicklung, ne, wo stehn sie, wo wolln sie hin? Wenn sie das überhaupt sagen können" (Illich: Z 202-204).

So impliziert gute Arbeit laut dem Text den Fokus auf die „individuellen" Weiterentwicklungsprozesse von Jugendlichen, wobei ebenso ihre Ausgangssituation wie auch das von ihnen anvisierte Ziel zu berücksichtigen seien. Verwiesen wird damit auf in den Blick zu nehmende ‚individuelle' Ausgangslagen und Ziele von Jugendlichen. In Betracht gezogen wird, dass diese eigenen Ziele und Wünsche evtl. jedoch von den Jugendlichen selbst nicht formulierbar sind. Offen bleibt hier allerdings, woran sich in diesem Fall orientiert werden soll und wer dann die Ziele der ‚Weiterentwicklung' definiert. Gefordert wird im Kontext der Orientierung an einer „individuellen Weiterentwicklung" nur, dass „wirklich" – und damit offensichtlich nicht nur vermeintlich – ‚individuell' geguckt wird. Auf dieser Basis scheint, wie im folgenden Textausschnitt deutlich wird, eine Detaillierung des von den (Sozial-)Pädagog_innen als gut Definierten möglich zu werden:

> „und ein Stück Begleitung dahingehend anbieten, so, äh. Und auch, äh, dass sie sich aufgehoben fühlen bei uns, also so ein, wenn auch kein richtiges, also ein kleines Stück Zuhause, wo sie einfach aber erst mal ankommen können, durchatmen und, äh, dann überhaupt so was wie ansatzweise so ne Perspektive für sich entwickeln, ne, ähm. Und darin versuchen ja wir sie zu unterstützen" (Illich: Z 204-209).

Gute Arbeit impliziert laut Birgit Illich erst einmal das Hervorrufen eines Gefühls des ‚Aufgehoben-Seins'. So habe gute Arbeit ein als positiv assoziiertes Gefühl bei den Jugendlichen zu erzeugen, ein Gefühl der Geborgenheit und des Sich-Sicher-Seins. Verortet werden solche Gefühle zumeist in einem familiären, familienähnlichen Umfeld oder im Freund_innenkreis. Bestätigt wird diese Assoziation über die weiteren Ausführungen: Thematisiert wird das Anliegen, ein ‚Zuhause' zu bieten. Jedoch könne es dabei nur um „ein kleines" und um „kein richtiges" Zuhause gehen. Dennoch vermittelt der Text die Annahme, dass dieses „Stück" Zuhause nicht zu unterschätzen sei, denn immerhin wird das oben skizzierte Gefühl an diesen Ort geknüpft. Dabei wird dieser Ort mit der Formulierung „bei uns" als an ein nicht konkretisiertes Kollektiv gebunden dargestellt. Offen bleibt jedoch – auch unter Hinzuziehung des Kontextes –, wo genau dieser Ort anzusiedeln ist. Unklar bleibt bspw., ob es sich dabei um eine Wohngruppe, einen Verein, eine Wohnung, ein Haus oder ein Team handelt. Deutlich wird allerdings, dass der Ort neben einem – wenn auch offen gehaltenen – räumlichen Verweis einen personenbezogenen, und zwar auf eine Gruppe von Personen bezogenen, Hinweis enthält. Ausgeführt wird darüber hinaus der Zweck des Ortes. Es gehe an diesem Ort darum, die Möglichkeit zur Verfügung zu stellen, „erstmal ankommen" zu können. Über die Markierung als Angebot wird dabei auch dessen Nichtinanspruchnahme denkbar. Über das Wort „erstmal" präsentiert sich zudem das Ankommen als eine basale Voraussetzung für Weiteres, wie zum Beispiel eine Perspektiventwicklung. Zugleich verweist die Formulierung auf die angenommene Ausgangssituation der Jugendlichen: Im Rückgriff auf Illich sind die Jugendlichen unterwegs, auf einem Weg, welcher auch von Atemlosigkeit, Unsicherheit und Perspektivlosigkeit geprägt zu sein scheint. In der Wohngruppe gehe es dementsprechend darum, ,anzukommen' und „durchatmen" zu können. Zunächst also solle die Wohngruppe ein Ort der Ruhe, Sicherheit und Geborgenheit sein. Erst nach dem ersten Ankommen gehe es darum, sich von diesem Ort aus erneut auf den Weg zu machen. Dabei wird dieser Weg, im Unterschied zum Weg der unbegleiteten Flucht nach Deutschland der hier thematisierten Jugendlichen, als ein von Wohngruppenmitarbeiter_innen begleiteter und unterstützter Prozess einer ,individuellen Weiterentwicklung' vorgestellt, der an den Möglichkeiten und Zielen der einzelnen Jugendlichen zu orientieren sei. Bei dieser Weiterentwicklung gehe es zunächst primär darum, eine Perspektive für den zukünftigen Lebensweg der Jugendlichen zu entwickeln. Birgit Illich weist in diesem Kontext darauf hin, dass die Entwicklung einer solchen Perspektive eine nicht ganz einfache Angelegenheit sei – so gehe es darum, „überhaupt so was wie ansatzweise so ne Perspektive für sich zu entwickeln". Die Interviewte würde – mit anderen zusammen („wir") – „versuchen", diesen Prozess „zu unterstützen". Die Aufgabe des mit „wir" nicht näher bezeichneten Kollektivs sei es somit, zu versuchen, den mit diversen Herausforderungen einhergehenden Weiterentwicklungsprozess der Jugendlichen helfend zu begleiten.

Zu bemerken ist, dass hier mit dem *Versuch* der Unterstützung argumentiert wird. Auf diese Weise wird die Möglichkeit des Scheiterns mitgesprochen. Ebenso wie die in der Wohngruppe Arbeitenden werden die Jugendlichen dabei als Gruppe vorgestellt. Definiert wird die Gruppe der Jugendlichen als aus Einzelnen mit je ,individuellen' Möglichkeiten, Bedarfen und Perspektiven bestehend. Die zu betreuenden Jugendlichen werden damit als eine über unterschiedliche Merkmale verfügende und sich somit als heterogen darstellende Gruppe entworfen. Die Gruppe der Kolleg_innen hingegen scheint ein einheitliches Ganzes zu bilden. Als Einheit erscheinen auch ,das Jugendamt' sowie ,die Gesellschaft'. Insgesamt zeigen sich also unterschiedliche, sich mittelbar und unmittelbar begegnende, hetero- und homogene Gruppen und Gruppenzugehörigkeiten als in der Kinder- und Jugendwohngruppenarbeit relevant. Dabei wird die Argumentation, nach einer, im ersten der vier in diesem Zusammenhang zitierten Textausschnitte zunächst erfolgten, Relationierung des Skizzierten, mit einem „wir" im weiteren Textverlauf als an die Interviewte gebunden vorgestellt. Das dargelegte Verständnis von guter Arbeit präsentiert sich damit im vorliegenden Expert_inneninterviewtext als an ein „Ich" und kein „Wir" gebunden. Daraus lässt sich wiederum darauf schließen, dass in der Gruppe der Kolleg_innen möglicherweise uneinheitliche Qualitätsvorstellungen vorhanden sind.

Die in den zitierten Textausschnitten thematisierten Interventionsweisen firmieren unter den Begriffen ‚Betreuung', „Begleitung" und ‚Unterstützung'. Angesprochen werden damit Beziehungsvarianten, die mit unterschiedlichen Implikationen einhergehen. Doch scheinen sich die differenten Formen gegenseitig zu ergänzen, wie ich im Folgenden mit einer Rekonstruktion der jeweiligen Figurationen belegen möchte: Im Zusammenhang mit der Thematisierung einer angemessenen – einer sich also als nicht herausragend, aber dennoch als gut präsentierenden – Interventionsform, welche ‚individuelle' Möglichkeiten und Bedarfe berücksichtigt, verhandelt Birgit Illich die Beziehungskonstellation unter dem Stichwort ‚Betreuung'. Mit dieser Bezeichnung wird mit einer einseitigen Beziehungskonstellation, in der die Rollen nicht getauscht werden können, argumentiert. Aufgrund der nicht reziproken Beziehungsform kann eine unterschiedliche Verteilung von Kompetenzen oder/und Wissen und letztlich damit auch ein durch Ungleichheit und Hierarchie geprägtes Verhältnis der Macht angenommen werden. Die zu Betreuenden und die Betreuenden scheinen somit keine gleichberechtigten Partner_innen zu sein. Auch werden die Jugendlichen als nicht aktiv vorgestellt: Mit ihnen geschieht etwas in der Beziehung, sie werden – wenn auch adäquat – betreut.

Illich zufolge impliziert gute Arbeit, wie oben bereits erwähnt, jedoch neben der Betreuung auch Phasen der ‚Begleitung'. So werden die Jugendlichen als sich auf ihrem jeweiligen Weg befindende ‚Individuen' markiert, denen eine Begleitung angeboten wird. Die zuvor skizzierte asymmetrische, nicht reziproke Beziehung erfährt damit eine Relativierung: Über die angebotene – und damit auch ablehnbare – Begleitung, über das angebotene gemeinsame Zurücklegen eines Wegabschnitts also, zeigt sich ein Beziehungsentwurf, der die Beteiligten ‚auf Augenhöhe' zueinander ansiedelt. Über die Formulierung „ein Stück" wird dieser Beziehungsentwurf zudem zeitlich und/oder räumlich begrenzt: Die Begleitung soll nicht den ganzen Weg über, sondern lediglich für eine bestimmte Etappe und damit auch nur für eine bestimmte Zeit erfolgen, wobei sich diese Begrenzung als für die Interviewte nicht begründungsbedürftig präsentiert. Mit der Wahl der Vokabel „Begleitung" wird der/die Jugendliche als eigenständig entworfen. Und nicht zuletzt über die Möglichkeit des Ablehnens der Begleitung erscheint er/sie auch als selbstverantwortlich. Die Aufgabe der Begleitenden besteht somit darin, eine Wegbegleitung für eine an „individuellen Möglichkeiten" und Zielen orientierte „individuelle Weiterentwicklung" anzubieten. Die Begleitung soll dabei auf einem an den Jugendlichen orientierten Weg erfolgen – wobei daran zu erinnern ist, dass von Illich auch in Betracht gezogen wird, dass die Jugendlichen nicht verbalisieren können, wohin sie gehen wollen.

Diese Tätigkeit des nicht konkretisierten Kollektivs im Kontext einer von den Jugendlichen zu entwickelnden Zukunftsperspektive wird von der Befragten in diesem Zusammenhang auch als ‚Unterstützung' bezeichnet. Die von den (Sozial-)Pädagog_innen zu übernehmenden Rollen erfahren damit eine weitere Ausdifferenzierung: Was die Unterstützung angeht, so teilen sich die Jugendlichen mit den (Sozial-)Pädagog_innen den aktiven Part. Letztere seien dabei weniger aktiv als in der Betreuungssituation, jedoch stärker als im Beziehungsentwurf der Begleitung. Zugleich zeigt sich in der durch Unterstützung geprägten Beziehung die Positionierung ‚der Unterstützer_innen' als an der Seite ‚individueller' Jugendlicher stehend besonders deutlich.

Zusammenfassend scheint eine durch die Orientierung an den ‚individuellen' Jugendlichen geprägte Beziehung zwischen (Sozial-)Pädagog_innen und Jugendlichen in unterschiedlichen Interaktionsphasen je verschiedene Ausformungen zu umfassen, die wiederum unterschiedliche Implikationen mit sich bringen, welche sich aber ergänzen und nicht zu widersprechen scheinen. Die Implikationen der differenten Beziehungsfigurationen präsentieren sich vor dem Hintergrund ihrer Nichtbenennung im Text jedoch als nicht thematisierungsbedürftig.

4.4.3 Praktiken der Orientierung an ‚schwierige Personen'

Bei der Konkretisierung der von (Sozial-)Pädagog_innen im Kontext der Orientierung am ‚Individuum' postulierten Haltungen und Handlungsweisen tritt neben die Argumentationsfigur der Abgrenzung von sich als gesellschaftlich als dominant präsentierenden Konzepten die Präsentation von Kindern und Jugendlichen als ‚schwierige Personen'. Anhand des folgenden Textausschnitts aus dem Expert_inneninterview mit Rolf Fischer, einem Heimleiter, lässt sich dies verdeutlichen. Angeführt wird von dem Interviewten, dass gute Arbeit im Sinne einer Orientierung an der/dem Einzelnen spezifische Haltungen und Verhaltensweisen von Mitarbeiter_innen der stationären Hilfen zur Erziehung erfordere. Über die sich zeigende Thematisierungsweise präsentiert sich die Darstellung von Güte dabei als mit einer Präsentation von Kindern und Jugendlichen sowie deren Familien als ‚schwierig' verknüpft:

„Janusz Korczak, der polnische Jude, der mit seinen Ki-, Kindern, äh, ja, dann in Auschwitz untergegangen ist, hat gesagt: „Wir dürfen nicht zu den Gefühlen der Kinder hinabsteigen, sondern wir müssen versuchen, emporzusteigen. Wir müssen uns empor klimmen zu den Kindern, zu den Gefühlen der Kinder und der Jugendlichen". Die Bereitschaft des Personals, sich auf die schwierige Person, Persönlichkeit des Kindes, des Jugendlichen und deren Familie einzulassen. Äh, das hat was nich nur mit Sozialromantik zu tun, sondern das heißt, ich muss verstehen, warum Sven die geliebte Katze seiner Schwester in die Mikrowelle reintut und die dann noch anstellt. Ich muss es verstehn. Nur dann kann ich helfen" (Fischer: Z 413-422).

In dem Textausschnitt wird gute Arbeit mit der „Bereitschaft des Personals" verknüpft, sich „einzulassen" und zu „verstehen". Über den Verweis auf das notwendige Sich-Einlassen wird eine spezifische Form der Gestaltung der Beziehungsarbeit durch die Mitarbeiter_innen angesprochen. Thematisiert wird eine offene, die Situationen und das Gegenüber wahr- und annehmende sowie anerkennende Form der Beziehungsgestaltung. Geknüpft wird diese an ein als ‚schwierig' markiertes Gegenüber, wobei auch dessen familiales Umfeld in die Überlegung einbezogen wird. Konkret geht es also um die „schwierige[] Person, Persönlichkeit des Kindes" sowie dessen Familie.

Die Tätigkeit des Einlassens wird als eine Bewegung des ‚Emporsteigens' zu den „Gefühlen der Kinder" illustriert. Lesen lässt sich dies zum einen als einen Perspektivwechsel erfordernd und zum zweiten als eine Begegnung mindestens auf Augenhöhe implizierend. Denn es gehe eben nicht darum, zu den Kindern ‚hinabzusteigen'. Über die Abgrenzung präsentiert sich eine Konkretion: Abgelehnt wird eine Haltung des Nicht-Wahrnehmens, des Nicht-Ernst-Nehmens und Nicht-Achtens von Kindern und Jugendlichen, von ihren Gefühlen und Belangen. Als Referenzperson bezieht sich der Text in diesem Zusammenhang auf Janusz Korczak, der über den Verweis auf sein Handeln als im höchsten Maße integer, wenn nicht gar als Held, markiert wird – hat er doch ‚seine Kinder' auch auf dem Weg in den Tod in einem Vernichtungslager des Dritten Reichs begleitet. Da ein in ähnlicher Weise bis in die letzte Konsequenz radikales ‚Einlassen' schwer vorstellbar bzw. umsetzbar ist, wird die von den Mitarbeiter_innen einzunehmende Haltung über die Deklaration als ‚muss' zwar als notwendigerweise zu erfolgende bestimmt. Gleichzeitig wird sie jedoch auch als versuchsweise einzuschlagende Aufwärtsbewegung bezeichnet: „wir müssen versuchen, emporzusteigen". Dabei muss, so lässt sich Fischer lesen, diese Bewegung unbedingt mit der Wahrnehmung und Achtung des Gegenübers verknüpft sein.

Vor dem Hintergrund einer erneuten Abgrenzung – dem Verweis darauf, wovon eine solche Haltung zu unterscheiden sei – bestimmt der Text das Verstehen und Akzeptieren von ‚individuellen' Hintergründen des Handelns von Kindern und Jugendlichen – auch und gerade im Zusammenhang von zunächst vollkommen unverständlich erscheinenden Handlungen – als Grundlage dafür, ‚Hilfe' anbieten zu können. Um dem einzelnen Kind ‚helfen' zu können, sei es demnach notwendig, die Gründe für dessen z.T. unverständlich erscheinende Handlungen zu entschlüsseln. Erforderlich sei es also, die jeweiligen Gründe der ‚schwierigen Person des Kindes' für zunächst nicht zu verstehende Verhaltensweisen zu erfassen. Dies bedeutet für das textimmanente Verständnis von guter Arbeit folgendes: Gute Arbeit in der Wohngruppenarbeit zeichnet sich nach diesem Verständnis dadurch aus, dass die (Sozial-)Pädagog_innen sich auf das Gegenüber gänzlich einlassen und dieses verstehen. Eine derartige Füllung zeigt sich dabei als mit einer Figur der Abgrenzung und der Präsentation des Gegenübers als ‚schwierig' verbunden.

Die Arbeit mit ‚schwierigen Personen' wird durch die befragten Expert_innen darüber hinaus auch mit einer Normalität von ‚Zusammenbrüchen' und Krisen verknüpft. Exemplarisch hinweisen möchte ich in diesem Zusammenhang auf zwei Ausschnitte aus dem Expert_inneninterviewtext von Susanne Berger, einer Wohngruppenmitarbeiterin:

> „Also ich habs zum Beispiel oft, dass, äh -- Gerade bei diesen Jugendlichen, nehmen die erst ma ne sehr gute Entwicklung. Ja? Also grad diese Flüchtlingsjugendliche. Die kommen erst ma an, passen sich an, und dann sind die gut in der Schule und es läuft alles wunderbar. Und plötzlich kommt so en Knick drin und dann sackt alles zusammen. Das is so meistens der Punkt, wo sie hier zur Ruhe gekommen sind und wo sie anfangen, sich mit ihrer Vergangenheit auseinanderzusetzen" (Berger: Z 355-361).

Susanne Berger verweist auf von ihr gesammelte Erfahrungen mit „diesen Jugendlichen" – wie es scheint spezifischen Jugendlichen also: „Grad diese Flüchtlingsjugendliche[n]" würden häufig zunächst eine „sehr gute Entwicklung" ‚nehmen'. Sie würden ‚ankommen', ‚sich anpassen', und „gut in der Schule" sein. Der skizzierte Prozess erfährt über die Markierung als ‚gut' eine positive Wertung. Eine „gute Entwicklung" bedeutet, folgt man Susanne Berger, also, sich gesellschaftlich dominanten Konzepten gegenüber konform zu verhalten – sich ‚anzupassen' – und gute Schulleistungen zu erbringen. Der angedeutete Entwicklungsweg wird dabei als typischer entworfen. Als Handelnde in diesem Prozess zeigen sich ‚die Jugendlichen': Sie sind es, die sich zunächst angepasst verhalten und die angesprochenen Leistungen erbringen.

Der skizzierte Entwicklungsweg erfahre dann jedoch „plötzlich", also zu einem nicht vorhersehbaren Zeitpunkt, eine Veränderung und verlaufe nicht weiter so geradlinig wie zuvor. Dieses Ereignis vollziehe sich ohne die aktive Beteiligung bspw. der Jugendlichen oder der (Sozial-)Pädagog_innen – „plötzlich kommt so en Knick". Der zunächst gewählten Formulierung eines ‚Knicks', zu lesen im Sinne eines Abweichens vom zuvor vollzogenen Entwicklungsverlauf, folgt der Hinweis auf dessen Konsequenz: „[A]lles" sacke in sich zusammen. Damit wird die Wirksamkeit der Abweichung als sich nicht unmittelbar zeigend und total entworfen. Argumentativ entfaltet wird damit die Figur eines zunächst erwartungsgemäßen und positiv bewerteten Entwicklungsverlaufes, welcher ein, bezogen auf den jeweiligen Zeitpunkt, unvorhersehbares und radikales Ende erfährt. Oft, aber nicht immer sei dieses Zusammensacken mit einer spezifischen Entwicklungsphase der Jugendlichen verknüpft – und zwar mit einem Moment des ‚Zur-Ruhe-Gekommen-Seins' und einer beginnenden ‚Auseinandersetzung' mit „ihrer Vergangenheit". Somit generiert der Text einen ‚typischen' Entwicklungsverlauf einer spezifischen Gruppe von Jugendlichen, der jedoch, darauf verweist Berger im folgenden Interviewausschnitt, nicht allen an der (Sozialen) Arbeit mit den Jugendlichen Beteiligten verständlich zu machen sei:

> „Und das machen Sie ma jemanden klar, der das jetzt nur von außen betrachtet. Der sacht: „Wieso? Die Maßnahme is doch so gut gelaufen. Wieso fordern Sie jetzt auf einmal, dass die verlängert wird? Wir wollten die verselbstständigen. Das, äh, macht für uns gar keinen Sinn". Und dann, dann steh ich hier und bin am Rudern" (Berger: Z 361-365).

Problematisiert wird die nicht gegebene Vermittelbarkeit einer solchen typischen Entwicklung an „jemanden", „der das jetzt nur von außen betrachtet". Über die Argumentation mit einem ‚Außen' wird ein Bild der Existenz unterschiedlicher, jedoch auch deutlich aufeinander verweisender, Räume im Feld der Sozialen Arbeit transportiert. Im ‚Inneren' von Jugendlichen ‚individuell' vollzogene Entwicklungsverläufe präsentieren sich dabei als nach ‚außen' zu vermitteln. Die Zuständigkeit für eine entsprechende Vermittlung erweist sich als im ‚Innen' – und hier bspw. bei der Interviewten – liegend. Für diese impliziert die Vermittlung eines scheinbar nicht gemäß den Erwartungen „von außen" verlaufenden Entwicklungsprozesses jedoch ein deutliches Problem. Denn im ‚Außen' würde das ‚Zusammensacken' von einer bisher als „gut gelaufen" markierten Entwicklung und insbesondere die geforderten Konsequenzen des Entwicklungsverlaufswandels auf Unverständnis stoßen. Dort auf Verständnis stoßend zeigt sich damit eine stetig gut verlaufende Maßnahme. Als nicht vermittelbar präsentieren sich dagegen Entwicklungsrichtungsänderungen – auch wenn diese im ‚Innen' als „oft" auftretend thematisiert werden.

Deutlich wird auf diese Weise, dass die Erwartungen an jugendliche Entwicklungen im ‚Innen' und ‚Außen' divergieren: Im ‚Innen' bestehe Wissen darüber, dass eine Offenbarung von ggf. erlebten traumatisierenden Situationen in Handlungen zu der Arbeit mit ‚den Jugendlichen' gehört. Als nicht unübliche Folge traumatisierender Situationen wird ein ‚Zusammensacken' thematisiert, welches eine Maßnahmenverlängerung erfordere. Damit wird die vorab skizzierte Entwicklung im ‚Innen' als üblich und verständlich bestimmt: Die Figur der Krise inklusive ihrer Dynamiken präsentiert sich als normaler Bestandteil der Arbeit.

Vor dem Hintergrund der Zuständigkeit des ‚Innen' für die Vermittlung ‚individueller' Entwicklungspfade nach ‚außen' und in Anbetracht des skizzierten dort bestehenden Unverständnisses gegenüber nicht linearen Verläufen benennt der Text Handlungen, die gefordert seien: Die Interviewte sei „am Rudern". Über das Bild bleibt allerdings offen, ob sie dabei voran und an ihr Ziel kommt. Nahe gelegt wird jedenfalls, dass eine Vorwärtsbewegung, ein bewusstes Eintreten für die Interessen der Jugendlichen, erhebliches Engagement erfordert und sich nicht ganz einfach gestaltet.

4.4.4 Zwischenresümee

Die Thematisierung von Praktiken der Orientierung am ‚Individuum' durchzieht das gesamte aus der Expert_innenbefragung gewonnene empirische Material. Solche Praktiken werden insbesondere dann thematisiert, wenn es um eine Konkretisierung, d.h. um eine Füllung des Qualitätsbegriffes geht. Die als gut definierte Arbeit in Kinder- und Jugendwohngruppen präsentiert sich damit im Material beinahe durchgehend als mit Praktiken der Orientierung am ‚Individuum' verbunden.

Über das sich in meinem Interviewtextmaterial abbildende Thematisierungsfeld weisen meine Studienergebnisse in eine ähnliche Richtung wie die Befunde von Melanie Oechler (2009) – bestimmt diese doch die Argumentationsfigur des/der Adressat_in als diejenige, die unterschiedliche an der sogenannten Qualitätsdebatte Beteiligte verbindet. Zudem ist die im empirischen Material deutlich sichtbare werdende Orientierung an dem/der Einzelnen, die nach Michael Winkler (1988: 270) als eine unerlässlich zu berücksichtigende „individuelle[] Subjektivität" und somit als eine Grundkategorie Sozialer Arbeit zu bezeichnen ist, in ähnlicher Weise in der Fachliteratur zu finden: So wird z.B. von Hans-Uwe Otto, Andreas Polutta und Holger Ziegler (2010b: 18) Soziale Arbeit vor dem Hintergrund ihrer Bearbeitung von „Ambiguitäten" als immer und unbedingt „fall- und situationsbezogen" ausgerichtet bestimmt. Anders formuliert bedeutet dies, dass erst im ‚Einzelfall' entschieden werden kann, worauf es in einer „Hilfe" (Gängler 2011: 609) ankommt. So konstatiert Matthias Moch (2011: 621), dass eine „sozialpädagogische" Perspektive auf Hilfen zur Erziehung dadurch gekennzeichnet sei, dass sie der „Subjektstellung des jungen Menschen und seiner Eltern ein maßgebliches Gewicht bei der Bestimmung dessen" zuweist, „was überhaupt als ‚Hilfe' verstanden werden soll". Entsprechend bestimmt Michael Winkler (1988:

270) den Begriff des „Subjekts als erste Grundbedingung – und als erste Grund-bestimmung – des sozialpädagogischen Handelns". Und auch bei der Diskussion von Handlungskonzepten zeigt sich in der Fachliteratur eine zentrale Setzung der Orientierung an ‚Individuen'. Dies materialisiert sich nicht zuletzt in dem, insbesondere im Feld der Hilfen zur Erziehung bedeutsamen, Handlungskonzept einer „subjektorientierten" (Koch et al. 2005b: 5) Arbeit. So lässt sich die in den Expert_inneninterviewtexten dominante Thematisierung von guter Arbeit als Orientierung am ‚Individuum' als Fest- und Fortschreibung einer sich auch in der Fachliteratur zeigenden Figur ‚des Pädagogischen' lesen.

Dabei zeichnet sich die Orientierung am ‚Individuum' in den der Studie zugrundeliegenden Expert_innentexten dadurch aus, dass die jeweilige „Hilfe" an der Ausgangssituation der einzelnen Kinder und Jugendlichen ansetzt und dass die (Sozial-)Pädagog_innen u.a. mit diesen gemeinsam ‚individuelle' – und dabei vor allem bedarfsorientierte – Perspektiven entwickeln. Die erfolgenden Detaillierungen bedürfen, so das Ergebnis meiner Analyse, der Argumentationsfigur der Abgrenzung. Abgegrenzt wird sich gemäß der interviewten Expert_innen von einer Orientierung an ‚gesellschaftlichen Normalitätsentwürfen' und von einer vom Jugendamt angestrebten schnell(er)en Hilfebeendigung. Erst vor diesem Hintergrund gewinnt eine Detaillierung der für die einzelnen Jugendlichen und/oder Kinder angestrebten „Hilfe" weitere Kontur (vgl. Hoffmann-Berg: Z 157).

Darüber hinaus werden Jugendliche und/oder Kinder im Kontext des Thematisierungsfeldes zwar als Einzelne berücksichtigt, sie werden jedoch dennoch überwiegend als Gruppe in den Blick genommen: Als ihre Aufgabe wird ihre Weiterentwicklung dargelegt. Als symptomatisch erscheint dabei, dass eine krisenlose und den gesellschaftlichen Normalitätsvorstellungen entsprechende Weiterentwicklung den interviewten Expert_innen zufolge jedoch lediglich bedingt von ihnen erwartet werden kann. Nicht zuletzt auch vor diesem Hintergrund präsentieren sich Praktiken der Orientierung an ‚individuellen' Ausgangslagen, Bedarfen, Ressourcen und als solchen thematisierten Handlungsgründen als unerlässlich entworfen. Nahegelegt wird, dass eben dies in den von den Befragten beschriebenen Verhältnissen nicht einfach umzusetzen sei. So entsteht der Eindruck, als bestehe eine Praktik des Durchquerens einer zunehmenden Relevanz von (standardisierten) und erfolgsorientierten Erwartungen an die „Kids" (Otto: Z 346) darin, diese als ‚schwierige' und immer wieder auch krisenhafte Phasen durchlaufende „Persönlichkeiten" darzustellen. Gelesen werden kann dies auch als Verweis auf eine sich als dominant präsentierende gesellschaftliche Diskussion und auf entsprechende Anrufungen des/der Einzelnen als leistungsorientiert und erfolgreich. So konstatiert Sighard Neckel (2004: 63): „Unter allen Idealen, mit denen das moderne Zeitalter die Individuen versorgt, ist der Glaube an den Erfolg von einzigartiger Evidenz. Wie kaum ein anderes Epitheton der Gegenwart ist er zum Leitbild geworden, das Programme und Organisationen gleichermaßen erfasst". Der Inhalt dieses Zitats spiegelt sich insofern in den Expert_inneninterviewtexten, als dort die Adressat_innen der Kinder- und Jugendwohngruppenarbeit als üblicherweise nicht in der Lage dargestellt werden, einem solchen Leitbild entsprechen zu können. Dies kann zwar eine schützende Haltung implizieren, beinhaltet aber paradoxerweise zugleich eine Defizitorientierung, die eigentlich im Feld Sozialer Arbeit überwunden werden sollte. Dieser Aspekt ist gerade im Hinblick auf die „präfigurierende[n]" (Winkler 2010: 322) Effekte der Perspektive von (Sozial-)Pädagog_innen auf Adressat_innen als nicht ganz unproblematisch zu bestimmen (vgl. Thieme 2013: 191ff.).

Darüber hinaus kann die sich durch das empirische Material ziehende Argumentationsfigur der Abgrenzung zudem als Verweis darauf gelesen werden, dass das Konzept der Güte – aktuell insbesondere unter dem Label Qualität und Wirkung verhandelt – als ein ,leerer Signifikant' im laclauschen Sinne zu verstehen ist. Nahe gelegt wird dies darüber, dass das Konzept der Güte einer vorübergehenden Füllung über Abgrenzung bedarf (vgl. Laclau 2002b; vgl. Kapitel 2.1.2).

5 Fazit

Ziel der vorliegenden Studie war es, sichtbar werden zu lassen, ob bzw. wie sich (Sozial-)Pädagog_innen zu veränderten Konzepten und Steuerungsweisen guter Arbeit ins Verhältnis setzen. Im Zentrum des Interesses standen insbesondere die Arten und Weisen des Sich-ins-Verhältnis-Setzens. Fokussiert wurde damit, wie sich die befragten Expert_innen zu einem Phänomen in Verhältnis setzen, welches gemeinhin mit der Rede über das sich wandelnde wohlfahrtsstaatliche Arrangement verknüpft wird. Über die Studie sollte in den Blick geraten, ob und besonderes auf welche Weisen Thematisierungsfelder und -weisen, die auf der Makroebene anzusiedeln sind, sich in dem auf der Mikroebene Thematisierten abbilden. Dazu wurden von (Sozial-)Pädagog_innen thematisierte Verhaltensweisen betrachtet. Das Datenmaterial dafür bildeten leitfadengestützt erhobene und insbesondere an der Grounded-Theory-Methodologie orientiert ausgewertete Expert_inneninterviews mit Beschäftigten aus dem Feld der Kinder- und Jugendwohngruppenarbeit.

Als hilfreich für eine solche, die Mikro- und Makroebene relationierende, Betrachtungsweise wurde ein spezifisches Subjektverständnis angenommen. Dementsprechend wurden Subjekte als Unterworfene und zugleich als Entwerfende, als Produzierte und Produzierende, als Gestaltete und Gestaltende konzipiert. Die interviewten Expert_innen wurden somit als hergestellt und im Handeln auch herstellend verstanden. Sie wurden als sich selbst und anderen sowie anderem unterworfen und zugleich als über „Praktiken (…) der Freiheit" (Foucault 2005: 906) verfügend angenommen. Die Interviewten wurden damit als sowohl in sich wandelnde, allgegenwärtige, sich vielfältig ausdifferenzierende, sich beispielsweise lokal unterschiedlich zeigende Verhältnisse der Macht wie auch als in verschiedene, nebeneinander existierende und dabei vor allem historisch und kulturell spezifische Diskussstränge eingewoben betrachtet. Insofern wurden sie als in und durch Macht-Wissens-Komplexe Hervorgebrachte verstanden. Hervorgehoben wurde jedoch, dass sie im Handlungsvollzug immer auch über Freiheit und damit über Möglichkeiten der Gestaltung – beispielsweise im Sinne einer „Umarbeitung" (Pieper et al. 2011: 201) – verfügen. Das sich transformierende Soziale zeigte sich auf diese Weise als den Interviewten nicht äußerlich, und doch erwiesen sich diese als mit dem sich wandelnden Sozialen nicht in eins fallend, sondern als durch es gestaltet und es im Handlungsvollzug gestaltend. Das skizzierte Verständnis rekurriert dabei insbesondere auf den sich ergänzenden Subjektkonzepten und den mit diesen verknüpften Handlungs-, Macht- und Diskursverständnissen von Michel Foucault und Andreas Reckwitz.

Über die Analyse des empirischen Materials wurden vier Thematisierungsfelder rekonstruiert, welche jeweils verschiedene Thematisierungsweisen beinhalten. Dies waren 1) Praktiken der Unterwerfung und Gestaltung, 2) Marktpraktiken und deren kritische Kommentierung, 3) standardisierende Praktiken und deren Begrenzung sowie 4) Praktiken der Orientierungen am ‚Individuum'. Verdichtet und in aller Kürze lässt sich als Zusammenfassung der Befunde folgendes Bild skizzieren: Die Interviewten sind offensichtlich in Verhältnisse der Macht eingewoben. Insbesondere markieren sie sich als verpflichtet, unter Druck stehend und kontrolliert. Sie berichten, dass sie der Einführung von Prozessen und Verfahren, die von ihnen mit Qualitätsmanagement oder Qualitätsentwicklung in Verbindung gebracht werden, nur unfreiwillig zugestimmt hätten. Die in den Einrichtungen der fokussierten freien Träger erfolgte Konzeptionierung und Etablierung eines Managements von Qualität wird als durch die Abwesenheit von Handlungsalternativen geprägt vorgestellt. Neben ihrer Selbstthematisierung als Unterworfene präsentieren sich die Interviewten in den Expert_inneninterviewtexten über die von ihnen dargelegten Akte der Einführung, Konzeptionierung und Etablierung des o.g. Managements als die Veränderungsprozesse fortschreibend.

Parallel dazu wurden bei der Analyse der Interviewtexte Weisen der Aneignung deutlich, die z.T. als Praktiken der Umdeutung und Umschreibung, z.T. als Praktik der Einschreibung gelesen werden können. Beispielsweise wird die regelmäßige Auseinandersetzung mit der eigenen Arbeitsgüte im Rahmen von eigenen Qualitätsentwicklungsverfahren als durchaus nutzbar für die Weiterentwicklung professioneller Handlungsweisen vorgestellt. Auch wird dafür votiert, Verfahren, die den Arbeitsprinzipien der Träger entsprechen, auszubauen und Spielräume für die Weiterentwicklung professionellen Handelns zu nutzen.

Gestaltungsweisen werden auch im Kontext von, seitens der Interviewten als bestehend markierten, Standardisierungsbestrebungen und -weisen deutlich. Sichtbar werden in diesem Zusammenhang insbesondere Praktiken der Begrenzung. Besonders das laut den Interviewten die eigentliche Wohngruppenarbeit Ausmachende versuchen die Befragten vor Standardisierungen zu schützen – wobei die Begrenzungen zum Teil auch wiederum über Standardisierungspraktiken erfolgen. Bezogen auf andere Felder der Kinder- und Jugendwohngruppenarbeit zeigen sich die Interviewten als an der Entwicklung standardisierter Handlungsweisen beteiligt.

Auch im Kontext des Thematisierungsfeldes der Orientierung am ‚Individuum' – welches sich auch als Folie einer kritischen Positionierung gegenüber

188

Standarisierungs- und Normierungsbestrebungen bezeichnen lässt – ist auf das Vorhandensein von Gestaltungsweisen zu verweisen: Neben einer über die Thematisierung erfolgenden Präzisierung ‚guter‘ Handlungsweisen werden Praktiken der Durchquerung sichtbar. Diese zeigen sich im Kontext der – von den Befragten als zunehmend an Bedeutung gewinnend definierten – Relevanz normierter, effizienz- und erfolgsorientierter Erwartungen an die „Kids" (Otto: Z 346) aus Kinder- und Jugendwohngruppen und bestehen darin, die Kinder und Jugendliche insbesondere als mit Problemen Behaftete und immer wieder in Krisen Geratende zu konzipieren. Diese Konzeption ist als eine Facette des Schutzes zu verstehen, die jedoch als nicht frei von Paradoxien zu konstatieren ist.

Daneben werden in den Interviewtexten Weisen der Distanzierung deutlich. Diese zeigen sich im Kontext von sich als präsent abbildender Praktiken des Marktes über kommunikative Mittel im Interview. Vor allem an Ironisierungen und am Lachen werden sie sichtbar.

Zusammenfassend heißt dies, dass meine Studienergebnisse ein detailreiches Bild davon zeichnen, wie sich (Sozial-)Pädagog_innen im Feld der Kinder- und Jugendwohngruppenarbeit im Forschungszeitraum – dem Jahr 2006 – im Kontext sich wandelnder Konzepte und Steuerungsweisen von guter Arbeit verhalten haben.

Darüber hinaus wird anhand der vier rekonstruierten Thematisierungsfelder deutlich, dass die von den Interviewten angesprochenen und auf der Mikroebene zu verortenden Verhaltensweisen keinesfalls unbeeinflusst sind durch Thematisierungsweisen, die auf der Makroebene anzusiedeln sind. Anhand der empirischen Ergebnisse wird zudem folgendes sichtbar: Das sich wandelnde wohlfahrtsstaatliche Arrangement und die mit diesem verknüpften Phänomene zeigen sich deutlich als die thematisierten Verhaltensweisen gestaltend. Zu konstatieren ist aber zugleich, dass (Sozial-)Pädagog_innen auch gestalten – so legt es zumindest der in den Blick genommene Untersuchungsgegenstand nahe. Denn im Zusammenhang der sich zeigenden Weisen des Sich-Verhaltens werden nicht zuletzt Praktiken der Umdeutung, Umschreibung und Durchquerung sichtbar. So zeigen sich die veränderten Konzepte und Steuerungsweisen guter Arbeit als Gestaltende und als gestaltbar. Dies möchte ich als wichtiges Ergebnis herausstellen, auch wenn die sich als gestaltbar zeigenden Spielräume meinen Befunden zufolge als beschränkt angenommen werden müssen. Anhand der empirischen Ergebnisse präsentieren sich die Interviewten damit als durch das Soziale Hergestellte und dieses Herstellende. Sichtbar werden sie dabei als gleichzeitig zum Handeln Aufgeforderte, Handelnde sowie den Handlungsvollzug Gestaltende. In diesem Prozess entstand durch Weisen des Sich-ins-Verhältnis-Setzens Neues, über Anrufungen Hinausweisendes – so legen es die Daten deutlich nahe.

Eine so konzipierte Forschungsperspektive gilt es auszubauen. Zwar ist in der professionsbezogenen Jugendhilfeforschung inzwischen eine verstärke Inblicknahme der herstellenden bzw. hergestellten Dimensionen (sozial-)pädagogischen Handelns zu verzeichnen[109], ich halte es jedoch für wichtig, die deutlich gewordene Verknüpfung der Mikro- und Makroebene und die hervorbringenden Wechselbeziehungen zwischen diesen beiden Ebenen noch weiter und dabei in die Tiefe gehend zu analysieren.[110] Begründen lässt sich die Notwendigkeit weiterer empirischer Studien dreifach: *Erstens* ist vor dem Hintergrund der sichtbar gewordenen ein-, fort-, umschreibenden und umdeutenden sowie durchquerenden Praktiken von einem sich kontinuierlich ereignenden Veränderungsprozess der Beziehungsfiguration zwischen Mikro- und Makroebene auszugehen, welchen es immer wieder zu erforschen gilt. So kann zwar jede Untersuchung nicht mehr als eine Momentaufnahme des sich je Zeigenden sein, doch jede Studie ermöglicht eine kritische Reflexion der je deutlich werdenden Verhaltensweisen und der mit ihnen verknüpften Macht-Wissens-Formationen, um darüber wiederum Neues denkbar werden zu lassen. Und genau darin besteht mein *zweites* Argument. *Drittens* kann eine sinnvoll fokussierte empirische Inblicknahme der jeweiligen Bänder zwischen Mikro- und Makroebene dazu dienen, die sich u.a. in meiner Studie zeigende Dimension wechselseitiger Hervorbringungsverhältnisse von Sozialer Arbeit, inklusive der mit ihr verknüpften unterschiedlichen Subjekte, nicht immer wieder aus dem Blick zu verlieren. Denn gerade vor dem Hintergrund der engen Beziehungen von Sozialer Arbeit und gesellschaftlichen Entwicklungsprozessen, die z.B. aus historischer Perspektive untersucht (Sachße/Tennstedt 1988) oder systematisch ausdifferenziert wurden (Kessl 2005; Plankensteiner 2013), liegt der wiederholte Rückgriff auf eine Forschungsperspektive nahe, die Mikro- und Makroebene miteinander verknüpft, indem sie das Verhalten von (Sozial-)Pädagog_innen als in Bestehendes eingebunden und über dieses hinausweisend untersucht.

Auf der Basis der Befunde der vorliegenden Studie stellt sich z.B. die Frage, ob bzw. wie sich das Gezeigte in anderen Feldern Sozialer Arbeit abbildet. Denn es ist durchaus denkbar, dass u.a. auch die historischen Wurzeln der Kinder- und

---

109   Zu verweisen ist in diesem Zusammenhang z.B. auf Peter Cloos (2011), Peter Cloos und andere (2007) oder Alexandra Retkowski, Barbara Schäuble und Werner Thole (2011). Stellvertretend für Studien, die insbesondere das Hergestellt-Werden fokussieren, soll zudem noch einmal auf Tilman Lutz (2010) verwiesen werden. Als Studie, die die Gestaltungsweisen durch die Adressat_innen fokussiert und darüber auch die Produktivität dieser Perspektive zeigt, soll hingegen auf Annette Plankensteiner (2013) verwiesen werden.

110   Ein ähnliches Ziel verfolgt auch Fabian Kessl (2013), u.a. mit dem von ihm eingerichteten Promotionskolleg (www.uni-due.de/wgi/; www.transsoz.web.fh-koeln.de).

Jugendwohngruppenarbeit – welche im Zuge der Heimreform in den 1970er Jahren als Alternative zu einer jahrhundertealten Institution der Ausgrenzung und Disziplinierung entstanden – spezifische Thematisierungsfelder und -weisen evozieren. Und über die Inblicknahme eines anderen Untersuchungsgegenstandes als der Güte von Sozialer Arbeit, die als leerer Signifikant markiert wurde, könnten sich möglicherweise andere Wechselbeziehungen zeigen. Vor dem Hintergrund der Analyse thematisierter Verhaltensweisen stellt sich zudem die Frage, ob bzw. wie sich das Dargelegte im unmittelbaren Vollzug des Handelns zeigen würde. So wäre es beispielsweise interessant, zu erfahren, ob bzw. wie sich eine Orientierung an dem/der ‚schwierigen Einzelnen' im Vollzug materialisiert. Ein, sich aus dem Vorliegenden ergebendes, weiteres Forschungsdesiderat ist die Erforschung von innerinstitutionellen Relevanzorten der Herausbildung von Praktiken der Positionierung. Denn im Kontext der vorliegenden Studie verdichten sich Hinweise darauf, dass einem – wie auch immer genau umrissenen – (sozial-)pädagogischen Kollektiv eine derartige Rolle zugewiesen wird. Zugunsten einer präzisen Analyse der sich zeigenden Weisen des Sich-ins-Verhältnis-Setzens habe ich deren Entstehungsbedingungen nicht systematisch fokussiert. Auch hier besteht weiterer Forschungsbedarf. Denn durch entsprechende Untersuchungen könnten Relevanzfaktoren für Hervorgebrachtes und sich Hervorbringendes deutlicher markiert und entschlüsselt werden.

Das dieser Studie zugrunde liegende Subjektkonzept hat sich als für mein Forschungsanliegen hilfreiche Analysebrille erwiesen. Zugleich konnte es empirisch gestützt werden – ein Aspekt, der m.E. im Kontext zukünftiger empirischer Forschungen beachtet werden sollte. Das Subjektkonzept würde sich nicht zuletzt deswegen auch in weiteren Forschungskontexten als bedeutsam erweisen, weil ein solcher Subjektbegriff bei der Rezeption von Forschungsergebnissen vor einer verkürzenden Inverantwortungnahme der jeweiligen Befragten schützt. Auch würde es gewährleisten, dass die historisch und kulturell divergierenden und möglicherweise auch lokal-, arbeitsfeld- und disziplinspezifischen Praktiken des Hergestellt-Werdens und Herstellens in den Blick genommen werden können und während eines möglicherweise langwierigen Forschungsprozesses im Fokus bleiben. Gleichzeitig würde es die Forschenden davor bewahren, das sich Zeigende als einfachen Effekt oder als Konsequenz des sich historisch, kulturell und lokal Abbildenden zu fassen und darüber die Gestaltungsweisen und Herstellungspraktiken von (Sozial-)Pädagog_innen zu übersehen.

Literaturverzeichnis

Abels, Gabriele/Behrens, Maria (1998): ExpertInnen-Interviews in der Politikwissenschaft. Das Beispiel der Biotechnologie. Österreichische Zeitschrift für Politikwissenschaft. Jg. 27. H. 1. 79-92.

Abels, Gabriele/Behrens, Maria (2009): ExpertInnen-Interviews in der Politikwissenschaft. Eine sekundäranalytische Reflexion über geschlechtertheoretische und politikfeldanalytische Effekte. In: Bogner/Littig/Menz (2009): 159-179.

AFET Bundesverband für Erziehungshilfe e.V. (2013): Rahmenverträge der Jugendhilfe im Überblick. Im Internet verfügbar unter: http://www.afet-ev.de/aktuell/AFET_intern/PDF-intern/2013/2013-250313-RV-bersicht.pdf [letzter Zugriff: 13.08.2015].

Ahmed, Sarina/Höblich, Davina (2015): Hilfen zur Erziehung. In: Thole/Höblich/Ahmed (2015): 130-132.

Ahmed, Sarina/Höblich, Davina/Thole, Werner (2015): Vorwort zur ersten Auflage. In: Thole/Höblich/Ahmed (2015): 8-9.

Alber, Jens (1989): Der Sozialstaat in der Bundesrepublik 1950-1983. Frankfurt a.M./New York.

Albus, Stefanie/Micheel, Heinz-Günter/Polutta, Andreas (2010): Empirie der Wirkungsorientierung – Perspektiven einer evidenzbasierten Professionalisierung. In: Otto/Polutta/Ziegler (2010a): 231-244.

Albus, Stefanie/Micheel, Heinz-Günter/Polutta, Andreas (2011): Wirksamkeit. In: Otto/Thiersch (2011): 1727-1734.

Albus, Stefanie et al. (2010): Wirkungsorientierte Jugendhilfe. Abschlussbericht der Evaluation des Bundesmodellprogramms „Qualifizierung der Hilfen zur Erziehung durch wirkungsorientierte Ausgestaltung der Leistungs-, Entgelt- und Qualitätsvereinbarungen nach §§ 78aff SGB VIII". Münster.

Anhorn, Roland/Bettinger, Frank/Stehr, Johannes (Hrsg.) (2007): Foucaults Machtanalytik und Soziale Arbeit. Eine kritische Einführung und Bestandsaufnahme. Wiesbaden.

Althusser, Louis (1977): Ideologie und ideologische Staatsapparate. Aufsätze zur marxistischen Theorie. Hamburg/Berlin.

Arbeitsgemeinschaft für Kinder- und Jugendhilfe AGJ (Hrsg.) (2012): Aufarbeitung der Heimerziehung in der DDR. Expertisen. Berlin.

Arbeitsgemeinschaft für Kinder- und Jugendhilfe AGJ (Hrsg.) (2011): Fachkräftemangel in der Kinder- und Jugendhilfe. Positionspapier der Arbeitsgemeinschaft für Kinder- und Jugendhilfe – AGJ. Stellungnahmen und Positionen. Berlin.

Arbeitskreis „Jugendhilfe im Wandel" (Hrsg.) (2011): Jugendhilfeforschung – Kontroversen – Adressierungen. Wiesbaden.

Backes, Susanne (2012): Funktionieren musst du wie eine Maschine. Leben und Überleben in deutschen und österreichischen Kinderheimen der 1950er und 1960er Jahre. Weinheim/Basel.

Bauer, Petra (2010): Das Heim als lose gekoppeltes System? Governance in Organisationen der Jugendhilfe. In: Zeitschrift für Sozialpädagogik ZfSp. Jg. 8. H. 3. 261-277.

Bauer, Rudolph/Dahme, Heinz-Jürgen/Wohlfahrt, Norbert (2012): Freie Träger. In: Thole (2012): 813-829.

Baur, Nina et al. (Hrsg.) (2008): Handbuch Soziologie. Wiesbaden.

Beckmann, Christof (2009): Qualitätsmanagement und Soziale Arbeit. Wiesbaden.

Beckmann, Christof/Richter, Martina (2008): Qualität in der Sozialen Arbeit. In: Bielefelder Arbeitsgruppe 8 (2008): 205-210.

Beckmann, Christof et al. (2004a): Qualität in der Sozialen Arbeit. Zwischen Nutzerinteresse und Kostenkontrolle. Wiesbaden.

Beckmann, Christof et al. (2004b): Negotiating Qualities – Ist Qualität eine Verhandlungssache? In: Beckmann et al. (2004a): 9- 31.

Bellebaum, Alfred/Becher, Heribert J./Greven, Michael (Hrsg.) (1985): Helfen und helfende Berufe als soziale Kontrolle. Opladen.

Bellebaum, Alfred/Hettlage, Robert (Hrsg.) (2010): Glück hat viele Gesichter. Annäherungen an eine gekonnte Lebensführung. Wiesbaden.

Betz, Tanja/Neumann, Sascha (Hrsg.) (2013): Diskurs Kindheits- und Jugendforschung. Schwerpunktheft Sozialpädagogische Kindheit. Jg. 8. H. 2.

Bielefelder Arbeitsgruppe 8 (Hrsg.) (2008): Soziale Arbeit in Gesellschaft. Wiesbaden.

Bigos, Sabrina Isabell (2014): Kinder und Jugendliche in heilpädagogischen Heimen. Biografische Erfahrungen und Spuren der Heimerziehung aus Adressatensicht. Weinheim/Basel.

Birner, Ursula/Fexer, Helmar (1999): Qualitätsmanagement für Soziale Einrichtungen – ein notwendiger Innovationsschub oder eine kostspielige Modeerscheinung? Starnberg.

Birtsch, Vera/Münstermann, Klaus/Trede, Wolfgang (Hrsg.) (2001): Handbuch der Erziehungshilfen - Leitfaden für Ausbildung, Praxis und Forschung. Münster.

Bissinger, Stephan/Böllert, Karin (2003): Qualitätsmanagement in der Kinder- und Jugendhilfe. München.

Bitzan, Maria/Bolay, Eberhard (2011): Adressatin und Adressat. In: Otto/Thiersch (2011): 18-24.

Blandow, Jürgen (1991): Heimerziehung in den 80er Jahren, Materialien und Einschätzungen zur jüngsten Entwicklung der Heimerziehung. In: Peters (1991): 28-49.

BMFSJ (Bundesministerium für Familie, Senioren, Frauen und Jugend) (Hrsg.) (1996): QS 1. Materialien zur Qualitätssicherung in der Kinder- und Jugendhilfe. Bonn.

BMFSJ (Bundesministerium für Familie, Senioren, Frauen und Jugend) (Hrsg.) (2001): Empowerment in Jugendbildungsstätten. Materialien zur Qualitätssicherung. QS 36. Berlin.

BMFSJ (Bundesministerium für Familie, Senioren, Frauen und Jugend) (Hrsg.) (2002a): QS-Hefte. Münster.

BMFSJ (Bundesministerium für Familie, Senioren, Frauen und Jugend) (Hrsg.) (2002b): Elfter Kinder- und Jugendbericht. Bericht über die Lebenssituation junger Menschen und die Leistungen der Kinder und Jugendhilfe in Deutschland. Berlin.

BMFSJ (Bundesministerium für Familie, Senioren, Frauen und Jugend) (Hrsg.) (2012): Modellprogramm des Bundesministeriums für Familie, Senioren, Frauen und Jugend (BMFSJ) zur „Qualifizierung der Hilfen zur Erziehung durch wirkungsorientierte Ausgestaltung der Leistungs-, Entgelt- und Qualitätsentwicklungsvereinbarungen nach §§ 78a ff SGB VIII". Im Internet verfügbar unter: www.wirkungsorientierte-jugendhilfe.de [letzter Zugriff: 14.08.2015].

BMFSJ (Bundesministerium für Familie, Senioren, Frauen und Jugend) (Hrsg.) (2013): 14. Kinder- und Jugendbericht. Bericht über die Lebenssituation junger Menschen und die Leistungen der Kinder- und Jugendhilfe in Deutschland. Berlin.

Bock, Karin (2012): Die Kinder- und Jugendhilfe. In: Thole (2012): 439-459.

Bock, Karin/Thole, Werner (Hrsg.) (2004): Soziale Arbeit und Sozialpolitik im neuen Jahrtausend: Blickpunkte Sozialer Arbeit. Band 4. Wiesbaden.

Bock, Karin et al. (Hrsg.) (2013): Jugend. Hilfe. Forschung. (Grundlagen der sozialen Arbeit, Bd. 31). Baltmannsweiler.

Bogner, Alexander/Littig, Beate/Menz, Wolfgang (Hrsg.) (2005): Das Experteninterview. Theorie, Methode, Anwendung. Wiesbaden.

Bogner, Alexander/Littig, Beate/Menz, Wolfgang (Hrsg.) (2009): Experteninterviews. Theorien, Methoden, Anwendungsfelder. Wiesbaden.

Bogner, Alexander/Menz, Wolfgang (2009a): Experteninterviews in der qualitativen Sozialforschung. Zur Einführung in eine intensive Methodendebatte. In: Bogner/Littig/Menz (2009): 7-31.

Bogner, Alexander/Menz, Wolfgang (2009b): Das theoriegeleitete Experteninterview. Erkenntnisinteresse, Wissensformen, Interaktion. In: Bogner/Littig/Menz (2009): 61-98.

Böhle, Andreas/Schrödter, Mark (2014): Körper und Sport in der Arbeit mit besonders herausfordernden Jugendlichen am Beispiel des Boxens. In: Sozialmagazin. Zeitschrift für Soziale Arbeit. H. 1-2. 46-53.

Böhnisch, Lothar (2011): Abweichendes Verhalten. In: Otto/Thiersch (2011): 1-9.

Bonhoeffer, Martin (1973): Totale Heimerziehung oder begleitende Erziehungshilfen. In: Giesecke (1973): 70-80.

Braches-Chyrek, Rita et al. (Hrsg.) (2013): Bildung, Gesellschaftstheorie und Soziale Arbeit. Opladen u.a.O.

Bratic, Ljubomir/Pantucek, Peter (2004): Sie haben ein Problem. Soziale Arbeit als Form des Regierens. Im Internet verfügbar unter: www.pantucek.com/texte/bratic_pant.html [letzter Zugriff: 04.10.2012].

Brinkmann, Christian/Deeke, Axel/Völker, Brigitte (Hrsg.) (1995): Experteninterviews in der Arbeitsmarktforschung. Diskussionsbeiträge zu methodischen Fragen und praktischen Erfahrungen. Beiträge zur Arbeitsmarkt- und Berufsforschung 191. Nürnberg.

Brinkmann, Volker (2010): Sozialwissenschaft. Grundlagen – Modelle – Finanzierung. Wiesbaden.

Broden, Anne/Mecheril, Paul (Hrsg.) (2010): Rassismus bildet. Bildungswissenschaftliche Beiträge zu Normalisierung und Subjektivierung in der Migrationsgesellschaft. Bielefeld.

Bröckling, Ulrich (2002): Das unternehmerische Selbst und seine Geschlechter. Genderkonstruktionen in Erfolgsratgebern. In: Leviathan. Jg. 30. Nr. 2. 175-194.

Bröckling, Ulrich (2007): Das unternehmerische Selbst: Soziologie einer Subjektivierungsform. Frankfurt a. M.

Bröckling, Ulrich (2012): Egalität oder Exzellenz – zur Gleichzeitigkeit gegenläufiger Rationalitäten im deutschen Bildungswesen. Forschungsprojekt. Im Internet verfügbar unter: https://www.soziologie.uni-freiburg.de/personen/broeckling/forschungsprojekte [letzter Zugriff: 14.08.2015].

Bröckling, Ulrich/Krasmann, Susanne/Lemke, Thomas (Hrsg.) (2004): Glossar der Gegenwart. Frankfurt a.M.

Bührmann, Andrea D. (2005): Das Auftauchen des unternehmerischen Selbst und seine gegenwärtige Hegemonialität. Einige grundlegende Anmerkungen zur Analyse des (Trans-)Formierungsgeschehens moderner Subjektivierungsweisen. In: Forum Qualitative Sozialforschung/Forum: Qualitative Social Research, Vol 6, No 1, Art. 16.

Bütow, Birgit/Chassé, Karl August/Hirt, Rainer (Hrsg.) (2008): Soziale Arbeit nach dem sozialpädagogischen Jahrhundert. Positionsbestimmungen Sozialer Arbeit im Post-Wohlfahrtsstaat. Opladen.

Butler, Judith (2001): Psyche der Macht: Das Subjekt der Unterwerfung. Frankfurt a.M.

Castel, Robert (2005): Die Stärkung des Sozialen. Leben im neuen Wohlfahrtsstaat. Hamburg.

Charmaz, Kathy (2011): Den Standpunkt verändern. Methoden der konstruktivistischen Grounded Theory. In: Mey/Mruck (2011a): 181-205.

Chassé, Karl August (2008): Heimerziehung. In: Chassé/von Wensierski (2008): 172-187.

Chassé, Karl August/von Wensierski, Hans-Jürgen (Hrsg.) (2008): Praxisfelder der Sozialen Arbeit. Eine Einführung. Weinheim/München.

Cloos, Peter (2008): Die Inszenierung von Gemeinsamkeit. Eine vergleichende Studie zu Biographie, Organisationskultur und beruflichem Habitus von Teams in der Kinder- und Jugendhilfe. Weinheim/München.

Cloos, Peter (2011): Zur performativen Herstellung der AdressatInnen – Konturen einer vergleichenden Jugendhilfeethnographie. In: Arbeitskreis „Jugendhilfe im Wandel" (2011): 252-263.

Cloos, Peter/Thole, Werner (2005): Qualitativ-rekonstruktive Forschung im Kontext der Sozialpädagogik. Anmerkungen zu einigen Fragen und Problemen der sozialpädagogischen Forschungs-
kultur. In: Schweppe/Thole (2005): 71-95.

Cloos, Peter/Thole, Werner (Hrsg.) (2006a): Ethnographische Zugänge. Professions- und adressatIn-
nenbezogene Forschung im Kontext von Pädagogik. Wiesbaden.

Cloos, Peter/Thole, Werner (2006b): Pädagogische Forschung im Kontext von Ethnographie und Biographie. In: Cloos/Thole (2006a): 9-16.

Cloos, Peter et al. (2007): Die Pädagogik der Kinder- und Jugendarbeit. Wiesbaden.

Coelen, Thomas (2006): Pädagogik und Selbstsorge im antiken Meister-Schüler-Verhältnis. Ausweg
aus Disziplinierungstechnik und Geständniszwang. In: Maurer/Weber (2006): 253-264.

Conrad, Beatrice (1999): Qualität entwickeln statt zertifizieren. In: SOCIALmanagement. H. 5. 24-26.

Corbin, Juliet/Strauss, Anselm (1990): Grounded Theory Research: Procedures, Canons, and Evalua-
tive Criteria. Qualitative Sociology. Vol. 13. No.1. 3-21.

Crain, Fitzgerald (2012): Ich geh ins Heim und komme als Einstein heraus. Zur Wirksamkeit der
Heimerziehung. Wiesbaden.

Cremer-Schäfer, Helga (2007): Populistische Pädagogik und das "Unbehagen in der punitiven Kultur".
In: Widersprüche. Jg. 27. Nr. 4. H. 106. 59-75.

Dahme, Heinz-Jürgen/Wohlfahrt, Norbert (Hrsg.) (2005a): Aktivierende Soziale Arbeit. Theorie –
Handlungsfelder – Praxis. Batmannsweiler.

Dahme, Heinz-Jürgen/Wohlfahrt, Norbert (2005b): Einleitung. In: Dahme/Wohlfahrt (2005a): 1-4.

Dahme, Heinz-Jürgen et al. (2008): Aktivierung als gesellschaftliche Metapher oder die Ambivalenz
eines neuen Sozialmodells. In: Dahme et al. (2008): 9-13.

Dahme, Heinz-Jürgen/Wohlfahrt, Norbert (2010): Evidenzbasierte Soziale Arbeit und wettbewerblich
gesteuerte Sozialwirtschaft. In: Otto/Polutta/Ziegler (2010a): 203-216.

Dahme, Heinz-Jürgen/Wohlfahrt, Norbert (2011a): Qualität. In: Otto/Thiersch (2011): 1176-1185.

Dahme, Heinz-Jürgen/Wohlfahrt, Norbert (Hrsg.) (2011b): Handbuch Kommunale Sozialpolitik.
Wiesbaden.

Dahme, Heinz-Jürgen et al. (Hrsg.) (2008): Soziale Arbeit für den aktivierenden Staat. Opladen.

Deleuze, Gilles (1992): Foucault. Frankfurt a.M.

Deleuze, Gilles (1996): Lust und Begehren. Berlin.

Deleuze, Gilles/Guattari, Felix (2010): Tausend Plateaus. Kapitalismus und Schizophrenie. Berlin.

Detemple, Katharina (2015): Zwischen Autonomiebestreben und Hilfebedarf. Unbegleitete minderjährige Flüchtlinge in der Jugendhilfe. Baltmannsweiler.

Deutsche Hauptstelle gegen die Suchtgefahren (Hrsg.) (2000): Information zur Suchtkrankenhilfe. Heft
2. Thema: Qualitätsentwicklung und Dokumentation in der Suchtkrankenhilfe. Hamm.

Dewe, Bernd/Otto, Hans-Uwe (2011): Profession. In: Otto/Thiersch (2011): 1131-1142.

Dewe, Bernd/Otto, Hans-Uwe (2012): Reflexive Sozialpädagogik. Grundstrukturen eines neuen Typs
dienstleistungsorientierten Professionshandelns. In: Thole (2012): 197-218.

Diebäcker, Marc (2014): Soziale Arbeit als staatliche Praxis im städtischen Raum. Wiesbaden.

Dimmel, Nikolaus (2007): Ökonomisierung und Sozialbedarfsmärkte. Faktoren des Strukturwandels
Sozialer Arbeit. In: EntwicklungspartnerInnenschaft Donau – Quality in Inclusion (2007): 17-
41.

Dollinger, Bernd (2009): Wie die Sozialpädagogik vom Sozialen spricht. Oder: Weshalb der ‚Cultural
Turn' in der Sozialpädagogik nicht stattfindet. In: Neumann/Sandermann (2009): 113-136.

Dollinger, Bernd/Müller, Carsten/Schröer, Wolfgang (Hrsg.) (2007): Die sozialpädagogische Erziehung des Bürgers. Entwürfe zur Konstitution der modernen Gesellschaft. Wiesbaden

Dollinger, Bernd et al. (2012): Zwischenbericht der Projektbearbeitung "Jugendkriminalität im Inter-diskurs". Im Internet abrufbar unter: http://www.ipp.uni-bremen.de/srv/www.ipp.uni-bremen.de/web/downloads/abteilung2/projekte/Zwischenbericht_Jugendkriminalitaet_im_Interdiskurs.pdf [letzter Zugriff: 14.08.2015].

Donzelot, Jacques (1980): Die Ordnung der Familie. Frankfurt a.M.

Dose, Nicolai (2006): Neue Steuerungsmodelle. In: Voigt/Walkenhaus (2006): 339-344.

Dreyfus, Hubert L./Rabinow, Paul (Hrsg.) (1987): Michel Foucault. Jenseits von Strukturalismus und Hermeneutik. Weinheim.

Du Bois, John W. et al. (1992): Discourse. transcription. Papers in Linguistics 4. Santa Barbara.

Du Bois, John W. et al. (1993): Outline of discourse transcription. In: Edwards/Lampert (1993): 45-89.

Dudek, Christine/Burmeister, Jürgen (2012): Qualitätsmanagement im Jugendamt. Freiburg.

Durkheim, Émile (1984): Die Regeln der Soziologischen Methode. Neuwied/Berlin.

Edwards, Jane A./Lampert, Martin D. (Hrsg.) (1993): Talking data: Transcription and coding in discourse research. Hillsdale.

EFQM (European Foundation for Quality Management) (Hrsg.) (1999): Das EFQM-Modell für Excellence. Die European Foundation for Quality Management. Brüssel.

Eichinger, Ulrike (2009): Zwischen Anpassung und Ausstieg. Perspektiven von Beschäftigten im Kontext der Neuordnung Sozialer Arbeit. Wiesbaden.

Ellis, Roger (Hrsg.) (1988a): Professional competence and quality assurance in the caring profession. London.

Ellis, Roger (1988b): Quality Assurance and Care. In: Ellis (1988a): 5-42.

EntwicklungspartnerInnenschaft Donau – Quality in Inclusion (Hrsg.) (2007): Sozialer Sektor im Wandel. Zur Qualitätsdebatte und Beauftragung von Sozialer Arbeit. Linz.

Esping-Andersen, Gøsta (1990): The Three Worlds of Welfare Capitalism. Cambridge.

Evers, Adalbert/Heinze, Rolf G./Olk, Thomas (Hrsg.) (2011): Handbuch Soziale Dienste. Wiesbaden.

Fachverband Sucht e. V. (Hrsg.) (1998): Suchttherapie unter Kostendruck: Entwicklungen und Perspektiven. Geesthacht.

Fendrich, Sandra et al. (2014): Entwicklungslinien zu Strukturen, Angeboten und Leistungen der Kinder- und Jugendhilfe. Expertise für die Arbeitsgemeinschaft für Kinder- und Jugendhilfe – AGJ. Berlin.

Fendrich, Sandra/Pothmann, Jens (2005): Hilfen zur Erziehung – über quantitative Ausweitungen und qualitative Strukturveränderungen. In: Rauschenbach/Schilling (2005): 85-107.

Fendrich, Sandra/Tabel, Agathe (2012): Deutlicher Personalanstieg in den Hilfen zur Erziehung. In: Kom[Dat] Kommentierte Daten der Kinder- und Jugendhilfe. Jg. 15. H.1. 8-11.

Fendrich, Sandra/Pothman, Jens/Tabel, Agathe (2012): Monitor Hilfen zur Erziehung 2012. (Hrsg.) Arbeitsstelle Kinder- und Jugendhilfestatistik (AKJStat): Dortmund: Eigenverlag Forschungs-verbund DJI/TU Dortmund an der Fakultät 12 der Technischen Universität Dortmund.

Fendrich, Sandra/Pothman, Jens/Tabel, Agathe (2014): Monitor Hilfen zur Erziehung 2014. (Hrsg.) Arbeitsstelle Kinder- und Jugendhilfestatistik (AKJStat): Dortmund: Eigenverlag Forschungs-verbund DJI/TU Dortmund an der Fakultät 12 der Technischen Universität Dortmund.

Finkel, Margarete/Thiersch, Hans (2001): Erziehungshilfe. In: Otto/Thiersch (2001): 448-462.

Fischer, Jörg (2005): Die Modernisierung der Jugendhilfe im Wandel des Sozialstaates. Wiesbaden.

Flösser, Gaby (2000): EFQM – Modell der European Foundation of Quality Management zur Quali-tätsbewertung. Darstellung des Verfahrens. In: Merchel (2000c): 161-168.

Flösser, Gaby (2001): Qualität. In: Otto/Tiersch (2001): 1462-1468.

Flösser, Gaby/Oechler, Melanie (2006): Qualität/Qualitätsmanagement. In: Dollinger/Raithel (2006): 157-172.

Foucault, Michel (1976): Mikrophysik der Macht. Michel Foucault über Strafjustiz, Psychiatrie und Medizin. Berlin.

Foucault, Michel (1978): Dispositive der Macht. Über Sexualität, Wissen und Wahrheit. Berlin.

Foucault, Michel (1981): Archäologie des Wissens. Frankfurt a.M.

Foucault, Michel (1983): Der Wille zum Wissen. Sexualität und Wahrheit 1. Frankfurt a.M.

Foucault, Michel (1984): Von der Freundschaft als Lebensweise. Michel Foucault im Gespräch. Berlin.

Foucault, Michel (1987): Warum ich die Macht untersuche: Die Frage des Subjekts. In: Dreyfus/ Rabinow (1987): 243-261.

Foucault, Michel (1989a): Der Gebrauch der Lüste. Sexualität und Wahrheit 2. Frankfurt a.M.

Foucault, Michel (1989b): Die Sorge um sich. Sexualität und Wahrheit 3. Frankfurt a.M.

Foucault, Michel (1994): Überwachen und Strafen. Die Geburt des Gefängnisses. Frankfurt a.M.

Foucault, Michel (1996): Der Mensch ist ein Erfahrungstier. Frankfurt a.M.

Foucault, Michel (2003): Die Ordnung des Diskurses. Frankfurt a.M.

Foucault, Michel (2004a): Geschichte der Gouvernementalität I. Sicherheit, Territorium, Bevölkerung. Frankfurt a.M.

Foucault, Michel (2004b): Geschichte der Gouvernementalität II. Die Geburt der Biopolitik. Frankfurt a.M.

Foucault, Michel (2005): Schriften in vier Bänden. Dits et Ecrits. Band IV. 1976-1979. Frankfurt a.M.

Freigang, Werner (2000): Kommentierung des Verfahrens: Benchmarking – Qualitätssteigerung durch Wettkampf – zwischen Ranking, Fremd- und Selbstevaluation. In: Merchel (2000c): 97-109.

Freigang, Werner (2003): Wirkt Heimerziehung? Heimerziehung im Spiegel empirischer Studien. In: Struck/Galuske/Thole (2003a): 37-52.

Freigang, Werner/Wolf, Klaus (2001): Heimerziehungsprofile: sozialpädagogische Portraits. Weinheim/Basel.

Frese, Mathias/Paulus, Julia/Teppe, Karl (Hrsg.) (2005): Demokratisierung und gesellschaftlicher Aufbruch. Die sechziger Jahre als Wendezeit der Bundesrepublik (Forschungen zur Regionalgeschichte, Bd. 44). Paderborn.

Friebertshäuser, Barbara/Prengel, Annedore (Hrsg.) (1997): Handbuch Qualitative Forschungsmethoden in der Erziehungswissenschaft. Weinheim/München.

Froschauer, Ulrike/Lueger, Manfred (2009): ExpertInnengespräche in der interpretativen Organisationsforschung. In: Bogner/Littig/Menz (2009): 239-258.

Fuchs-Rechlin, Kirsten/Pothmann, Jens/Wilk, Agathe (2011): Familien mit Migrationshintergrund als Adressaten der Kinder- und Jugendhilfe. In: Kom Dat. Jugendhilfe, Heft 1+2, S. 7-11.

Gabriel, Manfred (Hrsg.) (2004): Paradigmen der akteurszentrierten Soziologie. Wiesbaden.

Gabriel, Thomas (2003): Was leistet Heimerziehung? Eine Bilanz deutschsprachiger Forschung. In: Gabriel/Winkler (2003): 167-195.

Gabriel, Thomas/Winkler, Michael (Hrsg.) (2003): Heimerziehung, Kontexte und Perspektiven. München.

Galiläer, Lutz (2005): Pädagogische Qualität. Perspektiven der Qualitätsdiskurse über Schule, Soziale Arbeit und Erwachsenenbildung. Weinheim/München.

Galuske, Michael/Müller, Wolfgang C. (2012): Handlungsformen in der Sozialen Arbeit. In: Thole (2012): 587-610.

Galuske, Michael/Tegethoff, Hans Georg (1991): Mietvertrag mit dem Sozialarbeiter. Bericht über ein Wohnprojekt des Internationalen Bundes für Sozialarbeit. Frankfurt a.M.

Gängler, Hans (2011): Hilfe. In: Otto/Thiersch (2011): 609-618.

Gerull, Peter (2001): Qualitätsmanagement light. Beiträge zur ressourcenschonenden Professionalisierung. Münster.

Giddens, Anthony (1995): Die Konstitution der Gesellschaft. Grundzüge einer Theorie der Strukturierung. Frankfurt/New York.

Giesecke, Hermann (Hrsg.) (1973): Offensive Sozialpädagogik. Göttingen.

Gildemeister, Regine (1997): Soziologie der Sozialarbeit. In: Korte/Schäfers (1997): 57-74.

Girvetz, Harry (1968): Welfare State. In: Sills (1968): 512-521.

Gissel-Palkovich, Ingrid (2002): Total Quality Management in der Jugendhilfe? Von der Qualitäts-sicherung zur umfassenden Qualitätsentwicklung in der Sozialen Arbeit. Hamburg.

Gläser, Jochen/Laudel, Grit (2009a): Experteninterviews und qualitative Inhaltsanalyse als Instrumente der rekonstruierenden Untersuchungen. Wiesbaden.

Gläser, Jochen/Laudel, Grit (2009b): Wenn zwei das Gleiche sagen ... Qualitätsunterschiede zwischen Experten. In: Bogner/Littig/Menz (2009): 137-158.

Glaser, Barney G./Strauss, Anselm L. (1998): Grounded Theory. Strategien qualitativer Forschung. Göttingen

Goffman, Erving (1973): Asyle. Über die soziale Situation psychiatrischer Patienten und anderer Insassen. Frankfurt a.M.

Graefe, Stefanie/Brunnett, Regina (2003): Gouvernementalität und Anti-Terror-Gesetze. Kritische Fragen an ein analytisches Konzept. In: Pieper/Encarnación (2003): 50-67.

Grafe, Stephanie (2013): Identitäten im Übergang. Perspektiven und Bewältigungsformen jugendlicher Flüchtlinge in der Einwanderungsgesellschaft Deutschland. Berlin u.a.O.

Gragert, Nicola et al. (2005): Entwicklungen (teil)stationärer Hilfen zur Erziehung. Ergebnisse und Analysen der Einrichtungsbefragung 2004. Projekt Jugendhilfe und sozialer Wandel – Leistungen und Strukturen. München.

Graichen, Frank (2000): Zertifizierung gem. DIN EN ISO 9000ff. Darstellung des Verfahrens. In: Merchel (2000c): 43-51.

Gräser, Marcus (1995): Der blockierte Wohlfahrtsstaat. Unterschichtsjugend und Jugendfürsorge in der Weimarer Republik. Göttingen.

Groenemeyer, Axel/Schmidt, Holger (2011): Evaluation und Evaluationsforschung. In: Otto/Thiersch (2011): 366-378.

Grohs, Stephan/Bogumil, Jörg (2011): Management sozialer Dienste. In: Evers/Heinze/Olk (2011): 219-314.

Grunow, Dieter (2011): Ergebnisse der Implementierung neuer Steuerungsmodelle. In: Dahme/Wohlfahrt (2011b): 74-88.

Grunwald, Klaus (2015): Qualitätsmanagement (QM). In: Thole/Höblich/Ahmed (2015): 249.

Günder, Richard (2015): Praxis und Methoden der Heimerziehung. Entwicklungen, Veränderungen und Perspektiven der stationären Erziehungshilfe. Freiburg i. Br.

Habermas, Jürgen (1972): Wahrheitstheorien. Wieder abgedruckt in: Habermas (1995): 127–186.

Habermas, Jürgen (1995): Vorstudien und Ergänzungen zur Theorie des kommunikativen Handelns. Frankfurt a.M.

Hagen, Björn (Hrsg.) (2013): Erziehungshilfe mit Sicherheit. Dokumentation der EREV-Bundesfach-tagung 2013 in Bad Honnef. Hannover.

Hamburgische Landesstelle gegen die Suchtgefahren e. V. (Hrsg.) (1996): Qualitätssicherung in der ambulanten Suchtkrankenhilfe. Geesthacht.

Hanses, Andreas/Richter, Petra (2011): Die soziale Konstruktion von Krankheit. Analysen der biogra-phischen Selbstthematisierungen an Brustkrebs erkrankter Frauen und ihre Relevanz für eine Neubestimmung professioneller Praxis. In: Oelerich/Otto (2011a): 137-150.

Haraway, Donna (1995): Die Neuerfindung der Natur. Primaten, Cyborgs und Frauen. Frankfurt a.M.

Hargasser, Brigitte (2014): Unbegleitete minderjährige Flüchtlinge. Sequentielle Traumatisierungspro-zesse und die Aufgabe der Jugendhilfe. Frankfurt a.M.

Harmsen, Thomas (2013): Professionelle Identität im Bachelorstudium Soziale Arbeit. Konstruktions-prinzipien, Aneignungsformen und hochschuldidaktische Herausforderungen. Edition Professi-ons- und Professionalisierungsforschung, Bd. 4. Wiesbaden.

Hartung, Martin (2002): Ironie in der Alltagssprache. Eine gesprächsanalytische Untersuchung. Radolfzell.

Harvey, Lee/Green, Diana (2000): Qualität definieren. Fünf unterschiedliche Ansätze. In: Helmke/Hornstein/Terhart (2000a): 17- 39.

Haupt, Peter (2001): Vorwort. In: BMFSFJ (2001): 4-5.

Heckes, Claudia/Schrapper, Christian (1991): Traditionslinien im Verhältnis Heimerziehung – Gesellschaft: Reformepochen und Restaurationsphasen. In: Peters (1991): 9-27.

Heid, Helmut (2000): Qualität. Überlegungen zur Begründung einer pädagogischen Beurteilungskategorie. In: Helmke/Hornstein/Terhart (2000a): 41-51.

Heidbrink, Ludger/Hirsch, Alfred (Hrsg.) (2006): Verantwortung in der Zivilgesellschaft. Frankfurt a.M./New York.

Heiner, Maja (Hrsg.) (1996a): Qualitätsentwicklung durch Evaluation. Freiburg i. Br.

Heiner, Maja (1996b): Evaluation zwischen Qualifizierung, Qualitätsentwicklung und Qualitätssicherung. In: Heiner (1996a): 20-47.

Heiner, Maja (1998): (Selbst-)Evaluation zwischen Qualifizierung und Qualitätsmanagement. In: Menne (1998): 51-68.

Helmke, Andreas/Hornstein, Walter/Terhart, Ewald (Hrsg.) (2000a): Qualität und Qualitätssicherung im Bildungsbereich: Schule, Sozialpädagogik, Hochschule. 41. Beiheft der Zeitschrift für Pädagogik.

Helmke, Andreas/Hornstein, Walter/Terhart, Ewald (2000b): Qualität und Qualitätssicherung im Bildungsbereich. Zur Einleitung in das Beiheft. In: Helmke/Hornstein/Terhart (2000a): 7-14.

Hering, Sabine/Münchmeier, Richard (2012): Restauration und Reformation – Die Soziale Arbeit nach 1945. In: Thole (2012): 109-130.

Herrmann, Cora (2007): Zur Transformation der Vorstellung von ‚guter Arbeit‘ – Aneignungsweisen der Qualitätsdebatte in der stationären Kinder- und Jugendhilfe. In: Anhorn/Bettinger/Stehr (2007): 295-308.

Herrmann, Cora (2008): Was ist Qualität? Qualitätsdefinitionen in der stationären Kinder- und Jugendhilfe. In: Musfeld/Quindel/Schmidt (2008): 97-110.

Herrmann, Cora (2010): Dispositive Effekte der ‚Unternehmensform‘ und des ‚Unternehmers seiner selbst‘ in der stationären Kinder- und Jugendhilfe. In: Zeitschrift für Sozialpädagogik. ZfSp. Jg. 8. H. 3. 278-299.

Herrmann, Cora (2012): Anmerkungen zur Standardisierung professioneller Handlungsweisen. In: Marthaler et al. (2012): 205-219.

Herrmann, Cora/Stövesand, Sabine (2009): Zur (Re-)Politisierung Sozialer Arbeit – Plädoyer für eine reflexive und koordinierte Unfügsamkeit. In: Kessl/Otto (2009a): 191-206.

Herrmann, Cora/Schoneville, Holger/Thole, Werner (i.E): Soziale Arbeit im Wandel – Zur Rede von der Transformation wohlfahrtsstaatlicher Arrangements.

Herrmann, Steffen Kitty (2003): Performing the Gap. Queere Gestalten und geschlechtliche Aneignung. In: Arranca! Ausgabe 28, November. 22-26.

Hesselink, Jan/Lindemann, Karl-Heinz (2013): Jugendhilfe zwischen Hilfe- und Machtagentur. Eine kritische Auseinandersetzung mit Machtpraktiken der Jugendhilfe aufgezeigt am Beispiel der Inobhutnahme. In: Hagen (2013): 40-49.

Hitzler, Roland/Honer, Anne/Maeder, Christoph (Hrsg.) (1994): Expertenwissen. Die institutionalisierte Kompetenz zur Konstruktion von Wirklichkeit. Opladen.

Höfer, Renate/Keupp, Heiner (1997): Identitätsarbeit heute. Klassische und aktuelle Perspektiven der Identitätsforschung. Frankfurt a.M.

Höhne, Thomas (Hrsg.) (2014): Online-Glossary. Frankfurt a.M.

Hörning, Karl. H./Reuter, Julia (Hrsg.) (2004): Doing Culture. Neue Positionen zum Verhältnis von Kultur und sozialer Praxis. Bielefeld.

Horlacher, Rebekka (2007): Die Rolle Pestalozzis in der Konstituierung der Sozialpädagogik als wissenschaftliche Disziplin. In: Dollinger/Müller/Schröer (2007): 159–173.

Hüttemann, Matthias (2010): Woher kommt und wohin geht die Entwicklung evidenzbasierter Praxis? In: Otto/Polutta/Ziegler (2010a): 119-135.

Hübsch, Franziska/Schäfer, Maximilian/Thole, Werner (2014): Pädagogischer Alltag und biografische Werdegänge: Erziehungsstellen und pädagogische Hausgemeinschaften im Blick. Wiesbaden.

Huxoll, Martina/Kotthaus, Jochem (Hrsg.) (2012): Macht und Zwang in der Kinder- und Jugendhilfe. Weinheim/Basel.

IGfH-Arbeitsgruppe (2013): Argumente gegen geschlossene Unterbringung und Zwang in den Hilfen zur Erziehung. Für eine Erziehung in Freiheit. Regensburg.

Institut für Soziale Arbeit (ISA) (Hrsg.) (2009): Praxishilfe zur wirkungsorientierter Qualifizierung der Hilfen zur Erziehung. (Band 9 der ISA-Schriftenreihe „Wirkungsorientierte Jugendhilfe – Beiträge zur Qualifizierung der Hilfen zur Erziehung"). Münster.

ISA Planung und Entwicklung GmbH (Hrsg.) (2009): Schriftenreihe Wirkungsorientierte Jugendhilfe, Band 9. Münster.

Isensee, Josef/Kirchhof, Paul (Hrsg.) (1987): Handbuch des Staatsrechts der Bundesrepublik Deutschland. Bd. 1. Heidelberg.

Janze, Nicole/Pothmann, Jens (2003): Modernisierung der Heimerziehung: Mythos oder Realität? Entwicklung in der Heimerziehung im Spiegel statistischer Befunde. In: Struck/Galuske/Thole (2003a): 101-121.

Jefferson, Gail (1985): An Exercise in the Transcription and Analysis of Laughter. In: van Dijk (1985): 25-34.

Jordan, Erwin/Maykus, Stephan/Stuckstätte, Eva C. (2012): Kinder- und Jugendhilfe: Einführung in Geschichte und Handlungsfelder, Organisationsformen und gesellschaftliche Problemlagen. Weinheim/Basel.

Jörissen, Benjamin (2000): Identität und Selbst. Systematische, begriffsgeschichtliche und kritische Aspekte. Berliner Arbeiten zur Erziehungs- und Kulturwissenschaft, Bd. 1. Berlin.

Kappler, Manfred (1970): Mitteilungen 59/1970 (AGJJ, Hrsg.). Die Heimerziehung der 40er- bis 70er-Jahre im Spiegel der Arbeitsgemeinschaft für Kinder- und Jugendhilfe – AGJ Diskussionen – Stellungnahmen – Ausblendungen. Eine Studie. Golanz Stiftung.

Karl, Ute (2011): Ästhetische Bildung. In: Otto/Thiersch (2011): 71-78.

Kassner, Karsten/Wassermann, Petra (2005): Nicht überall, wo Methode draufsteht, ist auch Methode drin. Zur Problematik der Fundierung von ExpertInneninterviews. In: Bogner/Littig/Menz (2005): 95-111.

Kaufmann, Franz-Xaver (2004): Herausforderungen des Sozialstaates. Frankfurt a.M.

Kaufmann, Franz-Xaver (2009): Sozialpolitik und Sozialstaat: Soziologische Analysen. Wiesbaden.

Kegelmann, Jürgen (2007): New Public Management. Möglichkeiten und Grenzen des Neuen Steuerungsmodells. Wiesbaden.

Kelle, Udo (2011): „Emergence" oder „Forcing"? Einige methodologische Überlegungen zu einem zentralen Problem der Grounded Theory. In: Mey/Mruck (2011a): 235-259.

Kempf, Wilhelm/Kiefer, Marcus (Hrsg.) (2009): Forschungsmethoden der Psychologie. Zwischen naturwissenschaftlichem Experiment und sozialwissenschaftlicher Hermeneutik. Band 3. Berlin.

Kerchner, Brigitte/Schneider, Silke (Hrsg.) (2006): Foucault: Diskursanalyse der Politik. Wiesbaden.

Kessl, Fabian (2005): Der Gebrauch der eigenen Kräfte. Eine Gouvernementalität Sozialer Arbeit. Weinheim/München.

Kessl, Fabian (2007): Wozu Studien der Gouvernementalität in der Sozialen Arbeit? Von der Etablierung einer Forschungsperspektive. In: Anhorn/Bettinger/Stehr (2007): 203-225.

Kessl, Fabian (2013): Soziale Arbeit in der Transformation des Sozialen. Eine Ortsbestimmung. Wiesbaden.

Kessl, Fabian (2014): Betriebswirtschaftliche Umstrukturierungen – die organisationale Dimension der Ökonomisierung. In: Höhne (2014): o.A.

Kessl, Fabian/Landhäuser, Sandra/Ziegler, Holger (2006): Sozialraum. In: Dollinger/Raithel (2006): 191-216.

Kessl, Fabian/Otto, Hans-Uwe (Hrsg.) (2009a): Soziale Arbeit ohne Wohlfahrtsstaat? Zeitdiagnosen, Problematisierungen und Perspektiven. Weinheim/München.

Kessl, Fabian/Otto, Hans-Uwe (2009b): Soziale Arbeit ohne Wohlfahrtsstaat? In: Kessl/Otto (2009a): 7-21.

Kessl, Fabian/Reutlinger, Christian (2011): Sozialraum. In: Otto/Thiersch (2011): 1580-1516.

Keupp, Heiner et al. (1999): Identitätskonstruktionen. Das Patchwork der Identität in der Spätmoderne. Reinbeck bei Hamburg.

Keupp, Heiner/Höfer, Renate (2011): Individuum/Identität. In: Otto/Thiersch (2011): 683-792

KGSt – Kommunale Gemeinschaftsstelle für Verwaltungsvereinfachung (Hrsg.) (1993): Das Neue Steuerungsmodell: Begründung, Konturen, Umsetzung. Bericht 5. Köln.

KGSt – Kommunale Gemeinschaftsstelle für Verwaltungsvereinfachung (Hrsg.) (1994): Outputorientierte Steuerung der Jugendhilfe. Bericht 9. Köln.

KGSt – Kommunale Gemeinschaftsstelle für Verwaltungsvereinfachung (Hrsg.) (1996): Integrierte Fach- und Ressourcenplanung in der Jugendhilfe. Bericht 3. Köln.

KGSt – Kommunale Gemeinschaftsstelle für Verwaltungsvereinfachung (Hrsg.) (1998): Kontraktmanagement zwischen öffentlichen und freien Trägern der Jugendhilfe. Bericht 12. Köln.

KGSt – Kommunale Gemeinschaftsstelle für Verwaltungsvereinfachung (Hrsg.) (2000): Strategisches Management IV: Fachbereichsstrategien am Beispiel der Jugendhilfe. Bericht 11. Köln.

KGSt – Kommunale Gemeinschaftsstelle für Verwaltungsmanagement (Hrsg.) (2007): Das Neue Steuerungsmodell: Bilanz der Umsetzung. Bericht 2. Köln.

Kiehn, Erich (1982): Sozialpädagogische Jugendwohngemeinschaften. Neue Möglichkeiten zur Selbstentfaltung junger Menschen. Freiburg i. Br.

Kiehn, Erich (1993): Sozialpädagogisch betreutes Jugendwohnen. Freiburg i. Br.

Kießling, Annette/Meese, Jörg (2006): Qualitätsmanagement nach DIN EN ISO 9001: 2000 in pädagogisch orientierten Dienstleistungsbetrieben. Marburg.

Kindler, Heinz et al. (Hrsg.) (2006): Handbuch Kindeswohlgefährdung nach § 1666 BGB und Allgemeiner Sozialer Dienst (ASD). Deutsche Jugendinstitut e.V. München.

Knab, Eckhart (2014): Entwicklung der Erziehungshilfe – vom Mittelalter bis zum Ende des Zweiten Weltkrieges. In: Macsenaere et al. (2014): 21-26.

Koch, Josef et al. (Hrsg.) (2005a): Sich am Jugendlichen orientieren. Ein Handlungsmodell für Subjektorientierte Soziale Arbeit. Weinheim/München.

Koch, Josef et al. (2005b): Vorwort. In: Koch et al. (2005a): 5-6.

König, Joachim (2007): Einführung in die Selbstevaluation. Ein Leitfaden zur Bewertung der Praxis Sozialer Arbeit. Freiburg.

Köpp, Christina/Neumann, Sascha (2003): Sozialpädagogische Qualität. Problembezogene Analysen zur Konzeptualisierung eines Modells. Weinheim/München.

Köster, Michael (2005): Holt die Kinder aus den Heimen! – Veränderungen im öffentlichen Umgang mit Jugendlichen in den 1960er Jahren am Beispiel der Heimerziehung. In: Frese/Paulus/Teppe (2005): 667-681.

Kommission Sozialpädagogik (Hrsg.) (2011): Bildung des Effective Citizen – Sozialpädagogik auf dem Weg zu einem neuen Sozialentwurf. Weinheim/München.

Korte, Hermann/Schäfers, Bernhard (Hrsg.) (1997): Einführung in die Praxisfelder der Soziologie. Opladen.

Krause, Hans-Ullrich (2000): Zertifizierung gem. DIN EN ISO 9000ff. Kommentierung und Bewertung des Verfahrens für die Erziehungshilfe. In: Merchel (2000c): 69-75.

Krause, Hans-Ullrich/Peters, Friedhelm (Hrsg.) (2006): Grundwissen Erzieherische Hilfen. Ausgangsfragen, Schlüsselthemen, Herausforderungen. Weinheim/München.

Krebs, Mario (1989): Ulrike Meinhof. Ein Leben im Widerspruch. Reinbek bei Hamburg.

Kron, Thomas/Horácek, Martin (2009): Individualisierung. Bielefeld.

202

Krone, Sirikit et al. (2009): Jugendhilfe und Verwaltungsreform. Zur Entwicklung der Rahmenbedingungen sozialer Dienstleistungen. Wiesbaden.

Kuhlmann, Carola (2008): Geschichte Sozialer Arbeit I. Studienbuch. Schwalbach am Taunus.

Kuhlmann, Carola (2012) : Soziale Arbeit im nationalsozialistischen Herrschaftssystem. In: Thole (2012): 87-107.

Kuhlmann, Carola (2014): Erziehungshilfen von 1945 bis heute. In: Macsenaere et al. (2014): 27-32.

Kuhlmann, Carola/Schrapper, Christian (2001): Wie und warum Kinder öffentlich versorgt und erzogen wurden - Zur Geschichte der Erziehungshilfen von der Armenpflege bis zu den Hilfen zur Erziehung. In: Birtsch/Münstermann/Trede (2001): 282-328.

Laclau, Ernesto (Hrsg.) (2002a): Emanzipation und Differenz. Wien.

Laclau, Ernesto (2002b): „Was haben leere Signifikanten mit Politik zu tun?". In: Laclau (2002a): 65-78.

Lakies, Thomas (2013): § 45 Erlaubnis für den Betrieb einer Einrichtung. In: Münder/Meysen/Trenczek (2013): 483-495.

Land Brandenburg, Ministerium für Bildung, Jugend und Sport (Hrsg.) (1997): Betreutes Wohnen. Jugendwohngemeinschaften, Einzelwohnen, Außenwohngruppen. Ein Leitfaden für die pädagogische Praxis in der Jugendhilfe. Berlin.

Langemeyer, Ines (2007): Wo Handlungsfähigkeit ist, ist nicht immer schon Unterwerfung. Fünf Probleme des Gouvernementalitätsansatzes. In: Anhorn/Bettinger/Stehr (2007): 227-243.

Langer, Andreas (2010): Auswirkungen und Wechselwirkungen der Verwaltungsreform in der Jugendhilfe. In: Zeitschrift für Sozialpädagogik. ZfSp. Jg. 8. H. 3. 232-260.

Langer, Andreas (2011): Professionelle Sozialmanagementkompetenzen zwischen Akademisierung und Entscheidungshandeln. In: Langer/Schröer (2011): 47-66.

Langer, Andreas/Schröer, Andreas (Hrsg.) (2011): Professionalisierung im Nonprofit Management. Wiesbaden.

Langnickel, Hans (2000): Unterschiedliche Ansätze von Qualitätsentwicklung und Qualitätssicherung: Begriffserklärung – Vorstellung – Bewertung. In: Deutsche Hauptstelle gegen die Suchtgefahren (2000): 5-9.

Legewie, Heiner/Schervier-Legewie, Barbara (2011): "Forschung ist harte Arbeit, es ist immer ein Stück Leiden damit verbunden. Deshalb muss es auf der anderen Seite Spaß machen.": Anselm Strauss im Interview mit Heiner Legewie und Barbara Schervier-Legewie. In: Mey/Mruck(2011a): 69-79.

Lemke, Thomas (1997): Eine Kritik der politischen Vernunft. Foucaults Analyse der modernen Gouvernementalität. Hamburg.

Lessenich, Stephan (2003): Kontinuität und Wandel im deutschen Sozialmodell. Frankfurt a.M./New York.

Lessenich, Stephan (2008): Wohlfahrtsstaat. In: Baur et al. (2008): 483-498.

Lessenich, Stephan (2013): Die Neuerfindung des Sozialen. Der Sozialstaat im flexiblen Kapitalismus. Bielefeld.

Liebald, Christiane (1996): Evaluation der kulturellen Kinder- und Jugendarbeit: Auszug aus BKJ Texte Wirkungen der Kinder- und Jugendarbeit - Rahmenbedingungen für eine Evaluation in der kulturellen Kinder- und Jugendarbeit. In: BMFSFJ (1996): 63.

Link, Jürgen (1997): Versuche über den Normalismus. Wie Normalität produziert wird. Göttingen.

Littig, Beate (2009): Interviews mit Experten und Expertinnen. Überlegungen aus geschlechtertheoretischer Sicht. In: Bogner/Littig/Menz (2009): 181-196.

Luhmann, Niklas/Schorr, Karl E. (1982): Zwischen Technologie und Selbstreferenz. Fragen an die Pädagogik. Frankfurt a.M.

Lutz, Tilman (2010): Soziale Arbeit im Kontrolldiskurs. Jugendhilfe und ihre Akteure in postwohlfahrtstaatlichen Gesellschaften. Wiesbaden.

Macsenaere, Michael/Esser, Klaus (2012): Was wirkt in der Erziehungshilfe? Wirkfaktoren in Heimerziehung und anderen Hilfearten. München.

Macsenaere, Michael et al. (Hrsg.) (2014): Handbuch der Hilfen zur Erziehung. Freiburg i. Br.

Maaser, Wolfgang (2006): Aktivierung der Verantwortung: Vom Wohlfahrtsstaat zur Wohlfahrtsgesellschaft. In: Heidbrink/Hirsch (2006): 61-84.

Macsenaere, Michael et al. (Hrsg.) (2014): Handbuch der Hilfen zur Erziehung. Freiburg i. Br.

Maelicke, Bernd (Hrsg.) (1999): Handbuch Sozialmanagement 2000. Baden-Baden.

Marthaler, Thomas et al. (Hrsg.) (2012): Rationalitäten des Kinderschutzes und soziale Interventionen aus pluraler Perspektive. Wiesbaden.

Maurer, Susanne/Weber, Susanne (Hrsg.) (2006): Gouvernementalität und Erziehungswissenschaft. Wissen - Macht - Transformation. Wiesbaden.

Mead, George Herbert (1973): Geist, Identität und Gesellschaft aus der Sicht des Sozialbehaviorismus. Frankfurt a.M.

Mehringer, Andreas (1994): Heimkinder: Gesammelte Aufsätze zur Geschichte und zur Gegenwart der Heimerziehung. München/Basel.

Meinhold, Marianne (1998): Qualitätssicherung und Qualitätsmanagement in der Sozialen Arbeit. Freiburg.

Menk, Sandra/Schnorr, Vanessa/Schrapper, Christian (2013): "Woher die Freiheit bei all dem Zwange?" Langzeitstudie zu (Aus-)Wirkungen geschlossener Unterbringung in der Jugendhilfe. Weinheim/Basel.

Menne, Klaus (Hrsg.) (1998): Qualität in Beratung und Therapie. Evaluation und Qualitätssicherung für die Erziehungs- und Familienberatung. Weinheim/München.

Merchel, Joachim (Hrsg.) (1998): Qualität in der Jugendhilfe. Münster.

Merchel, Joachim (2000a): Zwischen Hoffnung auf Qualifizierung und Abwehrreflex: Zum Umgang mit dem Qualitätsthema in der Jugendhilfe. In: Helmke/Hornstein/Terhart (2000a): 161-183.

Merchel, Joachim (2000b): Zwischen Effizienzsteigerung, fachlicher Weiterentwicklung und Technokratisierung: Zum sozialpolitischen und fachpolitischen Kontext der Qualitätsdebatte in der Jugendhilfe. In: Merchel (2000c): 20-42.

Merchel, Joachim (Hrsg.) (2000c): Qualitätsentwicklung in Einrichtungen und Diensten der Erziehungshilfe. Methoden, Erfahrungen, Kritik, Perspektiven. Frankfurt a.M.

Merchel, Joachim (Hrsg.) (2000d): Qualität in der Jugendhilfe – Kriterien und Bewertungsmöglichkeiten. Münster.

Merchel, Joachim (2010): Qualitätsmanagement in der Sozialen Arbeit.: Eine Einführung. Weinheim/Basel.

Merchel, Joachim (2013): Qualitätsmanagement in der Sozialen Arbeit. Ein Lehr- und Arbeitsbuch. Weinheim/München.

Merkel, Wolfgang (2010): Systemtransformation. Eine Einführung in die Theorie und Empirie der Transformationsforschung. Wiesbaden.

Merziger, Barbara Maria (2005): Das Lachen von Frauen im Gespräch über Shopping und Sexualität. Berlin.

Messmer, Heinz (2007): Jugendhilfe zwischen Qualität und Kosteneffizienz. Wiesbaden.

Meuser, Michael/Nagel, Ulrike (2009): Experteninterview und der Wandel der Wissensproduktion. In: Bogner/Littig/Menz (2009): 35-60.

Meuser, Michael/Nagel, Ulrike (2005 [1991]): ExpertInneninterviews – vielfach erprobt, wenig bedacht. Ein Beitrag zur qualitativen Methodendiskussion. In: Bogner/Litting/Menz (2005): 71-93.

Meuser, Michael/Nagel, Ulrike (1997): Das Experteninterview. Wissenssoziologische Voraussetzungen und methodische Durchführungen. In: Friebertshäuser/Prengel (1997): 481-491.

Meuser, Michael/Nagel, Ulrike (1994): Expertenwissen und Experteninterview. In: Hitzler/Honer/Maeder (1994): 180-192.

Mey, Günter/Mruck, Katja (2009): Methodologie und Methodik der Grounded Theory. In: Kempf/Kiefer (2009): 100–152.

Mey, Günter/Mruck, Katja (Hrsg.) (2011a): Grounded Theory Reader. Wiesbaden.

Mey, Günter/Mruck, Katja (2011b): Grounded Theory-Methodologie: Entwicklung, Stand, Perspektiven. In: Mey/Mruck (2011a): 11-49.

Moch, Matthias (2011): Hilfen zur Erziehung. In: Otto/Thiersch (2011): 619-632.

Moss, Marion/Schmutz, Elisabeth (2012): Praxishandbuch Zusammenarbeit mit Eltern in der Heimerziehung. Ergebnisse des Projektes "Heimerziehung als familienunterstützende Hilfe". Mainz: Institut für Sozialpädagogische Forschung Mainz e.V. (ism).

Mülhausen, Susanne (2004): Qualität in der Sozialen Arbeit. Pflicht oder Chance? Marburg.

Müller, Siegfried (2001): Erziehen – Helfen – Strafen. Das Spannungsverhältnis von Hilfe und Kontrolle in der Sozialen Arbeit. Weinheim/München.

Müller, Cathren (2003): Neoliberalismus als Selbstführung. Anmerkungen zu den „Gouvernmentality Studies". In: Das Argument. Zeitschrift für Philosophie und Sozialwissenschaften. Jg. 45. H. 1. 98-106.

Münder, Johannes (2013a): § 1 Recht auf Erziehung, Elternverantwortung, Jugendhilfe. In: Münder/Meysen/Trenczek (2013): 72-83.

Münder, Johannes (2013b): Vereinbarungen über Leistungsangebote, Entgelte und Qualitätsentwicklung. In: Münder/Meysen/Trenczek (2013): 720-752.

Münder, Johannes/Meysen, Thomas/Trenczek, Thomas (Hrsg.) (2013): Frankfurter Kommentar zum SGB VIII. Kinder- und Jugendhilfe. 7. Aufl. Baden-Baden.

Münder, Johannes/Wabnitz, Reinhard Joachim (2007): Wirkungsorientierte Jugendhilfe. Band 05. Rechtliche Grundlagen für wirkungsorientierte Leistungs-, Entgelt- und Qualitätsentwicklungsvereinbarungen. Eine Schriftenreihe des ISA zur Qualifizierung der Hilfen zur Erziehung. Münster.

Musfeld, Tamara/Quindel, Ralf/Schmidt, Andrea (Hrsg.) (2008): Einsprüche. Kritische Praxis Sozialer Arbeit in der Kinder- und Jugendhilfe. Baltmannsweiler.

Neckel, Sighard (2004): Erfolg. In: Bröckling/Krasmann/Lemke (2004): 63-75.

neue praxis. Zeitschrift für Sozialarbeit, Sozialpädagogik und Sozialpolitik (2011): Schwerpunktthema: Wohin treibt das KJHG –Aktuelle Tendenzen in Politik und Praxis. Jg. 41. H. 5.

Neumann, Sascha/Sandermann, Philipp (Hrsg.) (2009): Kultur und Bildung. Neue Fluchtpunkte für die sozialpädagogische Forschung? Wiesbaden.

Newsletter der Forschungsgruppe ‚Heimerziehung' der Universität Siegen (2015) – Mai 2015.

Nohl, Arnd-Michael (2006): Interview und dokumentarische Methode – Anleitungen für die Forschungspraxis. Wiesbaden.

Oechler, Melanie (2009): Dienstleistungsqualität in der sozialen Arbeit. Eine rhetorische Modernisierung. Wiesbaden.

Oechler, Melanie (2011): Dienstleistungsorientierung. In: Otto/Thiersch (2011): 258-267.

Oelerich, Gertrud/Otto, Hans-Uwe (Hrsg.) (2011a): Empirische Forschung und Soziale Arbeit. Ein Studienbuch. Wiesbaden.

Oelerich, Gertrud/Otto, Hans-Uwe (2011b): Empirische Forschung und Soziale Arbeit. In: Oelerich/Otto (2011a): 9-22.

Oelkers, Nina (2009): Die Umverteilung von Verantwortung zwischen Staat und Eltern. Konturen postwohlfahrtsstaatlicher Transformation eines sozialpädagogischen Feldes. In: Kessl/Otto (2009a): 71-83.

Olk, Thomas (2009): Transformationen im deutschen Sozialstaatsmodell. Der „Sozialinvestitionsstaat" und seine Auswirkungen auf die Soziale Arbeit. In: Kessl/Otto (2009a): 23-33.

Otto, Hans-Uwe/Thiersch, Hans (Hrsg.) (2001): Handbuch der Sozialarbeit/Sozialpädagogik. Neuwied/Kriftel.

Otto, Hans-Uwe/Polutta, Andreas/Ziegler, Holger (2010a): What Works – Welches Wissen braucht die Soziale Arbeit? Zum Konzept evidenzbasierter Praxis. Opladen/Farmington Hills.

Otto, Hans-Uwe/Polutta, Andreas/Ziegler, Holger (2010b): Zum Diskurs um evidenzbasierte Soziale Arbeit. In: Otto/Polutta/Ziegler (2010a): 7-25.

Otto, Hans-Uwe/Thiersch, Hans (Hrsg.) (2011): Handbuch Soziale Arbeit. München/Basel.

Otto, Hans-Uwe/Ziegler, Holger (2011): Managerialismus. In: Otto/Thiersch (2011): 901-911.

Parsons, Talcott (1967): Zur Theorie sozialer Systeme. Wiesbaden.

Pawelleck, Thomas (2000): Zertifizierung gem. DIN EN ISO 9000ff. Praxiserfahrungen im Umgang mit dem Verfahren. In: Merchel (2000c): 52-68.

Pestalozzi, Johann Heinrich (2012): Lienhard und Gertrud [Elektronische Ressource]: Erweiterte Ausgabe/Johann Heinrich Pestalozzi. Altenmünster.

Peters, Friedhelm (Hrsg.) (1991): Jenseits von Familie und Anstalt: Entwicklungsperspektiven in der Heimerziehung I. Bielefeld.

Pfadenhauer, Björn (2011): Das Wunsch- und Wahlrecht der Kinder- und Jugendhilfe. Entwicklungslinien, rechtliche Grundlegung und institutionelle Bedingungen. Wiesbaden.

Pfadenhauer, Michaela (2009): Auf gleicher Augenhöhe. Das Experteninterview – ein Gespräch zwischen Experte und Quasiexperte. In: Bogner/Littig/Menz (2009): 99-116.

Pieper, Marianne (2003): Die Regierung der Armen oder die Regierung von Armut als Selbstsorge. In: Pieper/Encarnación (2003): 136-160.

Pieper, Marianne (2006): Diskursanalysen – Kritische Analytik der Gegenwart und wissenspolitische Deutungsmusteranalyse. In: Kerchner/Schneider (2006): 269- 286.

Pieper, Marianne (2007): Armutsbekämpfung als Selbsttechnologie. Konturen einer Analytik der Regierung von Armut. In: Anhorn/Bettinger/Stehr (2007): 93-107.

Pieper, Marianne/Encarnación, Gutiérrez Rodríguez (Hrsg.) (2003): Gouvernementalität. Ein sozialwissenschaftliches Konzept in Anschluss an Foucault. Frankfurt a.M./New York.

Pieper, Marianne/Panagiotidis, Efthimia/Tsianos, Vassilis (2011): Konjunkturen der egalitären Exklusion: Postliberaler Rassismus und verkörperte Erfahrung in der Prekarität. In: Pieper et al. (2011): 193-226.

Pieper, Marianne et al. (Hrsg.) (2011): Biopolitik –in der Debatte. Wiesbaden.

Plankensteiner, Annette (2013): Aktivierende Sozialstaatlichkeit und das Praxisfeld der Erziehungshilfen. Eine qualitative Untersuchung klienteler Subjektivierungsweisen. Weinheim.

Plankensteiner, Annette/Schneider, Werner/Ender, Michael (Hrsg.) (2013): Flexible Erziehungshilfe. Grundlagen und Praxis des »Augsburger Weges« zur Modernisierung der Jugendhilfe. Weinheim.

Pluto, Liane (2007): Partizipation in den Hilfen zur Erziehung. Eine empirische Studie. München.

Pluto, Liane et al. (2007): Kinder und Jugendhilfe im Wandel. Eine empirische Strukturanalyse. München.

Polutta, Andreas (2012): Hilfen zur Erziehung. In: Sandfuchs et al. (2012): 354-358.

Polutta, Andreas (2014): Wirkungsorientierte Transformation der Jugendhilfe. Ein neuer Modus der Professionalisierung Sozialer Arbeit? Wiesbaden.

Post, Wolfgang (2002): Erziehung im Heim. Perspektiven der Heimerziehung im System der Jugendhilfe. Weinheim/München.

Pothmann, Jens (2005): Rolle Rückwärts in der Heimerziehung? Neuunterbringungen in betreuten Wohnformen gehen 2004 weiter zurück. In: Kom [Dat.] Jugendhilfe, 2005, H. 2. 1-2.

Pothmann, Jens (2015): Heimerziehung. In: Thole/Höblich/Ahmed (2015): 125.

Pursche, Carmen (1998): Qualitätsmanagement in der ambulanten Suchtkrankenhilfe. In: Fachverband Sucht e. V. (1998): 318-323.

Rätz-Heinisch, Regina/Schröer, Wolfgang/Wolff, Mechthild (2009): Lehrbuch Kinder- und Jugendhilfe. Grundlagen, Handlungsfelder, Strukturen und Perspektiven. Weinheim/München.

Rauschenbach, Thomas/Schilling, Matthias (Hrsg.) (2005): Kinder- und Jugendhilfereport. 2. Analysen, Befunde und Perspektiven. Weinheim/München.

Rauschenbach, Thomas/Züchner, Ivo (2011): Berufs- und Professionsgeschichte der Sozialen Arbeit. In: Otto/Thiersch (2011): 131-142.

Reckwitz, Andreas (2003): Grundelemente einer Theorie sozialer Praktiken. Eine sozialtheoretische Perspektive. In: Zeitschrift für Soziologie. Jg. 32. H. 4. 282-301.

Reckwitz, Andreas (2004a): Die Reproduktion und die Subversion sozialer Praktiken. Zugleich ein Kommentar zu Pierre Bourdieu und Judith Butler. In: Hörning/Reuter (2004): 40- 54.

Reckwitz, Andreas (2004b): Die Entwicklung des Vokabulars der Handlungstheorien: Von den zweck- und normorientierten Modellen zu den Kultur- und Praxistheorien. In: Gabriel (2004): 303-328.

Rehn, Benno (1999): Interne Qualitätsprüfung: Audits und Selbstevaluation. Freiburg i. Br.

Reichardt, Sven/Siegfried, Detlef (Hrsg.) (2010): Das Alternative Milieu. Antibürgerlicher Lebensstil und linke Politik in der Bundesrepublik Deutschland und Europa 1968-1983. Göttingen.

Retkowski, Alexandra/Schäuble, Barbara (2010): "Relations that matter" Kinderschutz als professionelle Relationierung und Positionierung in gewaltförmigen Beziehungen. In: Soziale Passagen. 2 (2). 197-213.

Retkowski, Alexandra/Schäuble, Barbara (2012): Inszenierung kindlicher Lebensräume. In: Thole/ Retkowski/Schäuble (2012): 237-248.

Retkowski, Alexandra/Schäuble, Barbara/Thole, Werner (2011): „Diese Familie braucht mehr Druck …". Praxismuster im Allgemeinen Sozialen Dienst – Rekonstruktion der Bearbeitung eines Kinderschutzfalles. In: neue praxis. Jg. 41. H. 5. 485-504.

Retkowski Alexandra/Schäuble, Barbara/Thole, Werner (2013): Neufiguration der Familie. Ethnographie des sozialen Handlungsfeldes Kinderschutz. Wiesbaden.

Rose, Nadine (2010): Differenz-Bildung. Zur Inszenierung von Migrationsanderen im schulischen Kontext. In: Broden/Mecheril (2010): 209-233.

Rosenbauer, Nicole (2011): Gemeinsam geteilte Fachlichkeit. Flexibilisierungsprozesse und Ordnungsbildung in sozialpädagogischen Organisationen. In: Arbeitskreis „Jugendhilfe im Wandel" (2011): 113-125.

Rosenbauer, Nicole/Seelmeyer, Udo (2005): Was ist und was macht Jugendhilfeforschung? Theoretische Annäherungen und empirische Forschungsergebnisse. In: Schweppe (2005): 253-275.

Roth, Roland (2001): Soziale Bewegungen. In: Otto/Thiersch (2001): 1668-1675.

Sachße, Christoph/Tennstedt, Florian (1988): Geschichte der Armenfürsorge. Bd. 2. Mainz.

Sandermann, Philipp (2009): Die neue Diskussion um Gemeinschaft. Ein Erklärungsansatz mit Blick auf die Reform des Wohlfahrtssystems. Bielefeld.

Sandermann, Philipp et al. (2011): Die Praxis der Citizen-Effektivierung. Oder: Wie ernst nimmt die Forschung zur Sozialen Arbeit ihren Gesellschaftsbezug? In: Kommission Sozialpädagogik (2011): 35-51.

Sandermann, Philipp (2010): Gesteuerte Jugendhilfe? Zur Einleitung in dieses Heft. In: Zeitschrift für Sozialpädagogik. ZfSp. Jg. 8. H. 3. 226-231.

Sandfuchs, Uwe et al. (Hrsg.) (2012): Handbuch Erziehung. Bad Heilbrunn.

Schaarschuch, Andreas/Schnurr, Stefan (2004): Konflikte um Qualität. Konturen eines relationalen Qualitätsbegriffs. In: Beckmann et al. (2004a): 309-323.

Schilling, Matthias (2002): Die amtliche Kinder- und Jugendhilfestatistik. Dortmund.

Schmutz, Elisabeth (2000): Aus der Geschichte lernen: Analysen der Heimreform in Hessen (1968-1983). Frankfurt a.M.

Schoneville, Holger (2015): Soziale Anerkennung. In: Thole/Höblich/Ahmed (2015): 20-21.

Schreier, Maren (2015): Die Rede vom Sozialraum. Diskursanalytische Spurensuche im Kontext kritischer Sozialer Arbeit. Im Internet abrufbar unter: www.uni-due.de/biwi/trans_soz/promovendinnen [letzter Zugriff: 15.08.2015].

Schrödter, Mark (2015): Qualität. In: Thole/Höblich/Ahmed (2015): 20-21.

Schröer, Wolfgang/Struck, Norbert/Wolff, Mechthild (Hrsg.) (2002): Handbuch Kinder- und Jugendhilfe. Weinheim/München.

Schwarz, Christine (2004): Evaluation als modernes Ritual. Im Internet verfügbar unter: www.boell.de/alt/downloads/stw/schwarz_evaluation.pdf [letzter Zugriff: 01.10.2012].

Schweppe, Cornelia/Thole, Werner (Hrsg.) (2005): Sozialpädagogik als forschende Disziplin. Theorie, Methode, Empirie. Weinheim/München.

Seithe, Mechthild (2001): Praxisfeld: Hilfen zur Erziehung. Fachlichkeit zwischen Lebensweltorientierung und Kindeswohlgefährdung. Opladen.

Sennelart, Michel (2004): Hauptbegriffe. In: Foucault (2004b): 482-489.

Sennett, Richard (2005): Die Kultur des neuen Kapitalismus. Berlin.

Sills, David L. (Hrsg.) (1968): International Encyclopedia of the Social Sciences. Bd. 16. New York.

Sobczyk, Michele (1995): Die pädagogisch betreute Wohngruppe. Organisationsstrukturelle Rahmenbedingungen und pädagogisch-therapeutische Ansätze stationärer Betreuung und Förderung verhaltensauffälliger Jugendlicher. Regensburg.

Sozialmagazin. Zeitschrift für Soziale Arbeit. 2015. H. 1-2

Speck, Otto (1999): Die Ökonomisierung sozialer Qualität. Zur Qualitätsdiskussion in der Behindertenhilfe und Sozialer Arbeit. München/Basel.

Spiegel, Hiltrud von (1998): Selbstevaluation — Qualitätsentwicklung und Qualitätssicherung. "von unten". In: Merchel (1998): 351-373.

Statistisches Bundesamt (Hrsg.) (2006): Datenreport 2006. Zahlen und Fakten über Deutschland. Auszug aus Teil II. Bonn.

Statistisches Bundesamt (Hrsg.) (2009): Statistiken der Kinder- und Jugendhilfe. Erzieherische Hilfe, Eingliederungshilfe für seelisch behinderte junge Menschen, Hilfe für junge Volljährige, Heimerziehung, sonstige betreute Wohnform. Wiesbaden.

Statistisches Bundesamt (Hrsg.) (2012): Statistiken der Kinder- und Jugendhilfe. Erzieherische Hilfe, Eingliederungshilfe für seelisch behinderte junge Menschen, Hilfe für junge Volljährige Wohnform. Wiesbaden.

Statistisches Bundesamt (Hrsg.) (2013a): Pressemitteilung Nr. 353 vom 21.10.2013: Im Internet verfügbar unter: https://www.destatis.de/DE/PresseService/Presse/Pressemitteilungen/2013/10/PD13 353_ 225.html [letzter Zugriff: 14.08.2015].

Statistisches Bundesamt (Hrsg.) (2013b): Datenreport 2013. Ein Sozialbericht für die Bundesrepublik Deutschland. Berlin: DESTATIS, Wissenschaftszentrum Berlin für Sozialforschung (WZB), Zentrales Datenmanagement in Zusammenarbeit mit Das Sozio-oekonomische Panel (SOEP) am DIW Berlin.

Statistisches Bundesamt (Hrsg.) (2015): Statistiken der Kinder- und Jugendhilfe. Erzieherische Hilfe, Eingliederungshilfe für seelisch behinderte junge Menschen, Hilfe für junge Volljährige Heimerziehung, sonstige betreute Wohnform. Wiesbaden.

Stauf, Eva (2012): Unbegleitete Flüchtlinge in der Jugendhilfe. Bestandsaufnahme und Entwicklungsperspektiven in Rheinland-Pfalz. Mainz: Institut für Sozialpädagogische Forschung Mainz e.V. (ism).

Steinacker, Sven (2007): Der Staat als Erzieher. Jugendpolitik und Jugendfürsorge im Rheinland vom Kaiserreich bis zum Ende des Nazismus. Stuttgart.

Steinacker, Sven (2010): „...daß die Arbeitsbedingungen im Interesse aller verändert werden müssen!!!" Alternative Pädagogik und linke Politik in der Sozialen Arbeit der sechziger und siebziger Jahre. In: Reichardt/Siegfried (2010): 353-372.

Steiner, Uta (2009): Von dem Lebenserfolg und der Lebensbewältigung zur Wirkungsorientierung und Evidenzbasierung – Die 140-jährige Suche nach Effekten, Erfolgen, Erträgen oder Wirkungen der Sozialen Arbeit insbesondere in der Heimerziehung. Kassel.

Steiner, Uta (2015): Wirksamkeit. In: Thole/Höblich/Ahmed (2015): 333.

Stövesand, Sabine (2006): Mit Sicherheit Sozialarbeit! Gemeinwesenarbeit als innovatives Konzept zum Abbau von Gewalt im Geschlechterverhältnis unter den Bedingungen neoliberaler Gouvernementalität. Hamburg.

Stövesand, Sabine (2007): Doppelter Einsatz: Gemeinwesenarbeit und Gouvernementalität. In: Anhorn/Bettinger/Stehr (2007): 277-294.

Strauss, Anselm L./Corbin, Juliet (1996): Grounded Theory. Grundlagen qualitativer Sozialforschung. Weinheim.

Strübing, Jörg (2008): Grounded Theory. Zur sozialtheoretischen und epistemologischen Fundierung des Verfahrens der empirisch begründeten Theoriebildung. Wiesbaden.

Struck, Norbert (2000): EFQM – Modell der European Foundation of Quality Management zur Qualitätsbewertung. Kommentierung und Bewertung des Verfahrens für die Erziehungshilfe. In: Merchel (2000c): 188-192.

Struck, Norbert (2002): Kinder- und Jugendhilfegesetz/SGB VIII. In: Schröer/Struck/Wolff (2002): 529-544.

Struck, Norbert/Galuske, Michael/Thole, Werner (Hrsg.) (2003a): Reform der Heimerziehung. Eine Bilanz. Opladen.

Struck, Norbert/Galuske, Michael/Thole, Werner (2003b): Von der Heimerziehung zu den Erzieherischen Hilfen – Rückblick auf eine Reformgeschichte. In: Struck/Galuske/Thole (2003a): 11-16.

Struck, Norbert/Schröer, Wolfgang (2011): Kinder- und Jugendhilfe. In: Otto/Thiersch (2011): 724-734.

Struck, Norbert/Trenczek, Thomas (2013): §34 Heimerziehung, sonstige betreute Wohnform. In: Münder/Meyser/Trenczek (2013): 366-369.

Struzyna, Karl-Heinz et al. (2006): „Beiträge zur Wirkungsorientierung von erzieherischen Hilfen". Wirkungsorientierte Jugendhilfe. Band 01. Wirkungsorientierte Jugendhilfe. Band 04. Eine Schriftenreihe des ISA zur Qualifizierung der Hilfen zur Erziehung. Münster.

Tammen, Britta/Trenczek, Thomas (2013): Hilfe zur Erziehung, Eingliederungshilfe für seelisch behinderte Kinder und Jugendliche, Hilfe für junge Volljährige. In: Münder/Meysen/Trenczek (2013): 322-347.

Tegethoff, Hans Georg (1984): Jugendwohngemeinschaften als eigenständige Einrichtungen der Jugendhilfe. Leistungen und Grenzen institutioneller Erziehung aus der Sicht von Betroffenen. Forschungsbericht. Bochum.

Tegethoff, Hans Georg (1987): Sozialpädagogische Jugendwohngemeinschaften. Öffentliche Erziehungshilfe in der Erfahrung von Beteiligten und Betroffenen. München.

Thesing, Theodor (2008): Heimerziehung. In: Thesing et al. (2008): 101-132.

Thesing, Theodor et al. (Hrsg.) (2008): Sozialpädagogische Praxisfelder. Ein Praxisbuch. Freiburg i. Br.

Thieme, Nina/Faller, Christiane/Heinrich, Martin (2012): Bildungsgerechtigkeit oder Reproduktion von Bildungsungerechtigkeit durch schul- und sozialpädagogische Professionelle – BiRBi-Pro. In: Soziale Passagen. Jg. 4. H. 1. 159-162.

Thieme, Nina (2012): Kategorisierung in der Kinder- und Jugendhilfe. Zur theoretischen und empirischen Erklärung eines Schlüsselbegriffs professionellen Handelns. Weinheim/Basel.

Thieme, Nina (2013): „Wir beschäftigen uns eigentlich nur mit nicht-idealen Adressaten ..." Eine sozialwissenschaftlich-hermeneutische Perspektive auf Konstruktionen von Kindern als Adressat/-innen der Kinder- und Jugendhilfe. In: Betz/Neumann (2013): 191-204.

Thole, Werner (Hrsg.) (2012): Grundriss Soziale Arbeit. Ein einführendes Handbuch. Wiesbaden.

Thole, Werner/Höblich, Davina/Ahmed, Sarina (Hrsg.) (2015): Taschenwörterbuch Soziale Arbeit. Stuttgart.

Thole, Werner/Küster-Schapfl, Ernst-Uwe (1997): Sozialpädagogische Profis. Opladen.

Thole, Werner/Fiedler, Werner (2013): Soziale Arbeit und Sozialpolitik im Zeitalter des sich transformierenden Sozialstaates, Überlegungen zur Neuformatierung des Sozial- und Bildungssystems. In: Braches-Chyrek et al. (2013): 275-287.

Thole, Werner/Retkowski, Alexandra/Schäuble, Barbara (Hrsg.) (2012): Sorgende Arrangements. Kinderschutz zwischen Organisation und Familie. Wiesbaden.

Thomas, Stefan (2010): Normierung und Normalisierung. Funktionsformen sozialer Arbeit im Spiegel der Ethnografie. In: Zeitschrift für Sozialpädagogik. ZfSp. Jg. 8. H. 4. 416-440.

Trauernicht, Gitta (1995): Weiterentwicklung der Hilfen zur Erziehung in Hamburg. In: Wolf (1995a): 131-151.

Trinczek, Rainer (2009): Wie befrage ich Manager? Methodische und methodologische Aspekte des Experteninterviews als qualitativer Methode empirischer Sozialforschung. In: Bogner/Littig/Menz (2009): 225-238.

van Dijk, Teun A. (Hrsg.) (1985): Handbook of Discourse Analysis. Vol. 3. London.

Victor Gollancz-Stiftung (Hrsg.) (1973): Materialien zur Jugend- und Sozialarbeit. 5. Reader: Jugendwohnkollektive. Frankfurt a.M.

Voigt, Rüdiger/Walkenhaus, Ralf (Hrsg.) (2006): Handwörterbuch zur Verwaltungsreform. Wiesbaden.

von Spiegel, Hiltrud (1993): Aus Erfahrung lernen: Qualifizierung durch Selbstevaluation. Münster.

Walburg, Jan A. (2000): Zehn Jahre Qualitätsentwicklung im Jellinek-Zentrum, Amsterdam. In: Deutsche Hauptstelle gegen die Suchtgefahren (2000): 14-23.

Weber, Max (1984): Soziologische Grundbegriffe. Opladen.

Weeber, Vera Maria/Gögercin, Süleyman (2014): Traumatisierte minderjährige Flüchtlinge in der Jugendhilfe. Ein interkulturell- und ressourcenorientiertes Handlungsmodell. Freiburg.

Wehaus, Rolf (1999): Qualitätsmanagement. In: Maelicke (1999): 1350-1394.

Wensierski, Peter (2007): Schläge im Namen des Herrn. Die verdrängte Geschichte der Heimkinder in der Bundesrepublik. München.

Wichern, Johann Hinrich (1979): Ausgewählte Schriften. Bd. 2: Pädagogische Schriften. Gütersloh.

Wiesner, Reinhard (2001): Rechtliche Grundlagen der Erziehungshilfen. In: Birtsch/Münstermann/Trede (2001): 329-352.

Winkler, Michael (1988): Eine Theorie der Sozialpädagogik. Stuttgart.

Winkler, Michael (2010): Gesteuerte Jugendhilfe? Ein kommentierendes Nachwort zum Themenschwerpunkt. In: Zeitschrift für Sozialpädagogik. ZfSp. Jg. 8. H. 3. 309-323.

Wroblewski, Angela/Leitner, Andrea, (2009): Zwischen Wissenschaftlichkeitsstandards und Effektivitätsansprüchen. ExpertInneninterviews in der Praxis der Maßnahmenevaluation. In: Bogner/Littig/Menz (2009): 259-276.

Wolf, Klaus (1995a): Entwicklungen in der Heimerziehung. Münster.

Wolf, Klaus (1995b): Vorwort. In: Wolf (1995a): 5-10.

Wolf, Klaus (1999): Machtprozesse in der Heimerziehung. Eine qualitative Studie über ein Setting klassischer Heimerziehung. Münster.

Wolf, Klaus (2003): Und sie verändert sich immer noch: Entwicklungsprozesse in der Heimerziehung. In: Struck/Galuske/Thole (2003a): 19-36.

Wolf, Klaus (2007): Metaanalyse von Fallstudien erzieherischer Hilfen hinsichtlich von Wirkungen und „wirkmächtigen" Faktoren aus Nutzersicht. Wirkungsorientierte Jugendhilfe. Band 04. Eine Schriftenreihe des ISA zur Qualifizierung der Hilfen zur Erziehung. Münster.

Wolf, Klaus/Freigang, Werner (2001): Heimerziehungsprofile. Weinheim/Basel.

Wolff, Mechthild/Hartig, Sabine (2012): Gelingende Beteiligung in der Heimerziehung. Ein Werkbuch für Jugendliche und ihre BetreuerInnen. Weinheim/Basel.

Wrana, Daniel et al. (2014): Mikrostrukturen von Professionalisierungs- und Selbstlernprozessen. Im Internet abrufbar unter: www.fhnw.ch/personen/daniel-wrana/publikationen [letzter Zugriff: 15.08.2015].

Zacher, Hans F. (1987): Das soziale Staatsziel. In: Isensee/Kirchhof (1987): 1045-1111.

Zeitschrift für Sozialpädagogik ZfSp. (2010): Gesteuerte Jugendhilfe? Die sozialpädagogische Handlungsebene im Zuge der Transformation des Wohlfahrtssystems. Jg. 8. H. 3.

Ziegler, Holger/Otto, Hans-Uwe (2011): Managerialismus. In: Otto/Thiersch (2011): 902-911.

Züchner, Ivo (2007): Aufstieg im Schatten des Wohlfahrtsstaats. Expansion und aktuelle Lage der Sozialen Arbeit im internationalen Vergleich. Weinheim.

The manufacturer's authorised representative in the EU is Springer
Nature Customer Service Centre GmbH, Europaplatz 3, 69115 Heidelberg,
Germany. If you have any concerns regarding our products, please
contact ProductSafety@springernature.com

Printed and bound by CPI Group (UK) Ltd, Croydon, CR0 4YY
27/04/2026
02097652-0004